나의 첫 아프리카 수업

참고문헌 QR 코드

◀ 이 책에 사용된 참고문헌은 QR 코드를 통해 확인할 수 있습니다.(https://m.site.naver.com/qrcode/view. nhn?v=0N3vS)

교육자료 QR 코드

◀ 이 책의 내용을 바탕으로 관련 교육자료(수업 계획 안, 활동지, PPT 등)를 QR 코드를 통해 무료로 활용할 수 있습니다.(https://m.site.naver.com/qrcode/view. nhn?v=0N3vz)

아프리카 있는 그대로 바라보기

나의 첫 아프리카 수업

김유아 지음

초록비책공방

화석화된 아프리카의 이미지를 깨는
친절한 아프리카 안내서

아프리카 대륙과 우리나라의 거리는 얼마나 될까? 인천에서 에티오피아 아디스아바바까지는 9,239km. 시속 100km의 자동차로 3일을 직선거리로 쉬지 않고 달려야 하는 거리이다. 최첨단 운송 수단인 비행기로는 11시간이 걸린다. 11시간 비행이면 멀다고 생각할 수도 있지만 불과 몇 년 전까지만 해도 아프리카까지 가려면 적어도 하루가 꼬박 걸렸고, 몸과 마음은 만신창이가 되었다.

아프리카 지역과 우리나라는 물리적 거리만 멀까? 우리는 아프리카인을 얼마나 친숙하게 느낄까? 지난 20여 년 동안 아프리카와 우리나라 사이의 교류는 빠른 속도로 늘었다. 국내에 체류 중인 아프리카인의 수도 급격히 늘었고, 아프리카에 체류 중인 우리 국민도 많아졌다. 이태원에는 아프리카인 거리가 있고 지방에서도 아프리카인을 어렵지 않게 만날 수 있다. 내가 몸담고 있는 대학만 해도 아프리카에서 온 유학생을 어렵지 않게 만날 수 있다. 예전에는 길에서 아프리카인이 지나가면 신기한 마음에 한 번 더 쳐다보았는데 요즘은 검은 피부의 '이웃'이 된 느낌이다.

하지만 우리가 일상에서 아프리카 지역을 소비하는 모습은 여전히 실망스럽다.

- 아프리카인을 가여운 도움의 대상으로 바라보는 '빈곤 포르노'
- 국내 '유명인'의 입에서 거침없이 흘러나오는 아프리카인 비하 발언
- TV 다큐멘터리에 적나라한 모습으로 등장하는 아프리카 '원시인'
- 광고에 등장하는 우스꽝스럽고 '야만'스러운 아프리카인

우리 마음속에 아프리카는 여전히 원시의 땅이다. 전쟁과 갈등이 만연하고, 가난과 굶주림이 일상적인 곳. 할례와 일부다처제 같은 전근대적 풍습이 여전한 곳. 아프리카는 세계 문명의 미아이고 광속으로 달려가는 세계화의 물결 속에 고립된 외딴 섬이다. 미국의 인류학자 퍼거슨은 이를 두고 '세계화의 그림자'라고 묘사했다.

아프리카에 가는 것이 아무리 쉬워졌다고 해도 우리 중 아프리카를 직접 가본 사람이 얼마나 될까? 아프리카에 가보지도 않고 어떻게 아프리카는 "이렇다, 저렇다"라고 판단할 수 있을까? 우리가 떠올리는 아프리카 지역은 서구에서 만들어진 이미지를 소비한 결과라고 해도 크게 틀린 말은 아닐 것이다.

일찍이 알제리의 지성 프란츠 파농은 "우리(아프리카인)에겐 어떤 기회도 주어지지 않았다. 우리는 외부(서구) 세계에 의해 화석화된 인종이기 때문이다."라고 비판했다. 파농의 말을 약간 비틀어 생각해보자.

"우리는 아프리카인에게 어떤 기회도 주지 않았다. 아프리카 지역을 보는 우리의 시각이 이미 화석화되어있기 때문이다."

세계시민주의가 21세기의 주요 화두로 떠오르고 있는 지금, 화석화된 우리의 인식을 어떻게 변화시킬 수 있을까? 첫째도 교육이고 둘째도 교육이다. 이런 의미에서 《나의 첫 아프리카 수업》은 의미 있는 출판물이 아닌가 싶다.

이 책은 우리가 오해하기 쉬운 그리고 오해하고 있는 아프리카의 모습을 다양한 각도에서 설명하고 있다. 이 책의 내용이 아프리카 바로 알기의 정답이라고 말할 수는 없다. 아프리카를 이해하는 방식은 너무나 다양하기 때문이다. 다만 이 책이 우리에게 화석화된 아프리카의 이미지를 깨는 데 조금이라도 도움이 된다면 의미는 충분할 것이라고 생각한다.

글로벌 선진국으로 우뚝 선 대한민국인으로서 이제 타인에 대한 인식 수준도 세계시민이 되어야 하지 않을까? 아프리카와 우리나라와의 물리적 거리는 좁힐 수 없다. 하지만 우리 마음속에 있는 아프리카와의 거리는 우리의 노력에 따라 얼마든지 좁힐 수 있다. 이 한 권의 귀한 책이 우리와 아프리카 사이의 심리적 거리를 좁히는 데 자그마한 도움이 되기를 기원하면서 추천의 글을 마친다.

— 한국외국어대학교 아프리카학부 교수 **장용규**

세계시민이 되는 첫 걸음,
아프리카에서부터

"안녕하세요. 허성용 대표님."

2020년 초 반가운 한 통의 메일이 도착했다. 바로 김유아 저자님이 세계시민교육 아프리카판 교재를 만들고 있는데 이에 관련해 대화를 나누고 싶다는 내용이었다. 아프리카 국가와 아프리카 관련 주제를 중심으로 세계시민교육을 수년간 진행해오고 있던 나는 그 책이 어떤 내용을 담고 있을지 무척 궁금했고 협력할 수 있는 부분이 분명히 있을 거라는 생각이 들었다.

첫 만남에서 건네받은 원고는 아프리카에 대해 사람들이 꼭 알았으면 하는 기본적인 내용에서부터 문화, 분쟁, 평화, 발전에 이르기까지 방대한 내용이 잘 정리되어있었다. 이대로 묻혀 버리기에는 아까운, 우리 사회에 꼭 필요하고 가치 있는 콘텐츠라는 것을 단번에 확신할 수 있었다. 상당 시간 동안 이 작업을 진행한 김유아 저자님에게 존경의 마음이 들었고, 어떻게든 도움이 되고 싶었다. 마침 초록비책공방과 함께 아프리카 지역의 나라들을 소개하는 책을 함께 만들고 있어서 이 책의 출판을 제안하게 되었다. 1여 년의 시간이 지나 드디어 《나의 첫 아프리카 수업》이 선보이게 된 것에 진심으로 축하하고 기쁜 마음이다.

'내가 왜 아프리카에 대해서 알아야 하지?'라는 궁금증을 가질 독자 분도 있을 것이다. 여전히 우리에게 낯설고 먼 땅이기에 그런 의문이 이상한 것은 아니다. 또한 어떤 의무로 아프리카에 대해 꼭 공부해야 한다고 말하고 싶은 것도 아니다. 하지만 변화하는 시대 속 우리가 잘 몰랐던 그리고 새롭게 바뀌고 있는 아프리카의 모습에 눈을 뜬다면 세계를 보는 눈, 즉 세계시민의식이 훨씬 넓고 풍부해질 것이라고 자신 있게 말할 수 있다.

지난 7년간 아프리카 세계시민교육 수업을 하면서 많은 학생과 일반인을 만나면 가장 먼저 이 질문을 던진다.

"아프리카라고 하면 가장 먼저 떠오르는 것이 무엇인가요?"

하나의 답을 내기 힘든 이 질문에 사람들의 답은 매우 유사하고 거의 변하지 않는다. 이 책을 통해 7년 동안 아니 그보다 더 오랜 시간 동안 바뀌지 않는 답이 아닌 새로운 답을 찾을 수 있기를 희망한다. 배움을 통해 발견될 새롭고 다양한 답은 현재와 미래의 파트너인 아프리카 국가와 그곳에 사는 사람들에 대한 이해를 높이는 것은 물론이고 세계와 우리나라를 명쾌하게 보는 혜안을 가지는 데 도움이 될 것이다.

모쪼록 아프리카의 다양한 모습을 제대로 바라보고 세계시민으로 한 걸음 더 나아가는 데 이 책이 유용하게 사용되기를 기원한다.

— 사단법인 아프리카인사이트 대표 **허성용**

갈수록 빨라지는 세계화는 우리의 일상을 더욱 복잡하게 만들고 있다. 그 결과 자유무역, 이주와 난민, 기후변화와 환경, 분쟁 등 다양한 현상이 발생하고 있다. 이는 세계 거의 모든 장소가 상호의존적으로 연결되어있음을 의미한다. 주변국의 문제가 곧 자국의 문제가 되고 지구 반대편 국가에서 시작된 일이 자국까지 영향력을 미치는 것은 시간문제일 뿐이다. 2020년 경험한 코로나19 팬데믹은 감염병이 전 세계에 보건, 경제, 사회에 얼마나 막대하고 광범위하게 영향력을 미치는지 여실히 보여준 대표적인 사례이다. 감염병의 영향을 받지 않은 국가도, 완전한 방역과 대비를 보여준 국가도 없었다.

물론 각국이 국경을 폐쇄하고 의료 물품 수출규제를 비롯해 일부 국가의 모든 국민이 백신 접종을 마칠 때까지 다른 국가에서는 맞을 수 없다는 백신 국가주의가 등장한 것처럼 각자도생을 미덕으로 여기는 현재의 정책 방향이 탈세계화 과정이라는 평가도 있다. 그러나 감염병 문제 또한 한 국가에서만 진정된다고 해결될 수 없고, 전지구적 공조로 모든 국가가 해결해야 종식될 수 있는 과제임이 분명하다. 코로나19 팬데믹 속에서 더욱 경쟁하는 개인 혹은 서로에게 무관심한 개인이라는 자본주의적 성향을 벗어나기 어려울 수 있으나 이는 감염병 앞에서 위험한 관점이라고 전문가들은 경고한다. 공포와 무관심에 사로잡혀 낯선 것과 위험한 것을 동일시하고 배척한다고 안전이 보장되지 못한다는 것이다. 자신의 안전을 위해, 인류를 위해 그리고 미래를 위해 협력해야 한다고 강조한다.[1]

따라서 신자유주의를 기반으로 전지구적으로 이미 공유된 자본의 세계화 흐름을 역행하거나 사회적 존재로서 공동체와의 상호연결성을 끊을 수 없다는 측면에서 단순한 탈세계화라고 단정하기는 어렵다. 이러한 측면에서 공존과 상생을 위한 관용과 타협, 공동체 정신을 강조하는 세계시민교육GCED, Global Citizenship Education이나 평화, 인권 교육 등이 강조되고 있는 현 교육 방향은 앞으로도 지속되어야 한다.

세계시민교육은 2012년 '글로벌교육우선구상GEFI, Global Education First Initiatives'을 통해 세운 글로벌 교육목표 중 하나로, 2015 세계교육포럼에서 '교육 2030 Education 2030'이 채택됨으로써 2030년까지 한국을 포함한 전 세계가 노력하여 달성해야 할 글로벌 교육목표이자 개발목표가 되었다. 유네스코가 정의하는 세계시민교육은 '학습자들이 더 포용적이고 정의롭고 평화로운 세상을 만드는 데 이바지할 수 있도록 필요한 지식, 기능, 가치, 태도를 길러주는 교육'이다. 오랫동안 소외되었던 주제인 아프리카는 이러한 주요 학습목표 달성을 위해 사례로 배우고 연구해야 할 매우 중요한 지역이다. 불평등과 빈곤의 아이콘으로 왜곡된 이미지를 갖고 있던 아프리카를 차별과 배제의 대상이 아닌 다양성으로 인식하는 것은 더 포용적이고 정의롭고 평화로운 세상을 만들기 위한 핵심 개념이 될 것이다.

반면 한국에서 아프리카에 대해 갖고 있는 인식은 부정적이거나 아예 모르는 경우가 다수이다. 2000년대 이후 아프리카에 대한 사회적 관심의 증대와 함께 국내 아프리카 지역연구도 양적으로 크게 성장했다. 그러나 아프리카 연구자 수가 여전히 소수에 불과하고 제도적으로 아프리카를 교육 및 연구할 수 있는 학문적 기반이 미비한 것이 현실이다. 시민사회에서도 복잡 다양한 아프리카의 현실을 지나치게 단순화시키는 접근으로 아프리카에 대한 오해와 편견을 지속화시키고 있는데 이 또한 문제점으로 제기된다.2

관련 자료가 넉넉하지 않고 내용이 부족한 것도 문제이지만 그나마 있는 기존의 자료들도 주로 서구권의 아프리카 학자들에 의해 해석된 자료가 주류를 이루고 있고 이를 연구하는 아프리카학 연구 규모도 절대적으로 부족하다. 한국아프리카학회는 1982년에 설립되었지만 한국아프리카학회지는 2016년이 되어서야 한국연구재단에 등재되었다. 또한 양적으로도 일본 관련 학회지는 20여 개, 미국 및 영미문학 관련한 학회지는 40여 개가 한국연구재단에 등재된 것과 비교해 아프리카 학회지는 지금까지도 단 한 개에 불과하다.

아프리카에 관련된 한국 저자의 책도 여행 관련 책이 압도적으로 많이 판매되고 있다. 특히 동부 아프리카와 남부 아프리카를 여행한 책이 대부분이라 북부, 서부, 중부 등 아프리카 모든 지역에 대한 균형적 정보를 얻는 것이 쉽지 않다. 게다가 미디어가 노출하는 아프리카에 대한 정보는 추상적이거나 부정적인 경우가 많아 아프리카 국가들에 대해 왜곡되지 않은 올바른 인식과 오류가 없는 정보를 습득하는 것 또한 쉽지 않은 상황이다. 현실이 이렇다 보니 아프리카에 대한 정보와 가치의 중요성에 비해 국내 학교 현장에서 가르치고 있는 주요 교육교재나 정보에 오류가 있거나 왜곡된 경우가 많았다.[3]

아프리카 관점의 세계시민교육 자료 및 교육교재가 부족하기도 하지만, 대학입시 위주의 현 교육과정에서 아프리카 관련 내용을 수업하는 것이 사실상 불가능하다는 한계도 있다. 세계시민교육이나 자유학기(년)제 등 새로운 교육과정에서 아프리카를 다루기도 쉽지 않고 지속가능성이 더욱 제한적인 것은 여전히 해결해야 할 도전 과제이다. 교육과정에서 아프리카에 대한 절대적인 학습량을 늘리는 것이 불가능하다면 기존에 제공되는 내용에 대한 균형성 보완과 오류가 없도록 정보의 정확도를 높이려는 노력이 필요하다. 무엇보다 아프리카를 차치하더라도 세계시민 관점을 기반으로 세계사적 공동체 정신을 배양할 수 있는 교육과정을 2022 개정에도 반영하여 미래 교육으로의 전환 기제로 논의하는 것은 향후 4차 산업 시대를 위한 교육정책 방향성과 가치 정립에도 기여하는 바가 클 것으로 생각한다.

이 책은 좀 더 정확하고 전문적인 아프리카 정보를 담은 세계시민교육 아프리카판 참고자료가 필요하다는 생각에서 시작되었다. 세계시민교육 주제에 대한 아프리카 정보와 자료들을 모아놓은 참고서로 적절히 활용할 수 있다.

책의 내용은 일반적으로 아프리카 대륙에 대해 잘못 알고 있던 고정관념과 꼭 알아야 할 개관을 먼저 정리하고, 아프리카의 가장 두드러진 특징인 문화적 혼성과 아프리카화Africanization, 여전히 해결해야 할 아프리카 내 분쟁과 평화 그리고 아프리카의 지속가능한 발전을 위한 범분야적 노력 등 세계시민교육의 주요 주제별로 구성되었다.

세계시민교육 중 아프리카 정보에 대해 관심이 있는 일반인을 비롯해 교육 현장에서 이를 주제로 가르치고자 하는 교사들 그리고 아프리카에서 주요 현안으로 논의되고 있는 주제를 탐색하거나 오류나 왜곡이 최소화된 관련 정보가 필요한 사람들에게 도움이 되기를 바란다.

다만 최대한 필자의 주요 관심사와 해석을 배제하고 객관적인 사실과 정보를 담으려고 했으나 일부 주관적 해석이 드러난 부분이 있을 것으로 생각된다. 아프리카 국가의 잠재력이나 가치 등은 독자가 판단할 몫으로 관련 참고자료로서 절대시되기보다는 비판적으로 읽혀야 할 필요가 있다.

향후 이루어질 많은 연구와 토론, 세미나 등을 통해, 또 후배 아프리카니스트들의 연구를 통해 다듬어지고 발전될 초석이 될 수 있기를 바란다. 모쪼록 이 책을 통해 아프리카에 대한 다양한 토론과 교육이 이루어지는 계기가 되기를 바란다.

이 책이 출판될 수 있도록 지원해주시고 기회를 주신 아프리카인사이트 허성용 대표님, 전문적인 내용을 자문해주신 진정한 스승님 한국외대 장용규 교수님, 이한규 교수님, 초안을 검토해주신 서울특별시

교육청 조성백 장학사님, 나의 영원한 아프리카니스트 파트너 김은아와 베텔, 책의 방향성과 나의 비전이 된 멋진 표지 그림을 그려준 능력자 친구 육근혜 그리고 이 책을 처음 시작할 수 있도록 기회를 만들어준 아프리카랩Africa Lab 전누리, 김겨울, 권해란에게 진심으로 감사의 마음을 전한다. 마지막으로 3년 전 이 책을 처음 집필하기 시작했을 때부터 인도해주시고 여러 도움의 손길을 보내주셔서 끝까지 달려갈 길을 마치게 하신 하나님께 감사드린다.

Chapter 1 · 아프리카 다시 배우기

Chapter 2 · 문화로 보는 아프리카

Chapter 3 · 분쟁으로 보는 아프리카

Chapter 4 · 아프리카의 평화

Chapter 5 · 아프리카의 지속가능한 발전

약어 표기

약어	술어	한글 명칭
AfDB	African Development Bank	아프리카개발은행
AIM	Amazonian Initiative Movement	아마존이니셔티브운동
ANC	African National Congress	아프리카민족회의
APEC	Asia·Pacific Economic Cooperation	아시아태평양경제협력체
AU	African Union	아프리카연합
DAC	Development Assistance Committee	개발원조위원회
ECOSOC	United Nations Economic and Social Council	UN 경제사회이사회
ECOWAS	Economic Community of West African States	서아프리카경제공동체
EPLF	Eritrean People's Liberation Front	인민해방전선
EPRDF	Ethiopian People's Revolutionary Democratic Front	에티오피아 인민혁명민주전선
EU	European Union	유럽연합
FGM	Female Genital Mutilation	여성할례
FOCAC	Forum on China-Africa Cooperation	중국-아프리카협력포럼
GDP	Gross Domestic Product	국내총생산
GNI	Gross National Income	명목국민총소득
HIPCs	Heavily Indebted Poor Countries	과도채무빈곤국
HRW	Human Rights Watch	국제인권감시기구
IEP	Institute for Economics and Peace	경제평화연구소
IMF	International Monetary Fund	국제통화기금
LRA	Lord's Resistance Army	신의 저항군
MDGs	Millennium Development Goals	새천년개발목표

약어	술어	한글 명칭
NAI	New African Initiative	새로운 아프리카 의제
NDC	National Democratic Congress	국민민주회의
NEPAD	New Partnership for Africa's Development	아프리카 신개발협력
NGO	Non-Governmental Organization	비정부기구
NP	National Party	국민당
NPP	New Patriotic Party	신애국당
OAU	Organization of African Unity	아프리카통일기구
ODA	Official Development Assistance	공적개발원조
OECD	Organization for Economic Cooperation and Development	경제협력개발기구
PAC	Pan African Congress	범아프리카회의
PPI	Positive Peace Index	적극적 평화지수
PPP	Purchasing Power Parity	구매력평가
RPF	Rwandan Patriotic Front	르완다애국전선
SAPs	Structural Adjustment Programmes	구조조정정책
SDGs	Sustainable Development Goals	지속가능발전목표
TNDQ	Tunisian National Dialogue Quartet	튀니지 국민4자대화기구
UN	United Nations	유엔
UNHCR	United Nations High Commissioner for Refugees	UN 난민기구
UNICEF	United Nations Children's Fund	유니세프
WEF	World Economic Forum	세계경제포럼
WHO	World Health Organization	세계보건기구

Chapter 1

아프리카
다시 배우기

세계화가 확대되면서 환경, 인권, 분쟁 등의 이슈가 다
각화되어 나타나고, 이러한 문제들이 국가 및 지역 간에 긴
밀하게 상호 영향을 미치면서 유기적인 협력과 해결이 필요
하게 되었다. 이러한 지구촌 사회에 필요한 역량을 배양하는
데 기여할 수 있는 세계시민, 평화, 인권 등 각종 갈등과 차
별을 극복하고 평화로운 공존과 상생을 위한 교육이 필요하
지만 아프리카를 비롯한 개발도상국에 대한 인종주의적 편
견이나 타문화에 대한 배타성은 정도의 차이만 있을 뿐 대
부분의 사회에서 개선이 필요한 상황이다.

이러한 문제는 19세기 식민지 시대 이전으로 거슬러 올
라간다. 당시 식민 종주국의 아프리카 지역연구는 그들의 제
국주의 통치를 지지하고 흑인들의 열등함을 정당화하기 위
해 사회진화론을 기반으로 주술의식 같은 전통 풍습과 기이
하면서도 잔혹한 관행들에만 초점을 맞추었다. 이러한 경향
은 오늘날까지도 이어져 산업화와 세계화에 물들지 않은, 문
명의 혜택을 받지 못해 원시성을 유지하고 있는 미지의 세계
로 박제된 아프리카를 소개하는 경우가 많았다.

이에 1930년대부터 서부 아프리카 국가들을 중심으로
흑인 정체성, 즉 네그리튀드Négritude 운동을 시작했고, 노예무
역과 식민 지배를 거치며 서구인들이 임의로 왜곡하고 짓밟
았던 흑인의 정체성과 자존심을 회복하기 위해 노력해왔다.
19세기 말에 확산한 범아프리카주의Pan-Africanism의 영향으로
남아프리카공화국 아파르트헤이트Apartheid 폐지 운동과 같은

아프리카인의 인권 개선과 정체성 회복을 위한 노력이 계속되었다.4 그런데도 인종적 구분이 혈액형의 구분보다도 의미가 없다는 수십 년 전의 과학적 결론이 무색하게 아프리카와 흑인에 대한 편견과 인종차별은 동서고금을 막론하고 꾸준히 만연해왔다.

그러나 세계화로 인해 국경이 무의미해지고 지구 전체를 하나로 연결하는 전지구적 사회화Global socialization가 이루어지고 있는 현대사회에서는 상호연계성이 더욱 중요해졌다. 인근 국가의 문제가 곧 자국의 문제가 되고, 더 먼 거리에 있는 나라와의 교류 또한 활발해지고 있는 현대사회에서 다른 나라의 문화와 역사, 인종, 관습 등을 학습하는 것은 필수적인 과제가 되었다.

국제사회도 이에 대한 문제의식을 가지고 유네스코가 1964년부터 《아프리카 통사General History of Africa》를 발간하면서 아프리카에 대한 객관적인 콘텐츠를 제공하고 세계시민으로서 아프리카를 학습하는 방안을 마련하기 위한 공동의 노력을 기울이고 있다. 한국의 상황도 크게 다르지 않다. 사회과 교과서에서 아프리카 콘텐츠를 분석한 보고서에 따르면 아프리카를 비롯한 개발도상국에 대한 서술이 지나치게 서구 중심적이며 부정적이라는 지적을 받아왔고, 기존에 기재된 아프리카 관련 내용도 노출 빈도가 낮거나 왜곡된 표현 및 정보 오류가 남아있다고 분석되어있다.

정보의 왜곡과 오류도 문제이지만, 현재까지도 초·중

등 교육과정 전체가 대학입시 위주로 구성되어있으며, 동북아시아, 서·북유럽, 북아메리카가 차지하는 비중이 약 70%(서·북유럽 29%, 동북아시아 21.8%, 북아메리카 21.1%)로 절대적이다. 중학교 1학년 과정에서 사하라이남 아프리카에 대한 비중이 10% 정도, 고등학교 세계사에서는 나일 문명을 설명하는 북부 아프리카를 제외한 사하라이남 아프리카 비중이 5% 미만으로 매우 제한적이다.5 아프리카 국가와 같은 개발도상국 관련 교육 콘텐츠의 수요 자체가 낮은 교육체계에서 아프리카 관련 내용을 심도 깊게 교육하는 것은 현실적으로 어렵다.

그러나 세계화 및 4차 산업혁명 등의 현대사회의 발전 양상을 고려할 때 국가 및 지역 편향적인 정보 수요와 교육체계는 시대착오적이라는 평가를 피하기 어렵다. 현실적으로 학습 비중을 늘릴 수 없다면 학습 내용에 대한 정보의 균형과 정확성이 제고된 교재와 콘텐츠 개발은 더 미룰 수 없는 과제이다. 그나마 한국과의 교류가 많지 않았던 과거에는 그러한 왜곡된 정보들이 큰 문제를 야기하지 않았으나 개발이나 비즈니스 교류가 급격히 확대되고 이주민들이 증가하면서 아프리카에 대한 잘못된 인식과 정보들은 사회문제가 되기도 했다.

세계시민으로서 아프리카인은 비주류나 약자도 아니고 소수는 더더욱 아니다. 아프리카 대륙은 남북한 면적의 약 140배이며 미국, 중국, 유럽, 인도, 아르헨티나를 합친 것보다 더 크고, 약 12억 명의 인구가 54개국을 구성하고 사는 거대한 대륙이다. 지구촌 사회의 주체 및 구성원인 세계시민으로서 정치, 경제, 사회적 참여를 보장하기 위한 교육에 아프리카는 배제될 수 없는 중요 지역이다. 그러므로 아프리카와 관련된 정보와 교육 콘텐츠에서 정보 오류를 바로잡고, 균형성 보완을 통한 세계시민의 아프리카 배우기는 반드시 추진되어야 하는 과제라고 할 수 있다.

1장

아프리카 대륙에 대해
알아야 할 중요한 오류들

아프리카는 한 국가가 아니다

☪ 세계에서 두 번째로 큰 대륙, 아프리카

아프리카는 북위 37도 21에서 남위 34도 51, 동경 51도 27에서 서경 17도 33까지 이르는 지역으로, 동서 최장 거리가 7,400km, 남북 최장 거리가 8,500km이며, 총면적은 약 3,025만km²로 지구 육지 면적의 5분의 1을 차지하는 광활한 대륙이자 세계에서 아시아 다음으로 큰 대륙이다.[6]

이렇게 이야기하면 아프리카 대륙의 크기가 가늠되지 않을 수도 있다. 그렇다면 이건 어떨까? 아프리카 대륙은 한반도(22만km²)의 약 140배이며 미국, 스페인, 프랑스, 벨기에, 네덜란드, 독일, 이탈리아, 스위스, 동유럽, 중국, 인도, 일본, 영국을 합친 크기와 비슷하다.

우리가 아프리카 대륙을 실제 크기보다 작게 인식하고 있는 것은 메르카토르 투영도법Mercator Projection의 오류에 원인이 있다. 메르카토르

아프리카 실제 크기

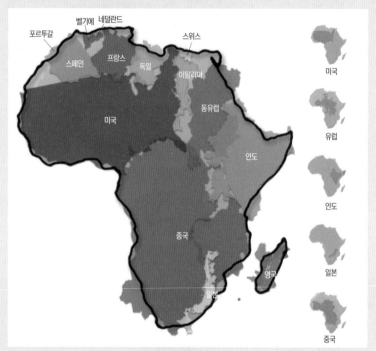

아프리카 대륙의 실제 크기는 18개 국가를 합한 것보다 크다. ⓒ Kai Krause 작성, In Africa

(단위 : 1,000km²)

국가	면적	국가	면적	국가	면적
중국	9,597	스페인	506	이탈리아	301
미국	9,629	파푸아뉴기니	462	뉴질랜드	270
인도	3,287	스웨덴	441	영국	243
멕시코	1,964	일본	378	네팔	147
페루	1,285	독일	357	방글라데시	144
프랑스	633	노르웨이	324	그리스	132
총면적 : 30,102 아프리카 면적 : 30,221					

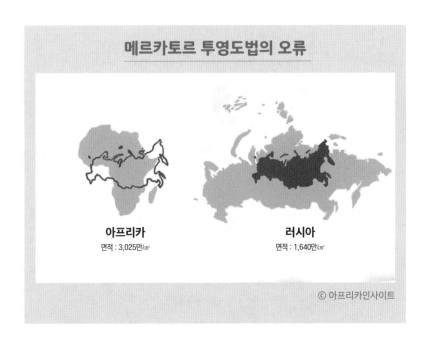

메르카토르 투영도법의 오류

아프리카
면적 : 3,025만km²

러시아
면적 : 1,640만km²

ⓒ 아프리카인사이트

투영도법에 표기된 아프리카는 실제 크기보다 작다. 그러나 골-피터 투영도법Gall-Peter Projection으로 보면 이와 반대로 보인다. 러시아의 경우 실제 크기보다 지도상에 과대 표기가 되어있는데, 위의 지도는 러시아의 지도 크기와 실제 크기를 비교하여 보여준다. 회색 부분이 지도상에서의 아프리카 대륙과 러시아의 크기이고 남색 부분이 실제의 러시아 크기이다.7

《지도의 역사》의 편집장 데이비드 우드워드David Woodward는 지도가 세상을 바라보는 창이기는 하나 창의 형태와 위치 그리고 창의 시야는 지도 제작자가 결정한다고 비판한 바 있다. 객관적으로 측량한 이미지 또한 단지 진실의 일부분이라며, 지도는 문명권에 따라 각각 달리 그려진다고 지적했다.

아프리카 대륙의 면적이 세계에서 두 번째로 큰 만큼 인구수 또

메르카토르 투영도법으로 본 세계지도

© Strebe(2011)

골-피터 투영도법으로 본 세계지도

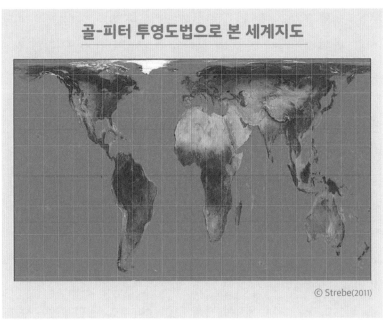

© Strebe(2011)

한 세계에서 두 번째로 많다.[8] 아프리카의 인구는 대략 12억 5,000만 명 정도이며, 이는 전 세계 인구의 16%를 차지한다. 사하라이남 아프리카 인구는 약 10억 7,830만 명 정도인데,[9] 이 중 가장 많은 인구를 보유한 국가는 서부 아프리카 지역의 나이지리아이다. 세계은행World Bank 2018년 기준 나이지리아의 인구는 대략 1억 9,587만 명으로 세계 7위를 기록했다. 국가와 지역별로 다양성을 보이기는 하지만 인구증가율은 예외없이 아프리카 전역에서 관찰된다. 참고로 인구 1위는 중국으로 14억 1,230만 명이었으며, 한국은 5,098만 명으로 세계 27위였다.

일반적으로 아메리카 대륙이나 아시아 대륙 등에 위치한 국가에 대해 이야기할 때는 각 국가명을 지칭하는 데 반해 아프리카 국가에 대해 이야기할 때는 특정 국가명이 아닌 '아프리카'라고 통칭하는 경향이 있다. 마치 아프리카라는 국가가 있는 듯이 말이다. 또한 아프리카 국가로 에티오피아, 남아프리카공화국, 케냐, 가나, 나이지리아 정도만 들어봤을 뿐 구체적으로 아프리카 대륙에 얼마나 많은 국가가 있는지 알지 못한다.

☽ 54개 국가가 있는 아프리카 대륙

아프리카 지도를 둘러싼 논란 중 하나는 명확하지 않은 국가 수이다. 유엔UN, United Nations 가입 기준으로는 총 54개 국가로 인정하는 반면 아프리카연합AU, African Union은 사하라아랍민주공화국(일명 서사하라)이 포함된 55개국으로 분류하고 있다. 1984년 서사하라가 AU의 전신인 아프리카통일기구OAU, Organization of African Unity에 가입하자 모로코가 이에 항의하며 탈퇴했으나, 2017년 1월 정상회의에서 재가입함으로써

아프리카 대륙에 있는 54개 국가

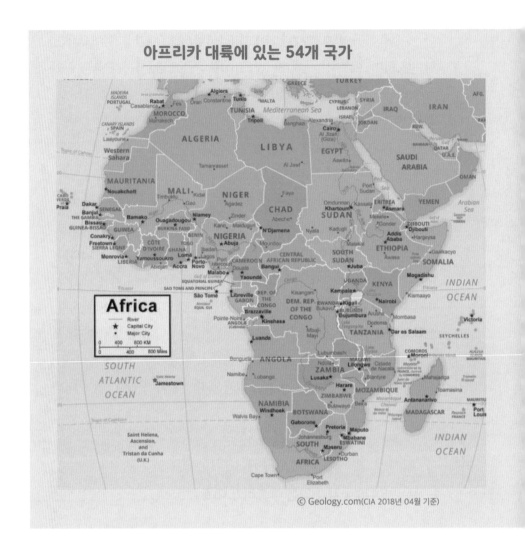

© Geology.com(CIA 2018년 04월 기준)

55개국이 되었다.

모로코는 스페인으로부터 서사하라의 영유권을 넘겨받아 지금까지도 서사하라 영토의 3분의 2를 실질적으로 지배하고 있다. 이에 반발하여 서사하라는 독립을 선언하고 영토의 3분의 1 정도에서만 영향력을 발휘하고 있다. 이러한 관계에서 AU는 먼저 서사하라의 편을,

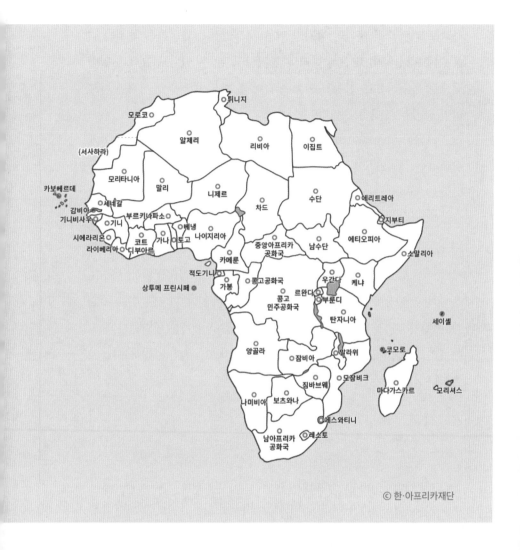

© 한·아프리카재단

UN은 모로코의 편을 들어준 것이다.

　　아프리카 국가로 인정되지 않는 또 다른 사례로는 1991년 독립을
선언한 소말리아 북부 지역의 소말릴란드가 있다. 독립된 정부가 정상
기능을 하고 있고 안정적으로 유통되는 실제 통화를 가지고 있으나 어
떤 국가나 다자간 조직에서도 국가로 인정받지 못하고 있다. 궁극적으

로 아프리카를 구성하는 국가가 어떤 국가들인지 규정하는 문제는 적용 기준이나 해석 방식에 따라 다양하다고 할 수 있다.[10] 그러나 일반적으로 독립국으로 인정하는 데 이견이 없는 54개국을 공식적인 아프리카 국가로 정의하고 있다.

아프리카 대륙은 크게 북부, 서부, 중부, 동부, 남부 아프리카의 5개 권역으로 나뉜다.* 북부 아프리카는 흔히 마그레브 지역이라고 일컫는 알제리, 모로코, 튀니지, 모리타니아, 리비아를 포함한다. 서부 아프리카는 차드 호수의 서부 지역, 나이지리아, 가나, 세네갈, 코트디부아르, 베냉 등으로 아프리카 인구의 3분의 1을 차지한다. 중부 아프리카는 적도를 중심으로 남북 위도 20도 내외로 카메룬, 가봉, 콩고공화국, 콩고민주공화국, 중앙아프리카공화국 등이 속한다. 동부 아프리카는 에티오피아, 우간다, 케냐, 탄자니아, 르완다, 부룬디 등의 국가를 일컫는다. 남부 아프리카는 남아프리카공화국, 앙골라, 모잠비크, 잠비아, 짐바브웨, 보츠와나, 나미비아 등의 국가가 속한다.

---

* 한국 외교부는 북부 아프리카 지역은 중동에 포함시키고, 사하라이남 아프리카 지역만 아프리카 대륙으로 분류해 각 국가에 대한 정보를 제공하고 있다.(외교부, http://www.mofa. go.kr/www/wpge/m_3551/contents.do, The Africanist, http://afrikaribu.blogspot.com/2014/10/ how-many-countries-in-africa.html)

아프리카에는
다양한 문화가 공존한다

54개 국가들이 모여있는 만큼 아프리카 대륙은 다양한 민족, 언어, 문화로 이루어져 있다. 약 2,100여 개가 넘는 언어가 있고[*][11], 이를 구사하는 다양한 민족이 있다. 아프리카 지역 언어만 크게 다섯 가지 언어군(어족)으로 묶을 수 있다. 아프리카-아시아 어족, 나일-사하라 어족, 니제르-콩고 어족, 코이산 어족, 오스트로네시아 어족이다.

아프리카-아시아 어족Afroasiatic Languages은 2억 8,520만이라는 최다 인구가 사용하는 어족으로 240여 개의 언어로 구성된다. 나일-사하라 어족Nilo-Saharan Languages은 100여 개의 언어로 구성되며 약 3,000만 명이 사용한다. 니제르-콩고 어족Niger Congo Languages은 사하라이남의 중남부 아프리카 지역에서 주로 사용되는 언어들을 일컬으며 보통 반투

---

[*]   에스노로그(Ethnologue) 2020년 기준으로는 약 2,140개의 언어가 있다.

어군*이 이에 속한다. 코이산 어족Khoisan Languages**은 50여 개의 언어를 포함하며 주로 코이코이 민족과 산 민족이 사용하고 있으나 사멸 위기에 처해있는 것으로 알려져 있다. 마지막으로 오스트로네시아 어족Austronesia Languages은 마다가스카르와 동남아시아, 태평양 지역 등에서 사용된다.

우리에게 그나마 친숙한 동부 아프리카 지역 내 에티오피아의 민족과 언어 구성을 살펴보자. 에티오피아는 서로 다른 80여 개의 민족 집단이 한데 모여 살고 있다. 대표적인 민족 집단으로는 오로모, 암하라, 티그레이, 구라게, 하라르, 소말리 등이 있다. 이들은 각자 민족 고유의 문화를 가지고 있다. 오로모의 경우 라틴어에서 문자 표기를 차용했지만 자신들의 언어인 오로미야어를 사용하며, 암하라는 에티오피아의 공식 언어인 암하라어를 사용한다.12 나머지 소수 민족들도 모두 자신들만의 언어와 문화를 가지고 살고 있다.

아프리카 국가에서는 이러한 다문화적 특성을 어렵지 않게 볼 수 있다. 다량의 석유를 보유한 것으로 알려진 나이지리아의 경우도 아프리카 내 최대 인구인 1억 9,000여 명의 인구가 520여 개의 언어를 사용하고 있으며, 남아프리카공화국도 '무지개 나라'라는 별칭답게 11개의 공식 언어Official Languages를 사용하고 있다. 짐바브웨의 경우는 공식 언어만 16개를 사용한다.

특히 나이지리아가 속한 서부 아프리카 지역은 다양한 민족과 언

---

* 반투어(Bantu Languages)는 사하라이남 아프리카 전역에서 널리 사용되는 언어 집단으로, 나이지리아 남부부터 중앙아프리카공화국, 콩고민주공화국, 우간다, 케냐, 소말리아 등 국가에서 사용된다. 아프리카 4대 어족의 하나인 니제르-코르도판 어족(Niger-Kordofanian Language Family) 중 베누에 콩고 어군에 속한다.(All Africa(2012))

** 코이산 어족은 산 민족 및 코이코이 민족이 사용하는 언어들로 남서부 지역에서 주로 쓰인다. 흡착음이 정식으로 반영되어있는 것이 특징이며, 남부 아프리카의 수렵, 채집, 목축을 하는 원주민들이 구사했으나 반투인들에게 점령당한 이후 현재는 쓰는 사람이 크게 줄어든 상태이다.(All Africa(2012))

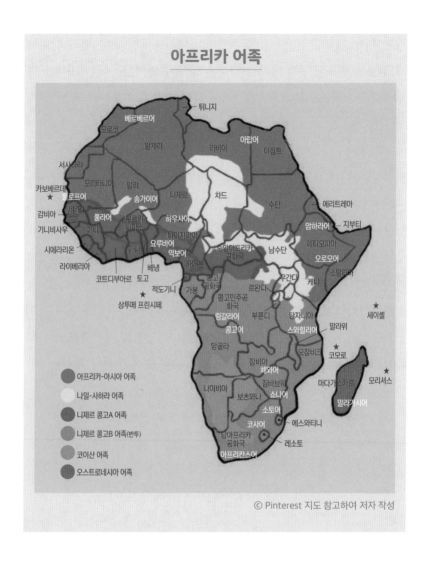

아프리카 어족

베르베르어
튀니지
모로코
알제리
리비아
아랍어
이집트
서사하라
카보베르데
★
모리타니아
말리
니제르
차드
수단
에리트레아
월로프어
송가이어
감비아
세네갈
풀라어
하우사어
암하라어
지부티
기니비사우
기니
부르키나파소
나이지리아
에티오피아
시에라리온
가나
요루바어
중앙아프리카
공화국
남수단
오로모어
라이베리아
익보어
카메룬
우간다
소말리어
케냐
코트디부아르
토고
적도기니
가봉
콩고
공화국
르완다
상투메 프린시페
콩고민주공화국
부룬디
탄자니아
★
세이셸
링갈라어
콩고어
스와힐리어
말라위
앙골라
모잠비크
코모로
★
잠비아
체와어
마다가스카르
모리셔스
★
나미비아
짐바브웨
쇼나어
보츠와나
말라가시어
소토어
코사어
에스와티니
남아프리카
공화국
레소토
아프리칸스어

● 아프리카-아시아 어족
○ 나일-사하라 어족
● 니제르 콩고A 어족
● 니제르 콩고B 어족(반투)
● 코이산 어족
● 오스트로네시아 어족

© Pinterest 지도 참고하여 저자 작성

어, 문화 등이 공존하고 산업화와 시장 및 교역 확대 등을 통해 상호 영
향력을 확장하고 있다.[13] 대륙 내에서도 나이지리아와 같은 인구 최대
국가가 위치해있어 거주 인구가 많고, 프랑스어권과 영어권 국가가 함
께 국경을 맞대고 있어 역사적, 사회적, 문화적인 배경이 매우 다각화되
어있다고 할 수 있다.

물론 그런 다양성이 충돌의 원인이 되기도 했다. 영어권인 감비아의 경우 프랑스어권인 세네갈 남부에 영토가 끼어있는데, 카자망스*는 세네갈이 프랑스로부터 독립한 이후 분리 운동을 하는 독립적인 정체성을 가졌다.14

그렇지만 기본적으로는 프랑스어를 공식 언어로 사용하는 세네갈뿐만 아니라 서부 아프리카 전역에서 범국가적으로 교통어Vehicular Language** 지역이 공존하고 있다. 이 지역에서는 언어 및 문화다양성의 영향력을 지역 내에서 공유하는 것이 지배적이라고 할 수 있다.

물론 문화다양성은 언어 외에도 여러 가지 경제·사회적 특징으로 다각적 측면에서 설명되어야 한다. 이번 장에서는 언어를 중심으로 문화다양성이 설명된 한계는 있으나 민족 집단을 규정하는 데 언어는 핵심 요인 중 하나이므로 이를 기준으로 문화다양성을 개괄적으로 분석하는 것은 가능하다고 생각한다. 종교와 같은 다른 문화적 특성은 2부에서 좀 더 자세히 알아보자.

---

*   카자망스(Casamance)는 서부 아프리카 세네갈 남부의 지역으로, 감비아와 기니비사우 사이에 위치한다.

**   링구아 프랑카(Lingua Franca)라고 불리는 교통어는 서로 다른 모어를 사용하는 화자들이 의사소통을 위해 공통어(共通語)로 사용하는 제3의 언어(때로는 한 집단의 모어)를 말하며 특정 언어를 지칭하는 표현이 아니라 언어 가교의 기능을 수행하는 언어들을 통칭하는 표현이다. 국가나 단체에서 공식적으로 정한 언어를 뜻하는 공식 언어와는 다른 개념이다.(wordow 사전 참고)

아프리카의 과거와 현재

아프리카 대륙은 예나 지금이나 여러 외부 국가들의 간섭과 침략 대상이었다. 역사 속의 아프리카 국가들은 식민 국가들에 의해 여러 갈래로 찢어졌으며, 독립 이후에도 그들이 멋대로 그어놓은 국가 경계선에 의해 수많은 내전을 치러야 했다. 그로 인해 현재까지도 아프리카는 분쟁으로 얼룩지고 위험한 대륙으로 낙인찍혔다. 왜 그들은 항상 분쟁의 중심에 있게 된 것일까? 그것은 아프리카 국가들 사이에 그어진 직선 국경선에 해답이 있는지도 모른다.

☪ 직선 국경선의 비밀[15]

대체로 국경은 하천이나 산맥과 같은 자연조건에 따라 경계가 구분되고 전쟁과 같은 다양한 역사적 사건이 복합적으로 작용해 형성되는

아프리카 쟁탈전이 벌어지기 전 아프리카 지도

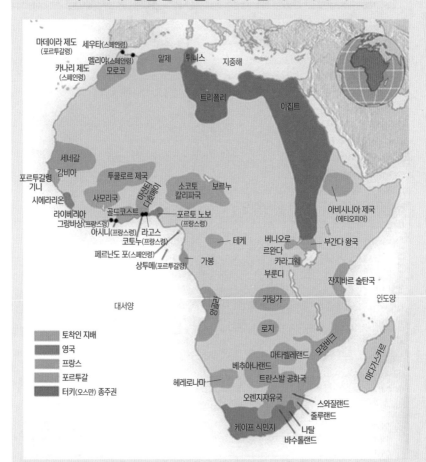

아프리카 쟁탈전이 벌어지기 이전 아프리카 지도로, 연한 초록색이 아프리카의 고대 왕국, 즉 자치적으로 통치되던 아프리카 여러 지역의 모습이다. 분홍색은 영국령, 파란색은 프랑스령, 진한 초록색은 포르투갈령, 진한 흑갈색은 터키의 식민지로 베를린회의가 이루어지기 이전 아프리카 지도이다.

© wordpress.com, 매튜 그레이엄(김성수 옮김)(2020), p.65 등 참고하여 저자 작성

베를린회의에서 인위적으로 나눈 아프리카 국경선

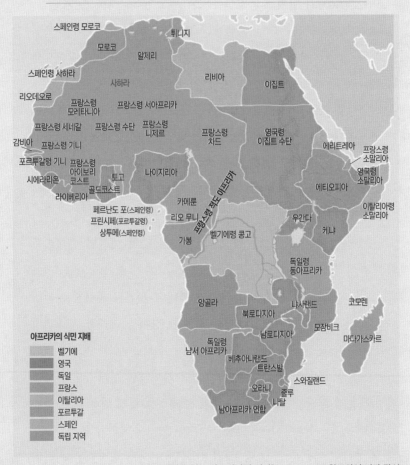

ⓒ《처음 읽는 아프리카의 역사》(2005), p.138 참고하여 저자 작성

것이 일반적이다. 하지만 아프리카 국가들의 국경선은 반듯한 구간이 많다. 이는 누군가가 인위로 국경선을 그어 만들었다는 것을 보여준다.

1881년 제1차 세계대전 발생부터 1914년 사이 아프리카 대륙은 다양한 유럽 열강에 의해 분할되었고, 이러한 아프리카 쟁탈전으로 유럽 제국들 간의 갈등이 고조되자 독일 재상 오토 폰 비스마르크Otto Von Bismark의 주재로 유럽 열강 간의 충돌을 줄이고 아프리카 식민화에 대한 규칙을 논하는 회의를 열었다. 이 회의가 바로 '베를린회의Berlin Conference'이다. 이 회의로 인해 땅의 주인이었던 아프리카인은 철저히 배제되고 아프리카를 탐내던 유럽 및 미국 열강 14개 국가가 모여 아프리카의 국경선을 정했다.

1850년대 이전, 즉 유럽 식민주의가 도래하기 이전의 아프리카 사회는 공식적이고 경계가 뚜렷하게 정해진 국가가 없었다. 영토 경계는 확실하지 않았으나 분명 국가권력의 현대적 개념과 유사점을 가진 소코토 칼리파국과 부간다 왕국처럼 다양한 정치적 통제와 사회조직 체계가 있었다.16

아프리카 일부 해안 지역만 유럽 보호령이었던 상태였으나 베를린회의로 유럽 열강들은 아프리카 내륙 통제권을 갖기 위해 서로 다투기 시작했다. 그 과정에서 아프리카 현지인들이 유지하던 문화, 언어, 종교, 정치적 경계는 아무 소용이 없었다. 단지 서구 열강들은 기하학적 경계선에 대해 논의할 뿐이었다.

이렇게 탄생한 아프리카 대륙 지도는 수천 개의 토착문화와 지역이 뒤섞이는 결과를 낳았고, 오랫동안 문화와 역사를 공유했던 민족집단들을 뿔뿔이 흩어지게 했다. 하루아침에 서로 적대시하던 민족 집단들은 하나의 국가가 되어 통합해야 했고, 우호적으로 잘 살던 다른 민족 집단들은 생이별을 하게 되었던 것이다. 그렇게 유럽 열강들은 아프리카 대륙에 인위적인 50여 개 국가를 탄생시켰다. 결국 이렇게 생긴 인위적 경계선으로 인해 아프리카 대륙에서는 이웃 국가 간 혹은 국가와 민족 간 다양한 분쟁이 현재까지도 끊임없이 발생하고 있다.

☪ 빠르게 변화하는 가장 젊은 대륙

21세기 들어 아프리카 대륙은 그 어느 대륙보다 빠르게 변화하고 있다. 누구나 한 번쯤은 아프리카를 검은 대륙이 아닌 '희망의 대륙', '세계 마지막 성장 엔진', '젊은 대륙'이라고 말하는 것을 들어본 적이 있을 것이다.

2000년부터 10여 년간 아프리카 대륙의 경제성장률은 연 5~6%로 세계 평균을 웃돌았으며, 10% 이상의 경제성장률을 보이는 국가도 많이 있었다. 이러한 변화에 많은 외신은 아프리카를 '희망이 없는 대륙'에서 '떠오르는 대륙Africa rising'으로 재평가하기 시작했다.[17] 잠시 주춤하긴 했지만 2018년에도 아프리카 대륙은 다른 대륙에 비해 3% 이상의 경제성장률을 보이며 성장 가도를 달렸다.[18]

아프리카 대륙이 희망의 대륙, 미래의 대륙이라 불리는 데는 청년 인구층이 큰 역할을 했다. 현재 전 세계적으로 출산율이 감소하고, 노인 인구가 증가하는 추세이지만 아프리카 대륙만큼은 인구의 70% 이상이 30세 미만으로 젊은 세대들이 이끌고 있다. 국가 평균 나이가 니제르 15.1세, 말리 16세 등 영국(40.4세), 미국(37.6세) 등과 비교하면 현저히 낮다.[19] UN이나 세계은행 등 다양한 국제기구 또한 머지않은 미래에 아프리카가 세계에서 가장 많은 인구수를 기록할 것이며, 그중 경제활동인구인 25세 미만의 청년층이 아프리카 전체 인구의 절반 이

아프리카 주요 도시들의 모습

1 케냐의 나이로비 2 나이지리아의 라고스 3 모로코의 카사블랑카 4 남아프리카공화국의
케이프타운

ⓒ 우분투 아프리카

상을 차지할 것이라고 보고 있다.[20]

반면, 청년층이 과반 이상인 인구분포는 축복인 동시에 위험 요소
라고 지적하는 의견도 많다. 경제적 가치와 투자적 측면에서는 희망적
일 수 있으나 정부에서는 교육, 기술 제공, 고용 영역에서 노동 수요를
충족시키기 위해 끊임없이 정책적인 보완책을 마련해야 하는 부담을
갖고 있다.

그뿐만 아니라 급속히 팽창한 청년층 인구가 도시지역으로 몰리
면서 급격한 도시화를 초래했다. 1990년대 이후 매년 3.5%씩 증가하는
아프리카 도시인구는 개발도상국 중 가장 빠르게 증가하고 있으며, 세
계은행은 2050년까지 아프리카 대륙 인구 중 도시인구가 60%까지 증
가할 것으로 예측했다. 또한 식량 생산에 대한 압력 증가가 빈곤을 심

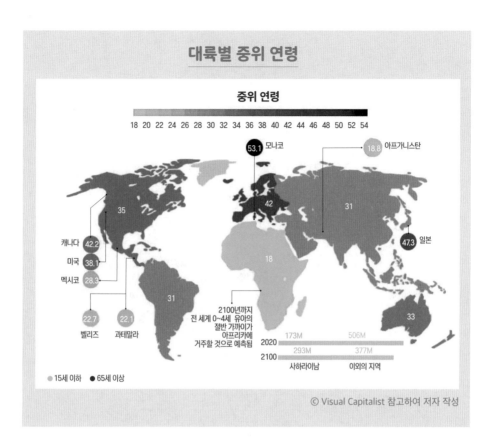

대륙별 중위 연령

중위 연령

18 20 22 24 26 28 30 32 34 36 38 40 42 44 46 48 50 52 54

53.1 모나코

18.8 아프가니스탄

35

캐나다 42.2

미국 38.1

멕시코 28.3

42

31

47.3 일본

18

31

2100년까지
전 세계 0~4세 유아의
절반 가까이가
아프리카에
거주할 것으로 예측됨

33

벨리즈 22.7

과테말라 22.1

	2020	173M	506M
2100	293M	377M
	사하라이남	이외의 지역

● 15세 이하　● 65세 이상

© Visual Capitalist 참고하여 저자 작성

화시키면서 청년층 인구 급증이 빈곤의 원인으로 지적되기도 했다.21

　향후 4차 산업 시대의 노동 구조가 어떻게 변화할지는 정확히 알
수 없으나 5% 안팎의 경제성장을 꾸준히 유지하고 있는 아프리카 국
가들에게 청년층 인구는 분명 중요한 성장동력 중 하나이다. 유럽을
비롯한 많은 선진국의 25세 미만 인구가 고작 17%대를 기록하고 있는
것과 비교하면 괄목할 만한 잠재력임은 분명하다.

베를린회의

베를린회의는 독일 총리
인 비스마르크의 주재로 1884
년 11월 15일부터 1885년 2월
26일까지 베를린에서 개최된
아프리카 분할에 관한 회담이
다. 이 회의에 참석한 국가들은
오스트리아-헝가리, 벨기에,
덴마크, 프랑스, 독일, 영국, 이

베를린회의

© Citeco.fr

탈리아, 네덜란드, 포르투갈, 러시아, 스페인, 스웨덴-노르웨이, 터키 그리
고 미국까지 총 14개국이었다.

이 중 프랑스, 독일, 영국 그리고 포르투갈은 베를린회의의 주요국으
로 당시 아프리카 식민지 쟁탈전의 이해 당사자였다. 이 회의에서 포르투
갈의 콩고강 유역에 대한 영유권 주장이 거부되면서 벨기에 레오폴드 2세
의 개인 식민지인 '콩고 자유국'이 탄생하게 됐다.

베를린회의는 콩고강 하구에 대한 포르투갈의 요구와 벨기에 왕의 콩
고분지에 대한 식민정책을 밝히기 위해 시작된 회의로, 아프리카 쟁탈 과
정에서 발생할 수 있는 유럽 국가들 사이에 전쟁을 피하고 각국의 이해관
계와 충돌을 조정하려는 목적에서 개최되었다. 그러나 결과적으로는 유럽
열강들이 아프리카 쟁탈을 합법화하고 대륙 분할을 공식적으로 비준한 계
기로 평가된다.[22]

세계에서 두 번째로 많은 인구를 보유한 아프리카 대륙[23]

세계 인구 4명 중 1명이 아프리카 사람이 된다면?

사실 아프리카 대륙의 인구는 1500년대에서 1900년대에 있었던 노예 무역 탓에 유럽 인구의 5분의 1에 지나지 않았다. 1900년에 1억 명이었던 인구는 1950년에 1억 7,000만 명, 2000년에는 7억 명 그리고 2021년 1월 월드오미러Worldometer 기준 약 13억 명으로 100여 년 동안 놀라운 증가세를 보였다.

2011년 UN 사무국 경제사회국의 보고서에 따르면 2050년 아프리카 대륙의 인구는 약 19억 명에 이를 것으로 전망되고 있다. 19억 명이라는 수치는 현재 여성 1명당 출산율 5명(사하라이남 아프리카 기준)을 2명으로 낮춘 조건으로 추정한 결과이다.

만약 현재 상태로 꾸준히 증가한다면 24억 명, 더 높게 잡으면 29억 명까지도 가능하다. 아프리카 대륙은 곧 유럽 인구의 3배가 되고 중국이나 인도보다 많은 인구를 가진 대륙으로 부상할 것이다.

2050년 세계 3위의 인구 대국으로 성장할 나이지리아[24]

아프리카 대륙 최대 인구 국가인 나이지리아의 경우[25] 2050년까지 인구수가 4억 명으로 늘어 미국을 제치고 중국, 인도에 이어 세계 3위의 인구 대국이 될 것으로 예상된다. 2100년에는 8억 명 가까이 증가할 것이라는 예측도 있다.

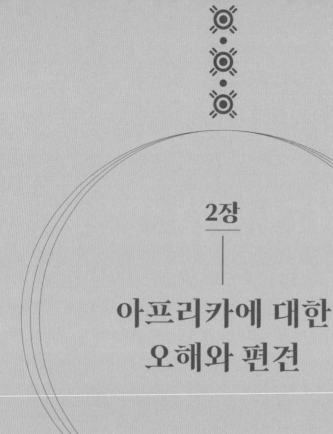

2장

—

아프리카에 대한 오해와 편견

아프리카에는 흑인만 산다?[26]

    아프리카 출신 사람이면 다 흑인일까? 그렇다면 흑인은 모두 아프리카계일까? 단순하게 얼굴색으로만 어디 출신인지 판단하는 것은 많은 오류를 낳을 수 있다. 얼굴색이 검다고 해도 미국인일 수 있고 멕시코 사람일 수도 있다. 반대로 얼굴이 하얗거나 황갈색 빛이어도 아프리카 사람일 수 있다. 이처럼 피부색으로만 출신 국가를 판단하는 것은 아주 위험하고 편협한 시각이다. 더 정확하게 표현하자면 아프리카 사람들의 모습은 출신 국가별·민족별로 매우 다양하며, 각각 다채로운 문화와 역사를 가지고 있다.

    예를 들어 남아프리카공화국에는 인도계 아프리카인, 유럽계 아프리카인(백인) 등 다양한 인종의 사람들이 살고 있다. 또한 검은 피부이어도 다 같은 민족이 아니며 줄루Zulu, 코사Xhosa, 은데벨레Ndebele 등 민족별로 제각각의 모습을 갖추고 있다. 국가별로도 남아프리카공화국 출신 흑인과 에티오피아 출신 흑인의 생김새와 언어, 문화가 각기 다르다.

보통 학계에서는 아프리카계 사람들을 그 생김새에 따라 부시매노이드Bushmanoid, 피그모이드Pygmoid, 니그로이드Negroid, 코커소이드Caucasoid, 몽골로이드Mongoloid로 구분한다. 또 언어나 종교, 그 밖의 기준에 따라 구분하는 등 아프리카에는 피부색이 아닌 다양한 기준으로 분류된 수천 개의 사회집단 또는 민족 집단이 있다.27 그러니 섣부르게 얼굴색만으로 모든 흑인을 아프리카 사람이라고 판단해서는 안 된다. 올림픽 오륜기에서 아프리카를 검은 색으로 나타내는 것처럼 '검은 대륙'이라는 표현을 아프리카를 상징하는 이미지로 쓰는 것은 아프리카 대륙이 미지의 세계이고 그곳에 사는 원시인들이 '부족*' 생활을 한다는 관념적 무지에서 비롯된 것이다. 아프리카인에 대한 이미지는 '검은' 정체성과는 관계가 멀다.

대중적으로 알려진 사람들 중에서도 흑인이 아닌 사하라이남 아프리카계 사람들을 어렵지 않게 찾아볼 수 있다. 영국 록밴드 퀸의 보컬 프레디 머큐리(본명은 '파로크 불사라'이다)는 탄자니아에 위치한 잔지바르라는 작은 군도에서 태어나 자랐다. 잔지바르 스톤타운에 위치한 그의 집은 탄자니아의 유명 관광지가 되기도 했다.28

영화배우 샤를리즈 테론, 《반지의 제왕》 작가 J.R.R. 톨킨, 테슬라 CEO 일론 머스크 또한 아프리카 내에서 백인들이 가장 많이 거주하고 있는 남아프리카공화국 태생이다.

---

* 부족은 1950년대까지 서구 학자들이 아프리카나 다른 제3세계 사회의 기본 분석단위로 설정한 범주로 현재는 존재하지 않는 사회적 실체로 봐야 한다. 또한 비서구사회를 폄하하는 의미가 들어있다는 비판이 있어 현재는 학술 용어로도 일상용어로도 통용되지 않는다. 부족 대신 민족 집단(Ethnic group)이나 사회(Community), 국민(Nation), 국민국가주의(Nationalism) 등으로 표현되는 것이 바람직하다.(한건수(2007), pp.259~262; 아프리카미래전략센터(2016), p.81)

백인이 흑인보다 우월하다?

☪ 과거부터 이어져 온 흑인에 대한 부정적인 시각

우리는 언제부터 흑인에 대한 부정적인 이미지를 갖게 되었을까? 아프리카계 흑인들을 바라보는 부정적인 시각은 그 뿌리가 매우 깊고 단단하다.

과학기술이 발달하기 이전에는 성경을 바탕으로 아프리카계 흑인들을 저주받은 족속으로 단정 지었다. 이후 근세 시대에는 아프리카계 흑인들의 열등성을 논리적이고 과학적인 추론으로 입증하려 더욱더 노력했다. 이는 유럽인들의 흑인 노예무역 및 식민 통치를 정당화하기 위한 근거로 활용하기 위해서였다. 그리고 다중기원 진화론에 따라 흑인이 백인과는 다른, 더 저급한 원숭이에게서 진화했음을 밝히기 위해 노력했다. 식물학과 유전학의 발달로 학자들은 모든 생물의 진화 단계에 서열을 매겼고, 이를 피라미드 모양으로 그렸다. 당연히 피라

미드의 꼭대기에는 백인이 있었고 흑인은 가장 아래에 위치했다.

유전학을 넘어 피부색에서도 백인의 흑인에 대한 편견은 계속되었다. 18세기 중반부터 검은 피부와 인종적 퇴화와의 관계를 입증하려는 시도들이 지속되었으며, 흑인들의 신체적 특징이 정신세계를 좌우한다고 믿어 이를 증명하기 위한 연구도 계속했다.

1911년 《브리태니커 백과사전》 미국판에서는 흑인을 '백인보다 열등한 족속', '사고능력이 낮아 고도의 추론 행위가 불가능한 반면 섹스에 집착', '진화가 덜 되어 고등 유인원에 가까운 종족'이라고 정의를 내렸다. 이후 1932년 판에서는 '두개골이 다른 종족에 비해 두꺼운 편으로 이는 공격용 무기로 적합하다'고 기록했다.

이 같은 흑인에 대한 부정적인 인식은 20세기 말에도 계속되었다. 지금도 많은 미디어에서 아프리카계 흑인들은 과거에 머물러 있고, 문명과는 동떨어진 삶을 사는 원시시대 사람으로 그린다. 한국에서 2020년 초 방영된 한 프로그램에서도 '원시의 생명력'이 꿈틀대는 것이 아프리카 문화의 정형이라고 표현했다. 이와 더불어 분쟁이 끊이지 않는 피의 대륙이라는 이미지가 더해져 대부분의 사람에게 흑인은 무식하고 힘만 세며 게으르고 위험한 인종이라는 선입견이 뿌리 깊게 박혀버렸다. 인종주의적 배타성이라는 심리적 잣대는 여전히 피부색의 차이를 정당화하고 있다.

흑인에 대한 부정적인 이미지, 아프리카에 대한 오해와 편견은 결국 누군가가 그들을 갈취해 우위에 서기 위해 만들어낸 허상일지 모른다. 20여 년 전 장 베르나르Jean Bernard와 같은 여러 학자가 연구를 통해 같은 혈액형의 백인과 흑인은 서로 다른 혈액형의 같은 인종보다 더 강한 유전학적 유사성을 보인다는 점을 밝혀냈다. 백인, 황인, 흑인 등 피부색에 따른 인종적 구분이 별다른 의미를 갖지 못한다는 것은 이미

조지 플로이드 사건 관련 파문　　　© BBC Ghana(2020.05.29.), NBC News(2020.06.01.)

오래전에 과학적으로 증명된 사실이다.29

　　그러나 인종차별적 고정관념은 여전히 지배적이다. 2020년 미국 미네소타주 미니애폴리스에서 흑인 남성 조지 플로이드George Floyd가 경찰의 과잉진압으로 사망하는 사건이 발생했고 이에 시위대가 폭동을 일으켰다. 경찰들조차도 숨진 남성을 추모하는 캠페인을 벌이면서 수습에 나섰으나 파문은 쉽게 가라앉지 않았다.

　　미국에 거주하는 흑인의 인권이 아직도 파문을 일으킬 만한 수준이라면 아프리카계 흑인에 대한 세계적 인식은 더욱 심각할 가능성이 크다. 아프리카와 그곳에 사는 사람들에 대해 진정으로 알고 싶고 실제 모습이 궁금하다면 미디어나 다른 사람들이 만든 이미지만 믿지 말고 아프리카 현지와 그 사람들을 객관적으로 바라보는 기회를 가질 필요가 있다.

☪ 변화하고 있는 아프리카계 사람들에 대한 고정관념

다행히 최근 아프리카계 흑인에 대한 고정관념이 긍정적으로 변하고 있다. 2019년 12월 애틀랜타에서 열린 2019 미스 유니버스 선발대회에서 남아프리카공화국 출신 흑인 여성 조지비니 툰지Zozibini Tunzi가 최종 우승자에 선정되었다. 미스 아메리카에 선발된 니아 프랭클린Nia Franklin, 미스 틴 USA에 선발된 칼리그 개리스Kaliegh Garris, 미스 USA에 선발된 체슬리 크리스트Cheslie Kryst에 이어 미스 유니버스까지 세계 최고 미인 자리가 모두 흑인 여성에게 돌아간 것이다.[30]

물론 각종 미인대회가 여성을 상품화한다는 것에 대해 지속적으로 비판을 받아온 것은 사실이나 아프리카계 흑인이 미적 기준이 된 것은 유례를 찾아보기 힘들다. 〈뉴욕타임스〉도 미국인들의 미적 기준이 인종차별과 고정관념으로 얼룩진 과거에서 얼마나 발전

2019년 주요 미인대회를 석권한 흑인 여성들

© Insider(2019.12.10.)

했는지를 보여주는 강력한 상징이라고 평가해 미국 전역에서 아프리카계 흑인의 인권신장을 긍정적으로 받아들이고 있는 분위기이다.

국내에서도 최근 아프리카계 흑인들이 방송활동을 많이 하면서 좀 더 친근해지고 긍정적인 이미지를 갖게 되었다. 가나 출신 샘 오취리나 콩고민주공화국 출신 조나단, 나이지리아계 혼혈 한현민 등 다양한 분야에서 활동하는 아프리카계 흑인이 많아지면서 예전보다는 익숙해지고 잘못된 고정관념을 인지하며 반성하는 노력이 이루어지고 있다.

아프리카인에 대한 노예제도 굴레

1400년대 후반 신대륙과 해상 발견이 이루어진 이후 1500년대 초반에는 유럽 주요 국가들의 항해술이 비약적으로 발전했다. 이에 따라 이전에 가보지 못한 아프리카까지 항해가 가능해졌고 특히 해안선을 따라 프랑스와 영국, 네덜란드, 스페인, 포르투갈 같은 유럽 국가가 아프리카 정치공동체와 무역 관계를 맺었다. 페스트 발병 이후 유럽에서 노예 노동력의 필요성이 증가하게 되었고 신대륙 발견으로 교역이 폭증하면서 대서양 노예무역이 폭발적으로 늘어났다.[31]

사탕수수 농장의 중심지인 아메리카 대륙에서 노동집약적 농업이 각광받게 되었고 노동력 공급원인 노예에 대한 수요가 급증한 것이다. 유럽, 아메리카, 아프리카 대륙 사이에 이루어진 이른바 '삼각무역'에서 유럽인들은 주로 흑인 노예를 아메리카 대륙으로 보급하는 역할을 주도했다. 노예로 팔려 간 아프리카인들의 수는 정확하게 알 수 없으나 대서양 노예무역에 동원된 이들은 1,250만 명 정도로 추산된다.[32] 아울러 주로 아프리카 북부 및 동부에서 교역 활동을 벌인 아랍 노예 상인들에 의해 사하라와 홍해 그리고 인도양으로 팔려 간 노예들은 600만 명 정도로 추정된다.

노예무역 자체도 아프리카의 역내 자원이 일방적으로 착취당한 명백한 불법행위였다. 그러나 노예를 상아, 팜유 같은 화물과 동일하게 취급하라고 주문한 토마스 레이랜드Thomas Leyland의 지시서(1803년)와 같은 역사적 증거는 노예무역이 그보다 더 심각한 비인륜적이고 비도덕적인 범죄였음을 반증한다. 또한 현재까지도 아프리카계 흑인들에 대한 부정적 이미지에

브룩스(Brookes) 노예선 단면도

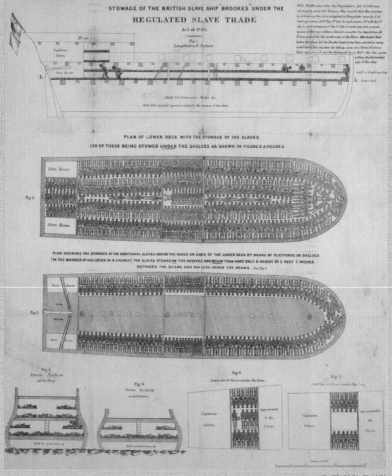

ⓒ 미 의회 도서관

적잖게 기여했다고 볼 수 있다.

'떠다니는 지옥'이라고 불렸던 브룩스 노예선의 단면도는 충격적이
다. 양손과 발이 묶인 노예들을 한 줄로 묶어 배 밑바닥 화물칸에 나란히 눕
혀 빈틈없이 400여 명을 실었다. 대서양을 건너는 석 달 동안 한 사람에게

허용된 공간은 길이 160cm, 폭 20cm 공간이 전부였다. 수면보다도 낮은 습하고 축축한 바닥에서 다른 노예들 사이에 끼인 채로 토사물과 대소변이 범벅이 되어 석 달 동안 이동하는 모습은 상상하기조차 힘들다. 이렇게 아이들이나 가족들과 영원히 이별하게 되는 노예무역 길은 그들의 삶에서 가장 큰 고통이었을 것이다.

노예선에서는 병이 들거나 죽은 노예를 바다에 버리는 것은 물론 살아 있는 노예 133명을 바다에 던져 죽이고 이에 대한 배상보험금을 청구한 '종Zong호 학살'과 같은 갖가지 반인권적 사건이 일어났다. 유럽에서도 이러한 사건들에 대해 도덕적 문제를 제기했고, 영국은 1807년에 노예무역을 불법으로 규정하고 1833년에는 이를 금지했다. 다만 이러한 노예무역이 아프리카 전역에서 발생한 것은 아니었다. 서부 아프리카를 중심으로 특정 지역에 편중되었고 남부 아프리카와 중부 아프리카 지역은 사실상 큰 피해를 경험하지 않았다.33 그럼에도 불구하고 외재적 관점에서는 아프리카계 흑인을 노예와 동일시하는 굴레가 오랫동안 이어져왔다.

1700년대 노예무역으로 건너간 아프리카계 흑인 노예의 후손들이 삶을 이어온 아메리카 대륙에서는 법으로 허용된 흑인 차별이 1900년대 후반까지 이어졌다. 미국에서의 노예제도는 1862년에 링컨 대통령에 의해 폐지되었으나 흑인 분리를 합법화한 '짐 크로 법Jim Crow laws'은 1876년부터 비교적 최근인 1965년까지 이어졌다.

특히 법적으로는 폐지되었다고 하나 아프리카계 흑인은 소수이거나 함부로 해도 되는 하층계급이라는 인식은 아직도 존재하는 듯하다. 최근 미국에서 불거진 조지 플로이드 사망사건도 오랜 인종차별이 곪아 터진 것으로 해석된다. 사람을 피부색으로 차별하는 것 자체가 당위성을 갖기 어려운 일이지만 노예무역이라는 슬픈 역사의 굴레를 수백 년이 지난 후대에까지 씌우는 것은 어쩌면 노예무역보다 더 잔인한 일일지 모른다.

아프리카는 항상 덥다?

한국의 여름이 기후변화로 점차 무더워지면서 다른 어떤 지역보다 더 뜨거운 여름을 보내야 하는 지역이 바로 대구이다. 많은 사람이 대구의 더운 날씨가 아프리카와 같다고 하여 '대프리카(대구+아프리카)'라고 부른다. 그렇다면 정말 아프리카는 대구만큼 혹은 대구보다 더 더울까? 이에 대한 답을 찾기 위해서는 먼저 아프리카의 지형 및 기후 지도를 살펴볼 필요가 있다.

☾ 아프리카의 다양한 기후

아프리카는 적도를 기준으로 남북으로 기후가 대칭되는 데칼코마니형 기후대를 보인다. 적도 주변으로 열대우림 지역과 스텝·사바나 기후가 펼쳐진다. 사바나 기후는 우기와 건기가 비교적 뚜렷하며

아프리카의 다양한 기후 분포

사막 지역
사바나 지역
열대우림 지역
식물이 없는 지역
지중해성 기후 등 기타 지역

©《통 아프리카사》

열대우림 기후에 비해 기온의 연교차가 크고 겨울에 서늘한 것이 특징이다. 대체로 동물의 낙원이 이루어지는 곳이기도 하다. 사바나 기후 지역에서 더 북쪽이나 남쪽으로 가면 스텝 기후가 나타나며, 그 위에 있는 사하라 사막과 적도 아래의 칼라하리 사막 등과 같은 사막 기후가 이어 나타난다. 마지막으로 아프리카 대륙의 양 끝에는 지중해성 기후가 나타난다.[34]

아프리카 대륙의 다양한 기후 분포도를 보면 각 국가별로 기온차가 다양하게 나타난다는 것을 알 수 있다. 남아프리카공화국의 경우 한국과 같이 사계절을 다 느껴볼 수 있으며, 북부 고원 평야지대에서

2018년 아프리카 주요 도시와 대구의 최고기온

마라케시
(모로코)
35도

카이로
(이집트)
35도

대구
(대한민국)
38.4도

하르툼
(수단)
37도

적도

아부자
(나이지리아)
29도

나이로비
(케냐)
25도

© 경향신문(2017.07.31.), 헤럴드경제(2018.07.17.) 참고하여 저자 작성

는 아주 추울 때 눈이 내리기도 한다. 케냐, 탄자니아 등 동부 아프리카 지역의 경우에는 해안 지역을 중심으로 1년 내내 고온다습한 열대 해양 기후를 가지고 있으며 내륙 지역에서는 한국의 가을 날씨와 비슷한 서늘하고 건조한 날씨를 경험할 수 있다. 세계기상기구WMO, World Meteorological Organization의 통계에 따르면 케냐 수도 나이로비의 최고기온은 25도 정도이다. 게다가 습도도 높지 않기 때문에 대구보다 덜 덥다.

수단의 수도 하르툼은 37도, 이집트의 카이로는 35도, 모로코의 마라케시는 35도 등으로 대구와 유사한 기온 분포를 보인다.35 그러나 2020년 여름에는 대구 한낮 기온이 36도에서 39도를 넘나들어 적도 인근의 아프리카 국가들과 비교해봐도 기온이 상당히 높았다.

아프리카는 위험하다?

아프리카 일부 지역에서 전쟁이 일어나고 있고 범죄율이 높거나 질병이 유행하는 등의 위험 요소가 있는 것은 사실이나, 대부분의 아프리카는 비교적 안전하고 우리가 일상적으로 돌아다니는 곳과 크게 다르지 않다. 오히려 국가의 안전과 보안정보를 측정하는 세계평화지수에서 21개 아프리카 국가가 미국보다 높은 순위에 있다.

제이크 브라이트Jake Bright와 오브리 흐루비Aubrey Hruby가 쓴 《넥스트 아프리카》에서는 아프리카의 위험성에 대해 위와 같이 서술하며 아프리카 몇몇 국가에서 발발할 수 있는 위험성을 대륙 전체로 일반화하기 어렵다고 역설했다.

한국 역시 이런 오해를 받곤 한다. 외국에 나가서 한국인이라고

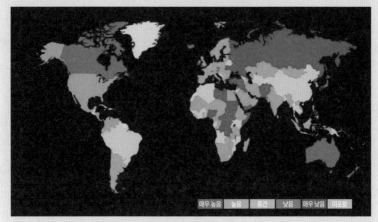

2020년 세계평화지수(GPI)

붉은색일수록 평화지수가 낮다. © IEP 자료 참고하여 저자 작성

하면 "북한과 대치하고 있는 상황인데 위험하지 않냐?"라는 질문을 종종 받는다. 한국에 와보지 않은 외국인들에게 한국은 여전히 언제 전쟁이 발발할지 모르는 위험 국가인 것이다.

우리는 경험해보지 못한 미지의 대상에 대해 막연한 동경심을 갖기도 하고, 반대로 막연한 공포심을 갖기도 한다. 전자의 경우는 일반적으로 서구권의 국가들일 것이고 후자는 거리상, 그래서 심리적으로도 먼 아프리카 국가인 경우가 많다. 미디어에서 접할 수 있는 아프리카 국가에 대한 기사는 대부분 그곳에서 일어난 사건 사고와 관련된 것이고, 간접경험을 통해 알고 있는 아프리카의 이미지는 오지이거나 굳이 고생해서 가고 싶지 않은 곳 혹은 아직도 분쟁이 일어나고 있는 전시 국가이므로 가면 안 되는 곳이다.

하지만 아프리카 국가들도 우리와 같은 '사람'이 사는 곳이다. 일례로 2013년 12월 기니에서 발생한 에볼라 바이러스는 아프리카 전체가 아닌 서부 아프리카 지역 일부에만 영향을 미쳤다. 이처럼 아프리카는 광활하고 그만큼 위험과 안전이 공존하는 곳이라 할 수 있다.

2020년 세계평화지수GPI, Global Peace Index에 의하면 한국보나도 평화지수가 높은 아프리카 국가들이 있는 것을 볼 수 있다. 한국의 평화지수는 1.829로 48위를 기록했는데 세네갈 1.824(47위), 시에라리온 1.820(46위), 잠비아 1.794(44위), 가나 1.776(43위), 보츠와나 1.693(33위), 모리셔스 1.544(23위)로 아프리카 6개 국가가 한국보다 평화지수가 높은 것으로 나타났다.

아프리카 사람들은
가난하기 때문에 도와줘야 한다? [36]

그러한 노력은 결국 소용없는 것이 되고, 최악의 경우에는 시간을 낭비할 뿐만 아니라 불필요한 불화를 낳기도 한다. 이 문제의 원인을 더듬어 올라가면 분명 좋은 의도로 시작했겠지만 저변에 깔려있는 그들 단체가 가진 사고방식의 한계에 도달하게 된다. '아프리카를 돕고' 싶다는 기본 전제에 이어 '아프리카는 우리의 도움을 필요로 한다'는 잘못된 시혜적 태도가 그것이다. 이러한 심리를 재평가하고 그에 대해 비판적으로 의문을 제기하는 것은 원조 분야에서 일하는 사람뿐 아니라 비즈니스에 몸담고 있는 사람들에게도 중요하다.

아프리카의 많은 사람들이 빈곤선 밑에서 살고 있기는 하지만 (빈곤선을 어떻게 규정하든), 그럼에도 불구하고 아프리카 대륙은 여행을 하거나 외국인이 비즈니스를 하기에는 대단히 돈이 많이 드는 곳이다. 2014년 머서 컨설팅Mercer Consulting의 생계비 순위에 따르면 국외 거주자가 살기에 가장 돈이 많이 드는 세계 20대 도시 중에 네 곳이 아프리카에 있다. 이 목록의 1위 자리에 있는 것이 앙골라의 수도 루안다이고, 2위는 차드의 수도 은자메나다. 루안다의 집세는 보통 런던, 파리, 뉴욕, 도쿄, 샌프란시스코의 고급 아파트보다 비싸다. 이는 중간 단계의 시장이 아직 발전하지 않은데다 석유 업계의 간부들로 인한 거품이 많기 때문이다.

– 《넥스트 아프리카》 중에서

2019년 UN 경제사회이사회ECOSOC, United Nations Economic and Social Council 최빈개발도상국 자료에 따르면 아프리카 국가 중 33개국이 최빈개발도상국에 속하며(최빈개발도상국의 70%) 절대빈곤층 인구의 절반 이상인 약 4억 명이 사하라이남 아프리카 지역에 거주하는 것으로 알려져 아프리카 국가들 내 많은 인구가 빈곤층인 것은 사실이다. 통계수치 면으로는 아프리카와 빈곤을 동일하게 인식하는 것이 무리가 아닐 것이다.

물론 아직도 많은 아프리카 국가가 빈곤한 삶을 살고 있지만 아프리카 대륙 전체가 그런 것은 아니다. 남아프리카공화국의 경우 물가가 한국과 별반 다르지 않다. 또한 많은 아프리카 국가의 수도는 잘 발달되어있어 기업들이 진출할 때도 상당한 자금을 필요로 한다.

아프리카의 빈곤과 결부된 이미지는 미디어와 NGO 광고에서 사용되는 자료에서 기인하는 경우가 많다. 국내에 아프리카와 관련된 이미지와 자료는 빈곤이나 동물, 분쟁 등 부정적인 것이 대부분이기 때문이다.

그러나 아프리카 사람들이라고 해서 모두가 가난하고 무조건적인 도움을 바라는 것은 아니다. 오히려 지금까지의 많은 공적 원조와 NGO 및 다양한 단체의 많은 도움은 결국 '누구를 위한 도움이었나'라는 의문을 남겨왔다. 공여국의 안전과 이익을 도모하기 위해 추진해왔던 개발원조는 심지어 아프리카 국가들의 발전을 저해하는 데 영향을 미쳤다는 비판을 받기도 했다. 현실주의 학자인 조지 리스카George Liska는 대외 원조는 냉정한 외교 수단에 불과하다며 정권의 수단이라고 비판하기도 했다.

국제사회와 공여국들의 도움도 결국은 자체적인 이해관계에 따라 유익이 되는 방향으로 이행하는 한계가 있었고, 공여 주체 측 이해에 반하는 지원은 사실상 집행이 불가능하다. 1990년대 이후 원조 효과성이나 죽은 원조 등에 관련한 자아성찰적 비판이 끊임없이 제기되어왔으나 수십 년간 선진국들이 실천해온 노력은 결과적으로 효과를 거두지 못했다.

1970년대 석유파동으로 시작된 아프리카 국가들의 외채 상환 불능, 1980년대 일어난 구조조정정책SAPs, Structural Adjustment Programmes과 신자유주의 그리고 이어진 원조 피로, 이후 추진된 새천년개발목표MDGs, Millennium Development Goals와 지속가능발전목표SDGs, Sustainable Development Goals 성과의 한계 등 식민 종주국 및 공여 주체들의 원조가 아프리카에서는 실효를 거두지 못했다. 아프리카 물 부족 국가에 식수 펌프를 보급하려 했던 '플레이펌프스인터내셔널'이 결국 국제사회의 비난을 받으며 폐업한 것을 비롯하여 수많은 원조 사업이 실패로 종료되었고, 빈곤이 종식되기는커녕 심지어 일부 국가에서는 증가했다.

'아프리카는 무조건 지원이 필요하다'는 태도는 아프리카에서 임의로 사업을 추진하는 것이 가능하고 필요 시 착취가 가능하다는 인식을 갖게 했으며, 아프리카 모든 지역이 우리보다 못 살고 형편이 좋지 않은 곳이라는 편협한 고정관념만 키웠다. 장기간 아프리카 지역에 투자된 개발원조는 현지 국가의 주인의식과 회복탄력성을 저해했고, 아프리카 국가들 또한 대외 원조에 익숙해지며 의존하게 되었다. 특히 많은 아프리카 국가에서 보유하고 있는 천연자원은 외부 세력의 끊임없는 개입을 야기하면서 내생적이고 주체적인 개발을 추진하는 데 현실적인 한계가 있었던 것도 사실이다.

르완다 같은 일부 국가에서는 이를 자각하고 원조 분업과 같은 자체적인 개발 전략을 추진하려고 노력하고 있으나 안정적이고 지속가능한 단계에 접어들기까지는 적지 않은 시간이 필요할 것으로 보인다. 아프리카 개발과 관련한 내용은 5부에서 좀 더 자세히 알아보기로 한다.

아프리카에는 역사가 없다?

☾ 저평가된 아프리카의 역사

> 아마도 미래에는 아프리카 역사를 가르칠 날이 올 것이다. 그러나 지금은 가르칠 만한 아프리카 역사가 없다. 아프리카에 간 유럽인들의 역사가 있을 뿐이다. 그 나머지는 어둠이다. 그런데 어둠은 역사의 주제가 아니다. 우리는 아름답긴 하지만 그저 아름다울 뿐인 어느 오지에서 야만의 부족들이 보여주는 무의미한 움직임들에 시간을 낭비할 겨를이 없다.

유네스코가 발간한 《아프리카 통사General History of Africa》에 실린 이 글은 옥스퍼드대의 어느 역사학자가 남긴 말을 인용한 것으로 당시 아프리카의 역사가 얼마나 저평가됐는지 알 수 있다.

그런데 정말 아프리카의 역사는 없는 걸까? 더 정확히 말하자면 유럽인이 도래하기 이전에 아프리카 대륙의 역사는 존재하지 않았던 것일까? 유럽인들이 역사도 없던 아프리카인에게 역사라는 문명을 선물해준 것일까?

네덜란드계 독일인으로 남아프리카공화국의 흑백분리 정책 반대 활동을 했던 루츠 반 다이크Lutz van Dijk는 《처음 읽는 아프리카의 역사》에서 "인간이 무엇이냐에 대한 더욱 깊은 이해는 아프리카에서 시작된다."고 주장했다. 이는 인류의 기원을 이해하기 위해 아프리카의 역사를 들여다봐야 하는 이유를 충분히 설명해준다.

아프리카에 관심 있는 사람이라면 아프리카가 '인류의 요람'이라는 말을 들어봤을 것이다. 그 이유는 인류의 어머니인 호모사피엔스 루시가 발견된 곳이 아프리카 대륙이기 때문이다. 많은 세계사 개론의 첫 시작이 인류의 어머니가 발굴된 동부 아프리카 지역 지도로 시작되는 이유이기도 하다. 하지만 그 후 아프리카 역사에 대한 내용은 절대적으로 부족하다. 왜 항상 아프리카는 아웃사이더였을까?

여기에서도 힘의 논리가 작용했다고 할 수 있다. 아프리카라는 탐나는 시장을 두고 서구 열강은 '어떻게 하면 그들을 자신들의 손아귀에 넣고 마음대로 할 수 있을까'에 대한 정당성을 얻기 위해 아프리카를 가장 천하고 미개한, 그래서 서구의 도움이 절실한 곳으로 만들어버렸다. 그러면서 아프리카를 역사도, 역사를 기록할 문자도 없는 무지몽매한 곳으로 저평가했다.

☪ 고유의 문자가 존재했던 아프리카 국가들

아프리카 사람들이 기록한 역사가 없다는 사실과 함께 그들만의 문자를 사용하지 않았다고 말하는 것은 매우 큰 오류이다. 동부 아프리카에 위치한 에티오피아에서 사용하는 언어 중 하나는 그 역사가 2,000년에 가깝다. 남부 아랍 지역 문자에 영향을 받은 에티오피아 문자는 옛 언어인 게즈어와 암하라어로 된 종교문학을 남겼다.

수단 북부 지역의 쿠시 왕국은 메로에 문자를 사용했는데, 이는 기원전 2~5세기였다. 현재 서부 아프리카 지역의 라이베리아와 시에라리온에서 사용된 바사의 문자인 바Vah는 그 기원이 명확하지는 않지만 토속적 아프리카 문자 체계로 평가되고 있다. 이 문자가 발견된 곳이 아프리카가 아닌 브라질과 서인도제도로, 노예로 끌려갔던 바사 후손이 머나먼 타향에서 어릴 때 배웠던 글씨를 새긴 것이었기 때문이다. 이외에도 19세기 또는 20세기에 아프리카인들은 바이, 만데, 크펠르 문자 등과 같이 고유의 문자 체계를 고안해냈으며, 서부 아프리카 하우사인은 아랍어의 알파벳을 차용한 그들만의 토속어를 기록하기도 했다.

아프리카 민족 집단에서는 과거로부터 내려온 지식과 전통, 신화, 전설을 구술해주는 이야기꾼들이 존재했다. 그리고 그들의 입을 통해 많은 아이가 자신들의 전통, 문화, 공동체 규범을 익혀왔다. 그들을 서부 아프리카 지역에서는 '그리오Griot'라고 부르며 남부 아프리카 지역에서는 '임봉기Imbongi'라고 칭한다.

아프리카 사회에서 구전 전통가들은 매우 중요한 역할을 한다. 아프리카의 많은 역사적 자료가 문자 기록보다는 구전을 통해 전해져 왔으며, 구전 전통가들은 보통 마을의 연장자로 마을을 지휘하고, 마을의 문화와 전통, 그들만의 지식을 보유하고 전수하는 대학과 도서관 같은 역할을 했기 때문이다. 이들을 두고 아프리카 말리 출신 작가 아마두 함파테 바Amadou Hampâté Bâ*는 "아프리카에서 한 노인이 숨을 거두는 것은 도서관 하나가 불타는 것과 같다."는 말을 남겼을 정도다.

이와 같이 아프리카에도 동북부와 서부 지역을 중심으로 문자가 있었고 그들의 역사와 문화, 규율 및 규범을 유지 전승시키려는 노력도 있었다. 다만 당시 그들 사회에서는 구전 전통이 문자를 통해 기록하는 것보다 더 흔하고 효율적인 수단이었을 뿐이었다.

☾ ★ 아프리카 고대 왕국의 발전

사하라 횡단 무역이 활발했던 서부 아프리카 지역을 중심으로 아프리카의 고대 왕국은 강력한 왕국으로 성장할 수 있었다. 대표적인 왕국으로는 서부 아프리카 지역의 가나 왕국, 말리 왕국, 송가이 왕국, 동부 아프리카 지역의 악숨 왕국과 쿠시 왕국, 중남부 아프리카 지역의 콩고 왕국과 무타파 왕국 등이 있다.

서부 아프리카 지역은 사하라 사막에 가로막혀 이슬람권과 지중해권 문화에 비해 소외된 환경이었으나 니제르강 덕택에 왕국들이 성장할 수 있었다. 비옥한 니제르강을 따라 형성된 마을들은 강 유역에서 풍부하게 채취되는 금을 바탕으로 많은 부를 축적했고, 이를 바탕으로 북쪽의 마그레브 권역과 활발한 무역 관계를 형성하며 성장하기 시작했다. 이러한 환경 속에서 서부 아프리카 지역에 가나 왕국이 탄생했다.

---

*   1900년 아프리카 말리의 반디아가라 지방 페울의 귀족 가문에서 태어난 그는 프랑스 점령기에 프랑스 학교에서 교육을 받았다. 이후 '프랑스 흑아프리카 연구소(IFAN, Institut Français d'Afrique Noire)'에서 아프리카 구전 문화를 연구했고 10년 동안 UN 대사로 활동했으며 말년에는 글쓰기에 전념했다. 그는 이야기꾼, 전통학자, 구도자로 '아프리카의 현자(Sage de l'Afrique)'라 불렸으며 1991년 생을 마감했다.(아마두 함파테 바(2008), 《들판의 아이》)

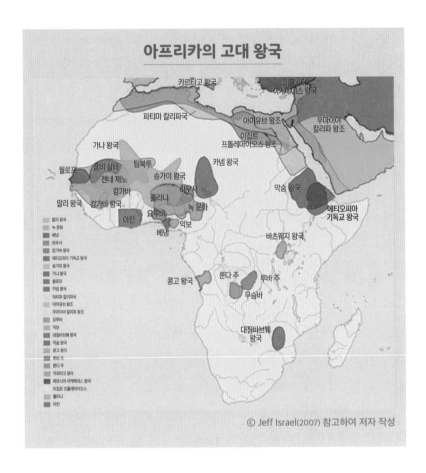

아프리카의 고대 왕국

ⓒ Jeff Israel(2007) 참고하여 저자 작성

사막 가장자리에 위치한 가나 왕국은 금, 소금, 상아, 구리, 노예와 같은 사하라 횡단 무역을 바탕으로 성장했고, 서기 750년 이후 가나 왕국이 위치한 사헬*지역의 전략적 중요성이 부각되면서 더 발전할 수 있었다.

그러나 11세기 사하라 사막의 산하자인을 포함한 베르베르 유목민들이 세운 알모라비드 왕국이 1054년 아우다고스트를 정복하고 1076년 수도 쿰비를 점령하면서 가나 왕국은 급격히 쇠퇴했다. 가나

---

* 　사헬(Sahel)은 북위 14~20도에 걸친 사하라 사막과 사바나의 점이지대로 북쪽으로는 사하라 사막, 남쪽으로는 수단 사바나(Sudanian Savanna), 서쪽으로는 세네갈 북부, 동쪽으로는 차드 중부에 이르는 총면적 약 300만㎢의 스텝 지역을 지칭한다.

왕국이 지배했던 민족 집단은 수수, 타크루르, 송가이, 디아파누, 말리 등으로 분열했고 1200년대 초 가나 왕국은 결국 멸망했다.[37]

가나 왕국의 붕괴 이후 11세기경에 말리 왕국이 형성되었다. 말리 왕국은 사하라 횡단 무역을 통해 넘어온 이슬람교를 받아들이면서 니제르강 중류에서 힘을 키워 나가던 곳이었다. 말리 왕국은 사하라 무역의 거점 도시였던 팀북투 지역을 바탕으로 크게 성장할 수 있었다.[38]

말리 왕국은 제9대 황제인 만사 무사Mansa Musa 대에 이르러 엄청난 부를 축적하게 되었고 경제적 번영과 영토를 방대하게 넓히며 태평성대를 누렸다. 만사 무사는 말리 왕국의 전성기를 이룬 인물로, 1324년 메카 순례를 통해 그 위상을 과시했다. 하지만 만사 무사가 사망한 이후 말리 왕국은 쇠퇴하기 시작했고, 말리에 종속되어있던 가오 왕국이 이후 송가이 왕국으로 발전하면서 역사 속으로 사라졌다.

송가이 왕국은 11세기부터 존재했지만 말리 왕국이 막을 내린 이후 비로소 전성기를 맞이할 수 있었다. 소니 알리Sonni Ali 왕부터 전성기라고 부를 만큼 엄청난 영토를 개척하며 새로운 국면을 맞이했는데, 그럴 수 있었던 배경은 기병과 기동성 있는 함대를 기반으로 한 강력한 군사력, 말리의 주요 무역 도시인 팀북투 및 젠네 정복, 사헬 왕국의 멸망을 이끈 베르베르인들을 몰아냈기 때문이다. 이후 16세기 모로코인들이 점령하기 전까지 송가이 왕국은 영토를 넓혀 나갔다.

동부 아프리카 지역에 4세기부터 10세기까지 존재한 악숨 왕국은 당시 동로마 제국, 페르시아 제국들과 당당히 경쟁할 정도로 아주 영향력 있는 왕국이었다. 악숨 왕국은 솔로몬과 시바 여왕의 후손들이 정착해 만든 왕국으로 홍해 일대를 장악하고 해상무역을 활발히 진행했다. 아라비아반도를 넘어 로마, 더 멀리 위치한 인도와도 무역을 했다. 이들은 주로 상아와 금을 내다 팔았고, 향신료를 사 왔다. 지역을 가리지 않고 무역을 하면서 다양한 문화도 자연스레 받아들이게 되었는데, 기독교 또한 그 문화 가운데 하나였다.

악숨 왕국은 신생국이었을 때부터 그 기세가 대단했다. 악숨 왕국의 위쪽에 위치한 쿠시 왕국을 단숨에 제압한 것을 보면 악숨 왕국의 힘이 얼마나 대단했는지 알 수 있다. 쿠시 왕국은 한때 이집트를 정복할 만큼 힘이 강했다.

4세기 무렵 쿠시 왕국의 국력이 크게 떨어졌고, 악숨 왕국은 그런 쿠시 왕국을 자주 공격했다. 서기 350년쯤 악숨 왕국이 대대적인 공격을 펼친 결과 쿠시 왕국은 멸망했고, 악숨 왕국이 동부 아프리카의 절대강자로 자리매김했다. 그러나 악숨 왕국은 기원후 600년 경 아라비아반도의 이슬람 세력 침공으로 무너지기 시작했다.

이후 아프리카 대륙으로 들어온 이슬람 세력은 이슬람교를 전파하고 아라비아반도부터 지금의 오만, 소말리아, 탄자니아 잔지바르까지 요충지마다 항구와 도시를 세웠다. 그 결과 이슬람 세력이 세운 도시는 엄청나게 번영했고, 그곳을 중심으로 동부 지역 아프리카인과 인도양에서 온 아랍인, 페르시아인, 인도인이 섞여 스와힐리인이 탄생되었다. 그리고 이들은 스와힐리 왕국을 세웠다. 이후 스와힐리 왕국은 무역의 쇠퇴로 이전의 자원과 영광을 잃게 되었지만 수 세기 동안 형성되어온 언어와 문화는 독립한 케냐와 탄자니아에 널리 퍼져 명맥을 이어오고 있다.39

중·남부 아프리카는 반투Bantu 문명의 영향력이 지배적이었다. 반투는 450개 이상의 언어 집합으로, 다양한 언어의 재구성이 반투의 기원과 이주의 증거가 되기도 한다. 남아프리카공화국 케이프타운 식민지 도서관 사서이자 언어학자였던 블릭W. H. I. Bleek은 카메룬에서 케냐에 이르는 동부 지역과 남아프리카공화국 남부에까지 걸쳐 나타나는 문화와 언어의 유사점을 발견하고 반투어로 정의했다. 그러나 이들이 사용하는 언어, 농사법, 가축 재배법의 근원과 이것들이 어떻게 중남부 지역에서 광범위하게 사용되는지는 아직까지도 분명하지 않다.[40]

14세기 무렵에는 콩고강 하류에서 성장한 콩고 왕국이 중서부 해안 지역과 아프리카 내륙을 연결하는 무역망 중심에 위치하여 상아, 구리, 노예 등을 교역하며 번영했다. 15세기 말에 포르투갈인들과 접촉하면서 아폰소Affonso 왕이 기독교(천주교)로 개종하고 마니콩고Manicongo(지배자)가 되었고, 포르투갈과의 활발한 교역 활동을 통해 19세기 후반까지 독립국가로 유지하면서 세력을 확장하기도 했다. 그러나 지배권력의 대부분이 토속종교에 의존하고 있던 당시 왕의 개종은 그의 권력 기반을 무너뜨렸고 아프리카 분할 협정 이후인 1888년 포르투갈의 종속국으로 전락했다.

남부 아프리카에서는 15세기 경 무타파 왕국이 동부 해안 도시와 황금 산지를 연결하는 교역로를 장악하고 발전했다. 무타파 왕국은 11세기부터 14세기까지 번영을 구가했던 짐바브웨 왕국의 뒤를 이은 것으로, 쇼나Shona 민족이 주가 되어 건설된 왕국들의 명맥을 이어 예술과 기술적 발전을 이루어냈다. 당시 지었던 석조 구조물 중 일부는 현재 대짐바브웨에 남아 유네스코세계문화유산에 지정되기도 했다. 그러나 15세기 이후 유럽인들이 동부 아프리카 연안의 도시 국가들을 점령하고 아프리카 여러 나라를 침입하면서 무타파 왕국 또한 쇠퇴의 길을 걸었다.[41]

Chapter 2

문화로 보는
아프리카

오늘날 우리는 세계화로 인해 지리적 구분에 따른 국
경 및 지역적 분리보다는 다양한 문화가 혼재한 사회를 접
할 기회가 훨씬 많아졌다. 한편 강대국 주도의 세계화는 각
나라, 각 지역 문화의 고유성과 다양성을 위협하기도 한다.
이에 대한 대응으로 문화의 다양성에 대한 논의가 본격화되
었으며, 2001년 유네스코 총회에서 '세계 문화다양성 선언
Universal Declaration on Cultural Diversity'이 채택되기도 했다.

세계 문화다양성 선언에서는 문화의 다양성이 인류의
문화생활을 풍요롭게 해주는 자원이고, 전 세계 사람들이 서
로 이해하고 우정을 나누며 평화를 유지하는 데 필수 요소
임을 강조하고 있다. 또 문화의 다양성이 개별 국가 간의 발
전을 위한 핵심 요소이며 문화권을 형성하는 기본 요소임을
말하고 있다. 문화의 다양성을 이해하는 것은 우리 문화와
전통의 고유성을 명확히 알고 건강한 정체성과 자부심을 가
져야 한다는 것이다.

고유한 문화와 전통을 지키는 것은 아프리카 국가들에
게 국가정체성과 연관된 핵심적인 가치이다. 역사적으로 서
구사회의 경제 논리와 사회적 구조를 강요받아온 아프리카
국가들로서는 지역적 문화와 언어를 지키는 것이 곧 식민
통치 영향에서 벗어나 스스로의 정체성을 보존하는 것이고,
고유문화가 가장 세계적인 것이라는 생각을 할 수밖에 없을
만큼 우선적으로 필요했을 것이다.

그러나 독자적인 문화와 역사를 고집하는 관점은 수많

은 민족 집단으로 구성된 대부분의 아프리카 국가에서 경계해야 하는 모순적 가치이기도 하다. 한 국가에서 수백 개의 다양한 문화와 역사가 평화적으로 공존하기 위해서는 다른 관점과 가치들을 존중하고 이해하는 수용적 태도가 필수적이기 때문이다. 서로 다름을 인정하고 충돌하지 않으며 그저 서로 뒤섞여있는 것이 아프리카의 대표적인 정체성이다. 양자택일이나 약육강식의 메커니즘이 아닌 서로 조화되고 때로는 융합되는 것이 그들이 살아남을 수 있는 방법이기도 했다. 자신의 문화적 가치가 분명할 때 다른 문화를 존중할 수 있다는 사실을 가장 잘 이해하고 살고 있는 사람들이 바로 아프리카인들이다.

오늘날 아프리카의 사회 및 문화상은 전통성과 근대성, 지역화와 세계화가 공존하는 매우 복잡한 양상을 보인다. 이는 오랜 시간에 걸쳐 아프리카라는 공간 안팎의 사람들이 이주와 교차를 거듭하며 인종적, 문화적 혼성 현상이 일어난 결과이기도 하다. 반투인의 대이주, 사하라 종횡단 무역, 이슬람과 기독교의 유입과 확산, 유럽의 식민 지배 등은 이런 혼성 문화를 형성하는 데 지대한 영향을 미쳤다.

특히 20세기 후반부터 본격화된 세계화로 인해 국경과 대륙을 넘나드는 인적, 물적 교류가 광범위하게 이루어지게 되었고, 그 결과 국가 간의 경계가 지니는 의미가 퇴색되었다. 경계의 형성과 지속, 교차와 혼성, 소멸 또는 재구성 등의 문화적 과정을 통해 아프리카의 문화 혼성을 이끌어가는 아

프리카인의 주체성과 문화적 원동력을 파악할 수 있다.[42]

　한편 아프리카 국가들과는 달리 비교적 단일민족으로 구성된 한국은 문화적 다양성에 대한 이해가 다소 부족한 측면이 있다. 아직까지도 한국 사회에서는 유색인종이나 외국인들에 대해 배타적인 태도를 보이는 경우가 있고, 특히 흑인에 대한 부정적 이미지는 노골적으로 표현되는 경우가 많다. 이러한 갈등을 해결하기 위해서는 서로의 차이를 명확히 인식하고 차이가 차별로 이어지지 않도록 상대의 가치를 존중해야 한다.

　한국 또한 국제적 흐름에 발맞추어 2005년 '유네스코 문화적 표현의 다양성 보호와 증진 협약'을 기반으로 이주민 관련 정책 및 재한외국인처우기본법, 다문화가족지원법 등을 마련하기 시작했다. 2010년에는 '문화다양성협약'을 체결하고 110번째 비준국으로 가입하는가 하면, 2014년 5월에 '문화다양성의 보호와 증진에 관한 법률(문화다양성법)'을 제정, 2017년에 유네스코 문화다양성협약 아시아태평양그룹 위원국 진출 등 문화다양성을 증진하기 위한 정책을 이어오고 있다. 또한 매년 5월 21일을 문화다양성의 날로 정하고 1주 동안 문화다양성 주간으로 규정하여 다양한 활동을 전개하고 있다.

　다른 문화를 접할 때는 그 문화가 형성된 역사적, 환경적 이유를 함께 살펴보고 폭넓게 이해하기 위해 노력해야 한다. 어떠한 문화가 형성되는 데는 반드시 그 나름의 이유가 있기 때문이다. 무엇보다 상대의 문화를 자신의 문화적 잣대로 평가하기보다는 인권, 평등, 자유, 평화, 생명과 같은 인류의 보편적 가치를 기준으로 판단하는 자세가 필요하다.

그리고 문화적 갈등 이면에 숨겨진 정치적, 경제적, 역사적인 문제들을 다각도로 바라보아야 한다. 문화 간의 갈등이 원만하게 해결되지 못하는 이유는 민족이나 언어, 종교적 차이 때문만이 아니라 이러한 차이가 경제적 수준이나 사회적 지위의 차별과 갈등으로 이어지기 때문이다. 따라서 문화적 갈등 이면에 복잡하게 얽힌 근본적인 원인이 무엇인지 함께 살펴보고 이를 해결하기 위해 노력해야 한다.

우리는 아프리카 54개국이 띠고 있는 다양한 문화적 혼성의 양상과 세계화 과정에서 아프리카화를 통해 정체성을 구축하는 아프리카의 전략 등을 먼저 이해할 필요가 있다. 또한 최근 한국 사회에서도 문제가 되고 있는 다문화사회에 대한 인식을 제고하고 문화의 다양성을 이해하는 데 어떻게 활용할 수 있는지 함께 고민해보아야 한다.

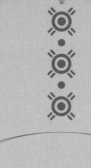

1장

아프리카 문화적 혼성과
평화적 공존

11개 공식 언어를 사용하는
남아프리카공화국

아프리카에는 식민지 역사나 정치적 문제 및 분쟁 등으로 종교·문화적으로 다른 여러 민족이 한 국가를 구성하고 있는 경우가 많다. 남아프리카공화국에는 다양한 민족이 함께 거주하고 있어 사용하는 언어도 다양하다. '무지개 나라'로 알려져 있는 남아프리카공화국은 다민족국가이면서 다언어 국가이다.

남아프리카공화국은 현재 영어, 네덜란드어에서 유래한 아프리칸스어, 반투계 9개의 언어를 포함하여 총 11개의 언어를 공식 언어로 지정하고 있다. 이 중 줄루어는 총인구의 24.7%가 사용하고 있는 언어로 사용자가 가장 많다. 그 다음으로는 코사어(15.6%), 아프리칸스어(12.1%), 북소토어(9.8%), 츠와나어(8.9%), 영어(8.4%), 소토어(8.0%), 총가어(4.0%), 스와티어(2.6%), 벤다어(2.5%), 은데벨레어(1.6%)의 순으로 사용되고 있다[43].

각 주의 언어 사용 인구 비율을 보면 남아프리카공화국의 인종

지도를 한눈에 알아볼 수 있다. 예를 들어 아프리칸스어는 북케이프, 서케이프 그리고 하우텡 순으로 사용하고 있는데, 하우텡은 상업 중심지로 백인 아프리카너가 상대적으로 많이 거주하고 있는 지역이다. 영어는 서케이프, 크와줄루나탈, 하우텡 순으로 사용하고 있는데, 서케이프는 영국계 백인들이 많이 거주하고 있으며 크와줄루나탈은 인도인들의 주요 거주지이다. 하우텡은 상업 및 교역 중심지이기 때문에 영어가 공용어로서 강력히 사용하고 있다. 그 외의 지역에서는 과거 인종 간 분리에 따른 홈랜드 정책을 기준으로 분포되어있으며 관련 민족 집단의 언어가 사용되고 있다.[44]

☪ 다민족의 문화적 뒤섞임과 평화로운 상생

남아프리카공화국 외에도 다언어를 사용하는 국가는 쉽게 찾을 수 있다. 영어, 쇼나어, 은데벨레어 등 16개의 공식 언어를 사용하는 짐바브웨는 아프리카 내 최대 공식 언어를 보유한 국가이고, 국가 내 사용 언어가 520여 개가 되는 나이지리아는 세계 최대 언어를 보유한 국가이다. 다양한 민족과 문화가 공존하는 국가들이 다수인 아프리카에서 언어적, 문화적 뒤섞임은 대표적인 특징이자 정체성이기도 하다.

식민지 및 영토분쟁과 같은 역사적, 정치적 배경으로 인해 많은 아프리카 국가의 다양한 민족이 그들의 의지와 관계없이 한 지역 및 국가에서 함께 살아가야 했다. 이러한 국가들에서는 다른 민족 간 분쟁과 주도권 다툼이 빈번했고, 특히 한두 개의 공식 언어를 선정한다는 것은 바로 그 언어를 사용하는 민족 집단이 주도권을 탈환한다는 것을 의미하기도 했다.

다언어를 공식 언어로 채택하고 있는 많은 아프리카 국가는 이러한 불필요한 분쟁의 소지를 피하고 평화로운 공존을 도모하기 위한 자구책으로 해당 정책을 추진하고 있는 것으로 보인다. 물론 행정적 편의나 비용적 측면에 있어서 이러한 정책의 실효성에 끊임없는 의문이 제기되고 있는 것이 사실이다. 국가 재정이 취약한 대부분의 아프리카 국가에서 공식 언어별로 각 정책과 행정 처리 내용을 정리하는 것은 쉬운 일이 아니기 때문이다.

그럼에도 불구하고 다민족이 함께 공존해야 하는 사회적 상황을 받아들이고 나름의 대안을 유지함으로써 평화로운 상생의 길을 인식하고 모색하고 있다는 측면에서 많은 아프리카 국가에서 채택하고 있는 다언어 정책은 바람직하다고 평가할 수 있다.

세이셸의 크레올어

크레올Creole은 라틴어 'Creare(만들다)'에서 포르투갈어, 스페인어, 프랑스어로 파생된 단어들인 크리올로Crioulo, 크리올로Criollo, 크레올Créole 에서 나왔다.45 크레올어*는 다양한 언어의 혼성어라고 할 수 있는데, 인도양에 위치한 세이셸에서도 영어, 프랑스어 등과 함께 크레올어를 공식 언어로 사용하고 있다. 크레올어는 17세기의 프랑스어에 마다가 스카르를 비롯한 아프리카 언어의 표현들이 가미된 언어로 노예제도 가 있을 당시 프랑스인들과 아프리카 대륙 및 마다가스카르 노예의 의 사소통을 위해 사용하기 시작했다.

세이셸의 크레올어는 프랑스어보다 간단한 문법구조를 가지고 있 으며 대부분의 단어는 프랑스어와 동일하다. 민족 집단 언어인 아랍어

---

* 피진(Pidgin)어가 뿌리내려 모국어로서 사용되는 말을 크레올어라고 한다. 피진은 서로 다른 두 언어의 화자가 만나 의사소통을 위해 자연스레 형성한 혼성어를 일컫는다. 피진은 모국 어로 사용하는 원어민이 없고 비즈니스나 교류를 위해 두세 언어의 중간지점에서 쓰는 대 용어인 반면, 크레올어는 모국어를 사용하는 원어민이 존재하고 실질적인 '언어'로 분류가 가능하다는 차이가 있다.

에서 가져온 단어도 있고, 최근에는 영어 단어의 유입이 많아 전체 구 Phrase를 가져다 사용하는 경우도 있는데 기본적으로는 음성표기 형식으로 되어있다.

한편, 크레올어는 1981년 이후부터 공식 언어가 되었지만 평소에 경제와 법률상에서는 영어를 쓰고 프랑스계 가정에서는 프랑스어를 사용하여 주요 사용 언어라고 보기는 어렵다. 학교 교육 언어로 첫 학년에만 크레올어를 배우고 그 후에는 영어와 프랑스어를 순차적으로 배운다. 크레올어가 노예와 주인 간의 의사소통 편익을 위해 만들어지기 시작한 언어이고 공식 언어의 주류라고 보기도 어려우나 역사적 배경과 상황에 의해 다양하게 혼재되어있는 문화적 특성과 정체성을 그대로 나타내는 예라고 할 수 있다. 또한 전체적인 문화적 특성으로 보편화되었다는 점에서 아프리카 사회문화의 혼성을 설명하는 매우 중요한 현상이라고 할 수 있다.

☾ 다양한 문화가 혼성된 크레올 문화

언어로 대표되는 크레올 문화는 음악, 춤 등 다른 분야에서도 나타난다. 세이셸의 크레올 문화는 유럽, 아시아, 아프리카 세 대륙의 문화가 혼합되어있어 독특하다. 특히 춤과 음식으로 크레올 문화의 독특함을 설명할 수 있다.

먼저 크레올 댄스로는 무티야와 세가가 있다. 무티야Moutya는 불을 피워놓고 드럼비트에 맞추어 추는 춤이고, 세가Sega는 흥겨운 밴드음악에 맞춰 추는 춤이다. 무티야로 발전된 세가는 프랑스령 레위니옹섬의 노예로부터 유래한 것으로 모리셔스를 거쳐 세이셸까지 전파되면

세이셸 크레올 페스티벌　　　© The Violet Grace(2014.10.21.), The Seychelles Islands(2018)

서 크레올화되었다.46

　　크레올 음식은 인도의 카레 음식과 고추, 후추, 생강, 마늘이 가미된 동양적인 조리법 그리고 프랑스 요리의 섬세함이 합쳐진 요리이다. 향신료를 많이 사용하여 맵고 자극적이다. 세이셸 사람들은 전통적으로 카레를 즐겨 먹으며 대개 생선이나 문어 카레를 많이 먹는다. 빵나무Breadfruit나 플랜테인 바나나, 카사바 그리고 고구마를 밥 대신 먹기도 한다. 상어나 참치를 말려서 반찬으로 먹기도 하고, 작은 고추로 만든 칠리소스는 한국의 김치처럼 즐겨 먹는 음식이다. 디저트로는 빵나무 열매에 아일랜드 향료와 코코넛우유를 섞어 달콤한 맛을 내는 빵나무 열매 매쉬 또는 스튜, 크로켓 등을 주로 즐긴다.47

에티오피아의 신년 축제,
엔쿠타타쉬

에티오피아력(암하라어: የኢትዮጵያ ዘመን አቆጣጠር 이티오피야 제멘 아코타탈)은 에티오피아의 고유한 달력 문화이다. 세계 대부분의 지역에서 그레고리력을 따르는 반면 에티오피아인들은 종교적으로 율리우스력과 비슷한 오래된 그리스 정교회 달력을 고수했다.

그레고리력과 에티오피아력은 약 7년의 차이가 나며(에티오피아력이 약 7년 정도 늦다.) 에티오피아력에 따르면 9월 11일에 새해를 맞이한다. 신년 축제인 엔쿠타타쉬Enkutatash는 새해 첫날에 열리는데, 어린 아이들은 새로운 옷을 입고 마을 주변에서 춤을 추기도 하고 가족과 이웃들은 꽃다발

엔쿠타타쉬 © Afrotourism

을 주고받으며 새해 인사를 나눈다. 새해 전야에는 집 앞에서 마른 나무 햇불을 태우고 새해를 맞이하기 위해 기도를 하고 찬송가를 부른다.

국제적인 기준과 다른 에티오피아력은 대외 업무를 할 때 불편한 시스템이다. 그럼에도 불구하고 대외 업무에서 그레고리력을 사용하면서 에티오피아력을 지키려고 하는 그들의 노력은 높이 평가할 만하다. 에티오피아 사람들은 세계화의 흐름 속에 도태되지 않으면서 자체적인 구조와 시스템을 통해 옛것을 지키는 조화와 상생의 지점을 찾기 위해 부단히 노력하고 있다.

그레고리력과 율리우스력

그레고리력 Gregorian Calendar

교황 그레고리우스 13세가 1582년에 기존에 쓰이던 율리우스력의 역법상 오차를 수정해서 공포한 것으로 오늘날 거의 모든 국가에서 사용하는 세계 공통력이라고 할 수 있다.

율리우스력 Julian Calendar

로마의 율리우스 카이사르가 이집트력을 규범으로 하여 BC 45년 로마력을 개정한 것이다. 1년을 평년 365일로 하여 4년에 1일 윤일을 2월 23일 뒤에 넣었고, 춘분을 3월 25일로 고정시키려 했다. 전 유럽에 보급되어 16세기 말까지 쓰였다.

종교의 자유가 인정되는 세네갈₄₈

세네갈은 11세기에 이슬람화가 진행되어 현재 전체 인구의 약 94%가 이슬람교도(수니파)이며 5%가 가톨릭을 중심으로 한 기독교도이다. 이슬람교도의 비중이 절대적으로 높아 이슬람교의 주요 종파 지도자들이 세네갈 국내 정치에 막강한 영향력을 행사하고 있으나 세네갈은 종교의 자유와 정교분리가 헌법으로 보장된 국가로 종교 간 종파 간 분쟁이 거의 일어나지 않는다.

이처럼 종교가 다수 공존하고 있는 세네갈에서는 주요 명절 역시 종교적 전통을 따른다. 인구의 대다수가 이슬람교도인 만큼 이슬람국가에서 주로 지키는 이슬람 명절과 가톨릭의 휴일 모두 통상적인 휴일로 지정되어있다. 우선 한국의 한가위나 구정과 같은 최대 명절로는 이슬람 명절인 '코리떼'와 '따바스키'가 있다.

이슬람력으로 10월 첫째 날에 개최되는 코리떼Korite는 다른 이슬람국가에서 '이드 알피트르Aid al Fitr'라 불리는데, 이는 라마단 종료를 기념하는 명절로 아침에는 온 가족이 함께 띠아크리Thiakry 또는 라크Lakh라 불리는 아침식사를 만들어 먹고 점심은 닭고기나 양고기 등으로 만든 음식을 가족, 친지, 이웃들과 나누며 저녁에는 새 옷을 입은 아이들이 이웃집을 돌며 선물을 얻으러 다닌다. 이때는 어른들 또한 서로를 방문하여 일상생활에서 쌓인 감정을 해소하고 서로 간에 용서를 구하기도 한다.

또 다른 이슬람 명절인 따바스키Tabaski는 이슬람력 12월 10일에 제물을 바치는 축제로 다른 중동 지역에서는 '이드 알아드하Eid al-Adha'라고 불린다. 메카 근교에 있는 마나의 골짜기에서 있었던 제물 봉공 습관에서 유래한 것으로 양 한 마리를 제물로 바치고 고기의 3분의 1은 사람들에게 나누어주거나 본인이 먹는 관습이 있다.49

따바스키가 끝나고 한 달 뒤에는 이슬람력 새해를 기념하는 '땀하릿Tamxarit' 축제가 열린다. 이슬람력 상 1년의 마지막 날 밤에 전개되는 이 축제 때는 남자는 여장을, 여자는 남장을 하고 집집마다 돌아다니며 신년 선물을 요구하는 재미있는 광경이 펼쳐진다. 또 이슬람력 3월 12일은 예언자 마호메트Muhammad의 탄신일을 기리는 '마울루Maouloud'이다. 이날에는 밤늦게까지 기도 행사가 열리고 다음 날이 공휴일로 지정되어있다.

이외에도 세네갈은 기독교 휴일인 성모승천일, 만성절, 부활절, 성탄절, 성신강림축일, 예수승천일 등을 휴일로 지정해 기념하고 있다. 4월 중순 부활절에는 그리스도의 죽음과 부활을 축하하는 기간으로 5일 정도 보낸다. 크리스마스에는 크리스마스트리를 장식하며 그리스도의 탄생을 축하한다. 세네갈 내 기독교인은 5% 정도에 불과하지만 이슬람교 명절과 함께 기독교 명절을 기념하는 것은 종교적인 관용이라기보다는 공동체의 전통적인 합의와 연대의식에 따른 것이라고 할 수 있다.

코리떼와 따바스키   © Ndarinfo, Egloos

땀하릿 축제에 분장한 세네갈 아이들   © DakarFlash.com

세네갈의 기독교 명절   © Jeune Afrique(2017.04.04.), VOA(2015.12.24.)

이슬람 여성의
전통 의상 착용 논란

☾★ 테러 방지를 위한 부르카와 니캅의 착용 금지 확대

아프리카 중서부에 위치한 콩고공화국(브라자빌 콩고)*은 2015년 5월, 아프리카에서 처음으로 보안을 이유로 공공장소에서 부르카 Burka(전신을 가리는 베일)와 니캅Niqab(눈을 제외한 신체의 모든 부위를 가리는 베일) 착용을 금지했다. 2014년 아랍에미리트의 한 쇼핑몰 화장실에서 이슬람 전통 복장과 니캅으로 전신을 가린 여성이 미국인 여교사를 흉기로 찔러 살해한 후 사라졌다가 나흘 만에 붙잡히는 사건을 계기로

---

* 　콩고민주공화국과 콩고공화국은 19세기 유럽의 식민 지배부터 독립된 역사를 가진 개별적인 국가이다. '콩고'는 콩고강을 의미하는 것으로 두 국가는 콩고강을 사이에 둔 이웃 국가이다. 지금의 콩고 지역은 19세기 말 유럽인들에게 처음으로 소개되었고 이후 콩고분지의 영유권을 둘러싼 포르투갈과 영국, 벨기에와 프랑스 간의 마찰이 계기가 되어 1884년 베를린회의가 개최되었다. 프랑스 해군 장교인 브라자(Pierre-Paul-Francois-Camille Savorgnan de Brazza)가 1883년에 브라자빌을 건설했고, 이후 콩고공화국의 수도가 되었다. 콩고민주공화국과 구분하기 위해 콩고공화국을 브라자빌 콩고라고 부른다.(아프리카미래전략센터(2016), pp.16~19)

아프리카 지역에서도 부르카와 니캅의 착용 금지가 확대되는 추세이다.[50]

니캅을 착용한 이슬람 여성 ⓒ BBC(2015.07.16.)

2015년 나이지리아 북동부의 보코하람*으로부터 나이지리아의 영토 탈환을 돕기 위해 지역 연합군에 참여했던 차드, 카메룬, 니제르, 가봉 등을 중심으로 부르카 금지가 확대되었다. 특히 차드에서는 자살폭탄테러로 33명이 사망한 가운데 차드 정부가 테러 방지책의 일환으로 얼굴 전체를 가리는 부르카 금지령을 내린 바 있다.

이렇듯 2000년대 이후 안전과 인권, 대(對)테러 방지책 등을 이유로 부르카 착용 금지가 아프리카를 비롯한 중동, 아메리카 대륙 등 전 세계로 확대되고 있다. 그러나 이슬람 여성의 전통 복장이 종교적인 상징성을 가진 만큼 다양성과 포용을 표방하는 아프리카를 비롯한 세계 곳곳에서 이를 둘러싼 논란은 그치지 않고 있다.

2018년 8월 3일에는 덴마크의 쇼핑센터에서 니캅을 착용한 여성에게 1,000크로네(약 17만 원)의 벌금이 부과되었다. 이는 8월 1일, 공공장소에서 얼굴을 가리는 복장을 금지하는 법안이 발효된 지 이틀 만에 적용된 것이다.[51] 오스트리아에서도 법안에 따라 공공장소에서 근무하는 경찰관, 판사, 검사라도 공무수행 중 특정 종교를 상징하는 머리 스카프(히잡, 차도르) 등을 착용할 수 없다.

2017년 빈에서는 여성 약 3,000명이 공공장소에서의 부르카·니

---

* 보코하람(Boko Haram)은 2001년 결성된 나이지리아의 이슬람 무장단체로 보코는 하우사어로 서양식 비이슬람 교육을 의미하고 하람은 아랍어로 죄, 금기라는 의미이다. 따라서 보코하람은 '서양 교육은 죄악'이라는 뜻이다.

칸 착용 금지 계획에 항의하는 시위를 했는데[52] 인권과 종교의 자유가
충돌하는 사례가 유럽 곳곳에서 발생하고 있다.

☪ 이슬람 전통 복장 착용 금지법에 대한 유럽의 움직임

2011년 프랑스에서 부르카 착용을 금지하는 법안이 통과된 이후
무슬림 인권에 대한 논란이 지속되어왔으나 유럽 내에서 이슬람 여성
의 전통 의상 착용을 금지하는 법안은 계속해서 늘어나고 있다.

2004년 프랑스에서는 초·중·고등학교 내에서 히잡Hijab(머리를 가
리는 스카프) 착용을 금지하는 법안을 통과시킨 데 이어 2011년에는 공
공장소에서 얼굴 전체를 가리는 부르카 같은 이슬람 여성의 전통 의상

무슬림 여성 전통 복장

히잡
머리를 싸서 가슴까지
가리는 두건

아바야(차도르)
얼굴, 손발을 제외한
온몸을 가리는 겉옷으
로 사우디아라비아에
서 주로 입음.
이란에서는 비슷한 옷
을 차도르라고 부름.

니캅
눈을 제외한 전체를
덮는 가리개로 아바야
와 함께 착용함.
파키스탄에서 주로
입음.

부르카
머리부터 발끝까지 온
몸을 가리는 겉옷으로
눈 부위도 망사로 덮
여있음.
아프가니스탄에서 주
로 입음.

ⓒ Pinterest

착용을 금지하는 법안이 통과되었다. 이슬람식 베일이 이민자가 많은 프랑스에서 민족 간 통합과 사회적 동화라는 국가 목표에 장애물이 된다는 것이 이유였다.

이슬람 사회는 무슬림에 대한 탄압이라며 강하게 반발해왔다. 2013년 7월에는 파리 교외에서 경찰이 부르카를 쓴 여성을 단속하다 마찰이 생겼고 이로 인해 무슬림 이민자들의 폭동이 일어났다.

프랑스 정부는 누구든 공적 영역에서 종교의 영향을 철저히 배제하도록 한 공화국 헌법의 가치를 훼손해서는 안 된다는 입장이다. 이슬람 사회는 종교의 자유를 억압하고 문화 차이를 인정하지 않는 행위라고 비난한다. 서구사회는 오래 전부터 히잡을 여성 억압의 상징이라며 비판했고, 이슬람국가들은 여성 보호의 수단이라고 맞섰다. 유럽과 아프리카를 비롯한 국제사회 내에서 무슬림과 정부의 크고 작은 갈등은 지금도 계속되고 있으며 관련 논란은 타협점을 찾기 어려워 보인다.53

2장

—

세계화와
아프리카화

세계화가 아프리카에 미치는 영향

☾★ 자본주의 경제 세계화와 지역적 대응

세계화란 국가 및 지역 간 존재하던 상품, 서비스, 자본, 노동, 정보 등에 대한 인위적인 장벽이 제거되어 세계가 일종의 거대한 단일시장으로 통합되어나가는 추세를 말한다. 즉 세계화는 상품, 서비스, 자본 등의 국제적 이동을 촉진시키는 생산, 금융, 정보, 문화 등 새로운 초국가적 거대 조직이라고 할 수 있다.

자본주의 경제의 세계화는 국가 간, 기업 간, 계층 간 무한경쟁을 초래해 빈익빈 부익부의 사회구조를 고착화하는 부작용을 야기했다는 데 가장 큰 문제점이 있다. 세계화로 상위층에 더욱 힘이 집중되고 소수 엘리트와 다국적기업이 정치·경제적 통제력을 강화해온 것이다. 일부 선진국은 세계화를 통한 부의 창출로 성장과 안정적인 복지를 구가한 경우도 있으나 준비와 대책 없이 세계화 물결과 무한경쟁에 던져

진 아프리카 국가들과 같은 신흥시장 경제국가에게 세계화는 세계시장경제에서 소외될 수밖에 없는 냉혹한 법칙이 되었다.[54]

이에 아프리카는 21세기 이후 세계화 조류에 대처하기 위해 40여 년 동안 아프리카 통합의 구심점 역할을 했던 OAU를 해체하고 2002년 AU를 창설했다. 또한 경제적으로는 아프리카 경제통합을 위해 '자유무역지대'를 활성화하고 '아프리카인에 의한 아프리카 건설'이라는 슬로건을 내건 '아프리카 신개발협력NEPAD, New Partnership for Africa's Development' 정책을 추진하기도 했다. 그러나 여전히 아프리카 약 20개국의 평균수명이 50대 이하이고, 사하라이남 아프리카 지역에서는 하루에 1.25달러(구매력 평가PPP, Purchasing Power Parity 기준) 이하로 사는 인구가 47.5%에 달하는 한편(2000~2009년 평균) 빈곤 인구 비율은 여전히 증가하고 있는 실정이다.[55]

세계화로 인해 아프리카인들의 삶이 더욱 피폐해지고 경제적으로 선진국에 종속된다는 논리 아래 일부 아프리카 지도자 및 반세계화 단체들은 WTO 회의 및 다보스포럼 등지에서 반세계화 시위를 하기도 했다. 그러나 아프리카 국가들의 자체적인 대응만으로 해결하기에는 사실상 한계가 있다. 이에 선진국들도 매년 개최되는 G8 정상회담에 아프리카 정상들을 참여하게 하고 회의 일정 중 하루는 아프리카 현안에 대해 논의하기도 했다. 미국은 아프리카 국가들의 미국 시장 진입을 지원하기 위해 2000년 '아프리카성장기회법AGOA*'을 제정했다. 그러나 AGOA의 경우 아프리카 내 중국의 영향력을 견제하기 위한 도구로 활용되고 있어 재평가가 필요하다.

---

* 　아프리카성장기회법(AGOA, African Growth and Opportunity Act)은 아프리카 국가 중 38개국에 적용되는 일종의 대미수출 특혜법으로 2000년 제정된 이후 네 차례 연장을 거쳐 2025년까지 추진 예정이다. 예를 들어 아프리카 국가에서 미국으로 섬유제품 수출 시 무관세·무쿼터(DFQF)의 혜택을 적용하여 미국 시장에서 아프리카산 섬유제품의 경쟁력을 높이는 전략이다. 이와 같은 미국의 아프리카 정책은 기존의 원조 정책이 아프리카 경제를 살리는 데 실패했다는 결론하에 직접적인 무상 원조 대신 아프리카 국가들이 경제 발전과 성장을 할 수 있는 여건을 만드는 것이 필요하다는 판단에서 추진되었다.(서상현(2004))

☾ 서구 중심의 문화 제국주의 세계화

문화적인 측면에서 세계화는 세계 모든 사람이 유사한 문화를 공유할 수 있다는 장점이 있는 반면 문화 시장을 점유하고 있는 몇 개 국가의 문화가 전 세계 문화를 장악할 위험이 있다. 미국이나 유럽의 문화가 들어오면서 아프리카 국가들은 각 국가 및 지방 고유의 문화가 파괴될 수 있다는 점을 문제점으로 지적하고 있다.

민족 집단 고유의 문화 및 언어 등을 지키려고 노력하고는 있지만 아프리카 국가들은 다른 지역과 마찬가지로 서구 중심의 세계화에 영향을 받고 있다. 공식 언어의 경우에도 아프리카의 많은 국가가 식민 통치 시절부터 영국, 프랑스 등 종주국 언어를 공식 언어로 사용하는 등 서양 강대국의 언어 사용을 우선시하는 경향을 나타내고 있다. 특히 르완다의 경우 벨기에 식민 통치로 프랑스어를 공식 언어로 사용하고 있었으나 1996년 영어를 공식 언어로 추가하여 국제 교류 및 교역 현장의 현실에 맞추어 변화하려고 노력했다. 이는 세계화의 과정에서 국제사회가 영어를 실질적인 국제어로 사용하고 있기 때문이다.

대부분의 아프리카 국가에서는 고유 언어의 문화적 가치를 강조하면서도 국제어로서의 영어를 모국어처럼 능숙하게 사용함으로써 누릴 수 있는 경제적·정치적 편익과 국제사회에서 주변부가 되지 않는 방책을 포기하지 않으려고 한다.

☾ 세계화의 두 얼굴, 문화 지배

한 문화가 다른 문화를 지배한다는 것이 가능한가? 문화 제국주의란 특정 국가의 문화가 경제력을 바탕으로 타문화를 파괴하거나 지배하는 것을 말한다. 중심국의 문화에 소수의 문화가 동질화되어가는 현상이다. 지금도 세계 곳곳에서 서구 중심의 문화 유입으로 소수의 다양한 문화가 사라지고 있다. 전 세계 어느 국가에 가도 맥도날드가 있다. 도시별 빅맥 가격으로 물가지수를 비교하는 기준이 될 정도로 맥도날드는 단순한 음식점을 넘어 문화적·경제적 가치 기준이 되었다.

하지만 아프리카에는 이집트, 모로코, 모리셔스, 남아프리카공화국에만 맥도날드가 있다.[56] 적절한 공급망이 없다는 것이 주된 이유인데, 최근 서구 국가들의 시장경제 침체와 포화로 인해 아프리카 내 충분한 소비층을 형성하고 있는 나이지리아에도 개점을 고려하고는 있다.

이집트 맥도날드에서는 할랄 푸드 인증을 받은 재료를 사용하고 있으며 코프타Kofta*를 이용한 맥아라비아와 타히나 버거 등 현지화한 메뉴를 판매하고 있다. 이집트는 1인당 국민소득이 낮은 편이기 때문에 맥도날드가 고급 레스토랑처럼 여겨져 일부 메뉴를 제외하고 대부분의 메뉴가 높은 가격대를 형성하고 있다.

맥도날드와 같은 다국적기업의 패스트푸드 체인점이 입점하지 않은 대부분의 아프리카 국가에서 현지 음식과 문화의 소비 비중이 더 높은 것은 당연한 결과이겠지만 이는 대부분의 아프리카 국가에서 빅맥지수Bic Mac Index 비교가 불가능하다는 의미이기도 하다. 아프리카 국가에 패스트푸드 체인점이 진출하지 못하는 이유가 대부분의 지역에서 구매력 평가가 낮았기 때문이라는 분석도 있다.

---

*　고기를 곱게 다진 후 야채와 함께 둥글게 빚어 만든 요리. 한국의 완자와 비슷하다.

아프리카 지역의 맥도날드

© Wallpapers,howwemadeitinafrica.com

세계화 측면으로 볼 때 토착문화가 지배적으로 소비된다는 것이 아프리카가 세계화 물결에서 소외된 것을 의미하는지 아니면 문화 보존적 의미가 더 큰지, 아프리카 국가들에게 유익한 것인지 또는 향후 개방과 진출 확대로 방향성을 전환해야 하는 문제인지 스스로 고민할 필요가 있다.

맥도날디제이션

맥도날디제이션McDonaldization은 맥도날드 햄버거를 세계로 전파하면서 미국적 가치도 같이 전파하는 것처럼 문화적 상품에 묻어 들어오는 문화 지배적 현상을 비판하는 의미로 사용된다.

효율성을 앞세우는 패스트푸드 시스템 원칙이 전 세계로 퍼져나가 현대사회의 사회·문화적 특성을 만들고 있다. 뿐만 아니라 1986년 9월 영국의 〈이코노미스트〉가 맥도날드의 빅맥 가격을 기준으로 각 나라의 PPP를 비교하는 경제지표로 빅맥지수를 사용한 이후 환율을 비교하는 기준으로 널리 활용되고 있다.

세계화 속에서의 아프리카화

아프리카화는 식민 통치 과정에서 겪었던 노예무역, 자본 수탈, 문명 파괴 등 오랫동안 왜곡되어온 아프리카 문화 및 전통을 시대에 맞게 변화하려는 탈식민주의 노력의 일환이다. 아프리카 전역에서 독립 이후 현지화 과정을 통해 지명, 이름, 공공서비스 구성 등 다방면에서 아프리카의 정체성을 반영하기 위한 개명 작업이 이루어졌다.

아프리카화는 단순히 유럽식 명칭을 변경하는 정책이 아니라 아프리카 국가들의 정체성과 가치를 회복한다는 데 의의가 있다. 즉 오랜 기간 유럽에 의한 식민 지배와 자본주의로 인해 아프리카 사람들이 중요한 가치로 여겨온 관계와 공동체 정신이 훼손되었다면 독립 이후 탈식민주의를 통해 아프리카의 저력을 회복하고 새로운 발전을 이룩하고자 하는 것이다. 이를 위해 아프리카 국가들은 국가적 노력뿐만 아니라 아프리카 전체를 대표하는 단일화된 조직을 만들고 국제사회에 적응하기 위해 공동의 노력을 기울이고 있다. 1963년 아프리카의 정치적 통합 일환으로 설립된 OAU는 단결, 연대, 협력 증진을 목적으로 아프리카 국가들의 식민주의 청산과 아프리카 해방을 완성하고 공통의 주체성 확립과 통합 역할을 수행한 바 있다. 그러나 OAU는 각 회원국의 국내 문제에는 개입하지 않는다는 내정불간섭 원칙의 한계로 실질적인 경제 발전과 생활수준 개선에는 별다른 기여를 하지 못했고 각국에서 벌어지는 학살 및 인권 유린을 외면했다는 비난을 받기도 했다.57

AU는 유럽연합EU, European Union을 모델로 집행위원회, 평화안보위원회, 의회, 사법재판소, 중앙은행 설치와 단일통화 도입 등을 통해 아프리카 경제공동체를 추진한다는 목적으로 2002년에 창립되었다. 특히 경제적으로 유럽, 아메리카, 아시아 등 블록화가 강화되는 추세 속에 아프리카도 시장을 단일화해 생산요소의 질적, 양적 확대를 꾀하고 유리한 교역조건을 형성함으로써 성장기반을 확보해 세계화에 대응하고자 했다.

비록 경제공동체를 구축하는 데는 미흡했으나 국가 건설을 저해해온 내전, 국경분쟁, 민족 집단 갈등 등을 스스로 해소하고 사회적 결속력을 강화하기 위한 상호감시체제Peer-Review Mechanism를 채택하는 등 아프리카가 자생적으로 공동의 성장과 통합, 정체성 회복 등을 위해 노력하고 있다는 면에서 AU는 그 자체로 의미가 있고 고무적인 조직이라고 할 수 있다.

사실 세계화는 거스를 수 없는 흐름이다. 아프리카 국가들이 선진국이 구축해온 자본주의 질서에 편입하는 것은 당면한 경제·사회적 위기를 해소하기 위한 필수 사안이었을 것이다. 범아프리카 협력은 그들 스스로 막을 수 없는 세계화 흐름에 대처하고 방어하기 위해 마련한 자구책이었을 가능성이 크다. 그들이 당면한 과제를 스스로 해결하는 데 한계가 있기는 하지만 식민 통치 잔재를 청산하고 민족 집단의 정체성과 가치를 복원하는 데 있어 아프리카화를 위한 노력은 꼭 필요하다.

자국어는 국가정체성의 다른 이름

☾ 민족 집단의 정체성과 일맥상통하는 언어

아프리카 국가에 다양한 민족 집단 언어가 공존한다는 것은 경제적·문화적 의미를 넘어 매우 중요한 가치이다. 앞서 아프리카의 문화적 혼성에서 소개했듯이 공식 언어 사용 기준으로 영어, 쇼나어, 은데벨레어 등 16개 언어를 사용하고 있는 짐바브웨와 줄루어, 코사어, 아프리칸스어, 영어 등 11개의 언어를 사용하고 있는 남아프리카공화국과 영어, 프랑스어, 르완다어(키냐르완다), 스와힐리어를 사용하고 있는 르완다 그리고 아랍어, 티그리냐어, 영어를 사용하는 에리트레아 등 여러 아프리카 국가가 다양한 민족 집단과 정책결정자의 이해관계를 최대한 반영하여 공존하려는 노력을 기울이고 있다.

수십 개에서 수백 개의 민족 집단으로 구성되어있는 아프리카 국가들이 다양한 언어를 공통으로 사용하는 것은 민족 집단의 평화적 공존을 위한 자구책이기도 하다. 세네갈의 월로프어나 나이지리아의 하우사어 등은 큰 충돌 없이 교통어로 사용되고 있지만, 어떤 한 민족 집단의 언어를 공식 언어로 지정한다는 것은 해당 민족 집단에게 지배적 위치를 부여하는 것을 의미하기 때문에 민족 집단 간의 각종 분쟁을 야기하기도 한다. 10개 이상의 공식 언어로 정부를 운영하려면 엄청난 행정비용이 들어 국가 입장에서도 큰 부담이다. 그래서 국고가 여유 있지 않은 대부분의 아프리카 국가에서는 원활하게 적용되지 않고 있다. 그런데도 아프리카 내 여러 국가가 행정 및 교육 등에 다수의 공식 언어를 활용하기 위한 기회비용을 감수하는 이유는 무엇인가?

홍세화의 책《쎄느강은 좌우를 나누고 한강은 남북을 가른다》에는 "국수주의에 가까운 민족주의는 옳지 않다. 그러나 민족과 민족주의는 다르고, 민족은 사라질 수 없고 쉽사리 사라지는 것도 아니다. 그런 면에서 알퐁스 도데의 '백성이 노예가 되었다고 해도 말을 간직하고 있는 한, 감옥의 열쇠를 갖고 있는 것과 같다'라는 말은 우리 모두 깊이 새겨들을 가치가 있다고 생각한다."라고 나와 있다.

사실 한국이 일본의 식민 통치를 경험했지만 끝까지 한글을 지켜낸 것과 현재 한류 열풍 및 문화적 우수성을 유지하고 있는 것은 무관하지 않다. 노벨 문학상 수상자인 장 마리 귀스타브 르 클레지오Jean-Marie Gustave Le Clézio 또한 "한국의 영어 공용화 논란을 잘 알고 있다."면서 "어느 나라건 그 나라의 언어는 국가정체성 그 자체를 의미할 뿐 아니라 나라의 힘으로 과소평가하거나 격하시킬 수 없는 가치를 갖고 있다는 점을 잊지 말아야 한다."고 했다.

대부분의 아프리카 국가가 식민 종주국의 언어인 영어, 프랑스어, 포르투갈어 등을 교육 언어와 국제어로 사용하고 있으나 케냐, 탄자니아 등 동부 아프리카에서는 교통어인 스와힐리어를 국어로 지정하고 있으며, 르완다는 르완다어를 공식 언어로 함께 사용하며 고유 언어를 지키려는 노력을 계속하고 있다.

☪ 케냐와 탄자니아의 스와힐리어 정책 비교

과거 식민 종주국의 언어인 영어, 프랑스어, 포르투갈어 등을 공식 언어로 사용하는 아프리카 국가와는 달리 케냐, 탄자니아 등은 스와힐리어도 국어로 지정하고 있다.

케냐의 스와힐리어 정책[58]
케냐의 경우 스와힐리어는 의사소통을 위한 '국가 언어'로 널리 받아들여지고 있으며 케냐의 통합과 단결에 좋은 역할을 한다. 스와힐리어는 국가 언어로서 모든 민족 집단과 지역적 배경을 가진 케냐 사람들에게 쉽게 받아들여질 수 있는 아프리카 언어이며 정치적, 경제적 관계에 중립적으로 사용될 수 있다.

그러나 케냐에서는 이웃하고 있는 탄자니아에 비해 일관성 있는 언어정책이 펼쳐지지 못했다. 대부분의 다른 아프리카 국가처럼 케냐도 언어적으로 식민 종주국의 언어인 영어를 교육수단과 국제어로 사용하고 있으며 스와힐리어를 국어로 지정하고 있다. 또한 케냐는 40여 개 언어 중 약 20여 개 언어가 국어 수준으로 사용되고 있기 때문에 하나의 통일된 언어정책이 시행되지 못하고 있다.

나이로비대 키사오Jay Kitsao는 케냐에서 스와힐리어가 진정한 '국어'로 사용되고 있지 못하는 이유를 케냐 국민들이 스와힐리어를 배울 필요가 없다고 생각하며 케냐의 엘리트들이 스와힐리어와 일정 거리

를 두고 있기 때문이라고 파악하고 있다.[59]

식민지 시대 말기에 시행되었던 언어정책은 케냐 독립 이후의 언어정책에 큰 영향을 미쳤다. 1950년대 후반부터 1960년대 초반까지의 언어정책은 스와힐리어를 억압하고 영어를 장려하는 방향으로 이루어졌다. 이러한 정책의 결과 영어는 케냐 독립 이후에도 공식 언어로서 살아남았다.[60] 하지만 결과적으로 독립 이후 스와힐리어를 하나의 국어로 채택하는 일관된 언어정책으로 이어지지 못했고 영어와 스와힐리어 정책이 혼란스럽게 이어질 수밖에 없는 상황을 초래했다.

국가정체성을 함양하지 못한 케냐의 잘못된 언어정책은 1990년대 민족 분규가 발생하는 데 일조했다. 케냐의 정치지도자들이 민족정체성을 이용한 '민족 정치Ethnic Politics'를 추구함으로써 오히려 민족 간의 갈등과 반목을 고착화시켜 민족 분규를 일으키는 데 영향을 주었다.

탄자니아의 스와힐리어 정책

탄자니아는 독립 이후 국가 건설 과정에서 줄리어스 니에레레Julius Nyerere 대통령이 민족 집단의 협력과 통합을 강조했고 이를 위해 스와힐리어 언어정책을 강력하게 추진했다. 하나의 국가정체성을 강조하는 그의 통치 철학과 지도력은 도시국가 건설 과정에서 매우 중요한 역할을 했다.

탄자니아에서 스와힐리어의 사용은 독립 이전부터 사용된 아프리카 언어로서의 저항과 독립 그리고 자유의 상징이었다. 독립 이후에는 국가 지도자의 의지가 더해져 '국민의 언어', '대중의 언어'로써 사회적·정치적·문화적으로 스와힐리어가 확고한 지위를 얻으며 국가와 국민을 통합하고 탄자니아 국민들이 하나의 국가 의식을 갖게 하는 데 기여했다.

1967년 '아루샤 선언Arusha Declaration'에서 주창된 아프리카 사회주의의 출범과 함께 우자마아Ujamaa(공동 농장 또는 공동 마을) 정책을 통해 교육과 행정 등의 영역에서 스와힐리어화Swahilization 정책이 강화되었다.61 1964년 국어로 채택된 스와힐리어의 사용을 강화하고 학교에서 시민으로서의 의무와 역할을 교육시키고 민족적 권위를 인정하지 않는 정책들은 탄자니아인들이 공통의 국가·국민 정체성을 갖도록 하는 데 공헌했다. 즉 스와힐리어의 사용은 탄자니아의 '국민'을 만드는 데 이바지함으로써 '부족주의Tribalism'를 없애고 '탄자니아'라는 국가로 통합하는 데 큰 역할을 했다고 평가할 수 있다.

☪ 국명 교체로 식민 통치 시절 잃어버린 국가정체성 회복

2018년 4월 아프리카 남동부에 위치한 구 스와질랜드의 음스와티 국왕 3세Mswati III가 독립 50주년과 자신의 50번째 생일을 축하하는 행사에서 국명을 스와질랜드에서 에스와티니eSwatini로 바꾸겠다고 공표했다.62

에스와티니는 스와질랜드 언어인 스와티어로 '스와지인들의 땅'을 뜻하며 영국 식민지 이전 국명이다. 음스와티 국왕 3세가 국명을 영국 식민 통치 이전으로 되돌리겠다고 공표한 것은 국가정체성을 스와티어를 기반으로 바로 세우겠다는 의지로 해석된다. 그는 "해외 어디를 가든 사람들이 스와질랜드를 스위스로 착각한다."며 "나는 스와질랜드라는 식민지 시절 영어식 이름 대신 내 조국 사람들이 자신과 동일시할 수 있는 이름을 갖길 원했다."고 말했다.

음스와티 국왕 3세는 국명 변경 이전부터 UN 총회와 AU 등 공식적인 자리에서 스와질랜드를 에스와티니로 지칭한 바 있다. 이를 계기로 에스와티니 헌법과 경찰, 국방, 국립대학교 등의 명칭 또한 변경되었다. 여러 가지 정책적 비용을 감수하면서라도 국명을 변경하는 것은 탈식민주의를 실천하고 식민지 이전의 국가정체성을 되찾고 독자적 문화를 지키려는 방향이라고 할 수 있다.

에스와티니 음스와티 국왕 3세 ⓒ flickr

식민 독립과 더불어 북로디지아는 잠비아로, 남로디지아는 짐바브웨로, 냐사랜드는 말라위로, 베추아나랜드는 보츠와나로, 바수톨랜드는 레소토로, 골드코스트는 가나로 개칭했다. 반면 우간다나 케냐, 감비아 등은 영국 식민지 시절 국명을 유지하고 있다.[63]

대부분의 아프리카 국가는 국명 외에도 식민지 시절의 잔재를 떨쳐냄으로써 식민 시대 이전의 문화적·역사적 정체성을 되찾고자 노력하고 있다. 그럼에도 불구하고 현재까지도 위 국가들을 과거 식민지 시절 국명으로 표기하는 경우가 종종 있다.

아프리카의 운명은
아프리카인 스스로 결정한다

2001년 7월 잠비아에서 개최된 제37차 OAU 정상회의에서 남아프리카 공화국 주도의 아프리카 부흥프로그램MAP, Merger of the Millennium Partnership for the African Recovery Program과 세네갈 주도의 오메가 계획Omega Plan을 통합한 '새로운 아프리카 의제NAI, New African Initiative'가 승인되었다. 이는 아프리카 국가들이 독립 이후 높은 대외 원조 의존도와 외채 증가로 경제 발전에 실패하면서 해외투자가 자발적으로 유입될 수 있는 조건을 만들기 위해서였다.[64]

NAI는 2001년 10월 나이지리아에서 개최된 AU 정상 평의회 발족 준비회의에서 '아프리카 신개발협력NEPAD'으로 명칭을 변경하고, 평화 및 민주주의 체제 확립, 인권 존중, 보건 및 교육수준 향상, 교역 신장, 신기술 개발 등을 포함한 아프리카 자생적인 개혁 조치를 단행했다. AU는 '아프리카의 운명은 아프리카인 스스로 결정한다(제1장 서문 중)'라는 기조 아래 세계화와 국제사회에 대응하는 자구적 노력을 해왔다. 실제로 세계화와 무역자유화는 우수한 기술과 높은 시장지배력을 갖고 있는 선진국 경제에만 이득이 될 뿐 개발도상국에는 아무런 도움이 되지 않는다는 것이 아프리카 지도자들의 주장이었다. 무역자유화는 오히려 무모한 개발 경쟁을 야기하고 지구 전체의 환경을 해칠 뿐만 아니라 시민들의 안정적인 삶도 불가능하게 하는 메커니즘이다. 아프리카 국가들은 새로운 복원의 의지를 다잡으면서도 서구의 세계화와 자본주의 질서를 수용하기 위해 노력했다.

NEPAD 주요 개요

- 1999년 9월 리비아에서 개최된 OAU 정상회담에서 남아프리카공화국의 음베키, 알제리의 부테플리카 대통령이 아프리카 국가들의 채무 탕감 문제에 선진국들이 관심을 가져줄 것을 촉구함.
- 2000년 7월 토고 OAU 정상회담은 음베키, 부테플리카 및 오바산조 대통령에게 이 문제를 일괄 위임했으며, 일본에서 열린 G8 정상회담에서 MAP를 제기함.
- 2001년 초 스위스 다보스포럼에서 세네갈의 와드 대통령은 오메가 계획을 발표, 아프리카 국가의 높은 원조 의존도와 외채 증가의 악순환을 지적하며 해외투자 유치를 위한 사회기반시설 확충을 주장함.
- 2001년 3월 리비아 시르테 OAU 정상회담에서 MAP와 OMEGA 및 ECA가 발표한 'New Global Compact with Africa'의 일련의 계획들이 승인되며 아프리카 부흥 및 개발계획을 통합하기로 결정함.
- 2001년 7월 잠비아의 루사카에서 개최된 OAU 정상회담에서 기존에 발표된 계획들을 통합한 NAI가 탄생함.
- 2001년 10월 나이지리아에서 개최된 NAI 정상회담은 NAI를 NEPAD로 공식 명명함.
- 2010년 NEPAD 사무국을 NEPAD 기구NEPAD Agency, NEPAD Planning and Coordinating Agency가 대체하고 AU 위원회AUC, African Union Commission 체제로 통합됨.

NEPAD Agency의 전략적 방향
1. 농업과 식량 안보Agriculture and food security
2. 기후변화 및 천연자원 관리Climate change and natural resource management
3. 지역통합 및 인프라Regional integration and infrastructure
4. 인간 개발Human development
5. 경제 및 기업 지배 구조Economic and corporate governance
6. 크로스커팅 이슈 성인지 ICT, 역량 개발 및 커뮤니케이션Cross-cutting issues – gender, ICT, capacity development and communications

출처: 대외경제정책연구원(2002), pp. 2~3; Office of the Special Adviser on Africa 홈페이지

Chapter 3

분쟁으로 보는
아프리카

국경을 맞대고 공존하는 아프리카 국가들은 서로 긴밀한 영향력을 지닌 만큼 국가 간, 민족 집단 간, 정치세력 간 분쟁이 일어날 위험이 높다. 독립 이후 전쟁, 내전 또는 유혈사태를 단 한 차례도 경험하지 않은 아프리카 국가는 거의 없다고 해도 과언이 아니다. 대륙 내 유혈충돌로 불과 50년 남짓한 시간 동안 많게는 약 1,500만 명의 아프리카인이 사망했는데, 이는 300년 동안 유럽인들에 의해 대서양 너머로 끌려간 흑인 노예 숫자와 맞먹는 것으로 알려져 있다.65

유혈사태의 참혹함 역시 이루 말할 수 없다. 500만 명에 달하는 사망자를 초래한 제2차 콩고민주공화국 분쟁은 제2차 세계대전 이후 최악의 참사였다. 1991년 이래 20년간 지속된 소말리아 내전으로 약 40만 명이 사망했고 140여만 명의 피난민이 발생했다. 1994년 르완다에서 최소 100만 명의 투치Tutsi가 학살당하기까지 걸린 시간은 불과 100일 남짓이었고, 2003년부터 2006년까지 수단 다르푸르에서도 40만 명이 죽었다.66 이러한 끊임없는 분쟁 때문에 아프리카는 '분쟁의 대륙', '피의 대륙' 등 불명예스러운 수식어로 불려왔다.

그러나 아프리카 분쟁의 원인이 단순한 내부적인 갈등이나 '부족주의' 때문이라는 편견은 바로잡아야 할 필요가 있다. 아프리카에서 다양한 양상의 분쟁이 끊임없이 발생하는 이유는 식민 통치의 역사적 배경, 주변국과의 이권 다툼, 미온적인 국제사회의 대처, 기근, 테러, 다국적기업의 자원을 둘러싼 이권 다툼, 도둑정치 등 대내외 요인이 유기적·복합적으로 작용하기 때문이다.

아프리카에서 발생하고 있는 분쟁은 원인이나 발생 배경, 관련 민족 등을 명확히 구분하여 정의하기가 어렵다. 정치적·경제적 이권에 따라 지난 분쟁에서 정부군을 지원했던 주변국이 다음 분쟁에서는 반군을 지원하기도 하고, 대내외적인 요인과 역사적·종교적·이념적 배경이 복합적으로 얽혀 있거나 주변국의 개입 및 퇴각에 영향을 미치는 경우가 많다. 게다가 현대사회의 분쟁 양상은 특정 지역에서의 분쟁이 그 지역의 피해로 국한되는 것이 아니라 주변국을 넘어 국제 정세에까지 영향을 미치고 피해를 입고 입히는 긴밀한 상호 연관성이 있다. 예를 들어 중동 지역에 기반을 두고 시작된 이슬람 극단주의자들의 테러는 아프리카, 유럽, 아메리카 등 전 세계로 활동 지역을 확대해나갔고, 테러 영향권에서 멀리 있던 한국도 더 이상 예외 지역이라고 할 수 없게 되었다.

실제로 아프리카에서의 분쟁은 중동과 유럽에 안보 위협이 되기도 하고 난민과 같은 사회적 문제를 일으키는 등 엄청난 파급력을 행사하고 있다. 직접적인 영향을 받는 유럽 국가들이 아프리카의 정세 안정과 빈곤퇴치를 적극적으로 지원하는 이유 또한 아프리카 분쟁이 그들 국가의 안보에 직격탄이 될 수 있기 때문이다. 그러면 아프리카에서 발생하고 있는 다양한 분쟁의 양상과 배경을 사례를 통해 알아보자.[67]

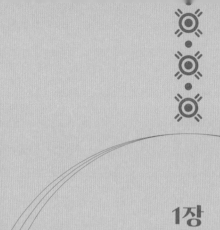

1장
—

분쟁의 씨앗이 된
아프리카의 허수아비 정부

도둑정치와 선거 민주주의 도입

☾★ 도둑정치를 야기하는 장기집권

정치부패는 정치에 종사하는 사람들이 권력을 불법적이고 사적인 이익을 추구하는 데 사용하는 행위를 말한다. 단순히 정적(政敵)의 억압이나 경찰의 탄압 같은 정부의 권력을 다른 목적으로 악용하는 행위보다는 공무를 수행하는 정치인의 불법행위를 의미한다고 할 수 있다. 뇌물, 정실 인사, 네포티즘*, 공금횡령 등이 정치부패에 해당하는데, 정치부패가 심한 상황이나 부패한 정치인이 집권하고 있는 사회 및 정부를 도둑정치**라고 부른다.68

---

*   네포티즘(Nepotism)은 족벌주의, 친족 중용주의를 뜻하는 말로 중세 로마 교황들이 본인의 사생아를 조카, 즉 네포스(Nepos)라고 칭하며 요직에 앉힌 데서 유래되었다.

**   도둑정치(Kleptocracy)는 법의 지배와 시민사회의 기능이 미약하여 지배계층이나 정부가 제도화된 부정부패를 통해 부를 약탈하고 독점하는 정치체제를 가리킨다. 일반적으로 독재체제에서 빈번하다.(박영호 외(2012), p.36)

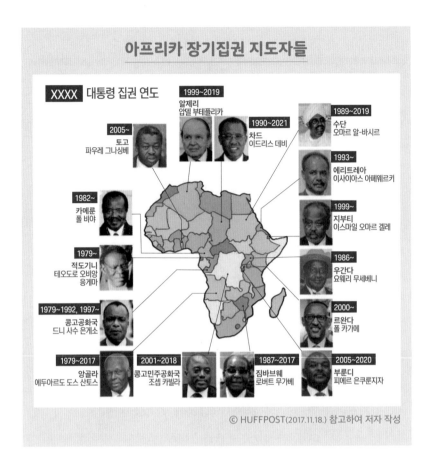

아프리카 장기집권 지도자들

XXXX 대통령 집권 연도

1999~2019
알제리
압델 부테플리카

2005~
토고
파우레 그나싱베

1990~2021
차드
이드리스 데비

1989~2019
수단
오마르 알-바시르

1993~
에리트레아
이사이아스 아페웨르키

1982~
카메룬
폴 비야

1999~
지부티
이스마일 오마르 겔레

1979~
적도기니
테오도로 오비앙
응게마

1986~
우간다
요웨리 무세베니

1979~1992, 1997~
콩고공화국
드니 사수 은게소

2000~
르완다
폴 카가메

1979~2017
앙골라
에두아르도 도스 산토스

2001~2018
콩고민주공화국
조셉 카빌라

1987~2017
짐바브웨
로버트 무가베

2005~2020
부룬디
피에르 은쿠룬지자

ⓒ HUFFPOST(2017.11.18.) 참고하여 저자 작성

도둑정치는 정치부패가 구조화되고 조직화되는 방식이다. 이는 최고 권력을 중심으로 부패가 수직적이고 계층적으로 조직된 형태로, 일부 권력자에 의해 단순히 통제되는 정치 상황이 아닌 작은 도당(徒黨)들이 권력 수뇌부를 점령한 정치부패 시스템이라고 할 수 있다.[69]

아프리카 지도자들의 통치 기간은 상당히 길다. 1986년부터 36년째 장기집권을 하고 있는 에스와티니의 음스와티 국왕 3세처럼 왕정체제를 유지하고 있는 국가들을 예외로 하더라도 30년 넘게 독재정권을 유지하고 있는 경우를 어렵지 않게 찾아볼 수 있다.

아프리카 내 최장기간 집권자는 적도기니의 테오도로 오비앙 응게마Teodoro Obiang Nguema 대통령과 콩고공화국의 드니 사수 은게소Denis Sassou Nguesso 대통령으로 둘 다 1979년 취임한 이래로 2021년까지 43년째 장기집권하고 있다. 앙골라의 에두아르도 도스 산토스Jose Eduardo dos santos

무가베 대통령의 사임 소식에 기뻐하는 시민들

© BBC News(2017.11.21.)

전 대통령은 1979년부터 2017년까지 38년 동안, 짐바브웨의 로버트 무가베Robert Mugabe 전 대통령도 1980년부터 2017년까지 37년 동안 집권했다. 카메룬의 폴 비야Paul Biya 대통령은 1982년부터 2021년까지 40년째, 우간다의 요웨리 무세베니Yoweri Museveni 대통령은 1986년부터 36년째 각각 통치하고 있다. 이러한 지도자의 장기집권은 특별히 식민지 역사와 결부되어 사회 전반을 불안정하게 만드는 저개발과 부정부패 등의 복합적인 문제를 재생산한다는 비판을 받고 있다.

과거에도 도둑정치를 했던 독재자들의 사례는 적지 않다. 가봉의 오마르 봉고El Hadj Omar Bongo Ondimba 전 대통령은 석유 수입을 바탕으로 1967년부터 2009년까지 42년 간 대통령직을 유지했으며 세계에서 가장 부유한 사람 중 하나가 되었다. 리브르빌에 있는 그의 대통령궁을 짓는 데만 5억 달러가 들어갔다고 알려져 있다.70 콩고민주공화국의 모부투 세세 세코Mobutu Sese Seko 전 대통령 또한 1965년부터 1997년까지 32년 간 권좌에 머물렀으며, 제1, 2차 콩고민주공화국 분쟁을 일으켜 주변 9개국과 20여 개의 무장단체가 연루된 국제전의 원흉이 되기도 했다.

☪ 아프리카의 선거 민주주의 도입과 과도기적 갈등

냉전 체제가 끝나면서 독재자들은 구소련의 원조를 기대하기 어렵게 되었고 선진 공여국들은 원조의 대가로 민주주의와 시장경제를 조건으로 달기 시작했다. 그 결과 대부분의 국민이 투표권을 갖게 되었고 많은 아프리카 정부가 시장주의 경제개혁을 약속했다. 물론 이런 조건부 원조와 경제개혁이 정치적 효과를 거두는 곳도 있었다.

모잠비크의 경우 1992년 내전이 종식된 후 사회주의를 청산하고 투자자들을 환영했는가 하면, 남아프리카공화국은 주요 흑인해방운동 단체인 아프리카민족회의ANC, African National Congress가 마르크시즘을 포기하고 1994년 아파르트헤이트 백인 정권에서 진보적인 ANC 흑인 정권으로 교체되는 데 실제로 기여했다.71

그러나 아직까지도 아프리카의 많은 국가가 자유롭고 공정한 분위기에서 선거를 실시하지 못하고 있다. 토고 정부는 2002년 총선에서 주요 야당들이 선거를 거부하자 야당 후보들을 감금하는가 하면, 2008년 짐바브웨 대선에서는 야당 대표 없이 결선투표를 감행하기도 했다. 2007년 케냐 대선에서는 실제 개표와 선거관리위원회 발표가 일치하지 않았고, 2010년 코트디부아르 대선에서는 로랑 그바그보Laurent Gbagbo 전임 대통령이 선거 결과에 불복하여 헌법위원회가 그의 선출을 승인하도록 조작해 내전이 일어나기도 했다. 2016년 12월 감비아 대선에서는 야히아 자메Yahya Jammeh 대통령이 대법원에 대선 패배 불복을 공식 제소하는가 하면, 같은 해 8월 가봉 대선 투표는 부정선거 의혹과 재검표 논란에 휩싸이는 등 최근까지도 선거를 둘러싼 분란은 끊이지 않고 있다.

아프리카 대륙 내에서 민주적인 정권 교체를 이룬 전직 대통령은 2016년 기준 총 22명이며, 이 중에서 자발적으로 정권에서 물러난 이는 8명뿐이다. 아직까지도 아프리카에서 대통령 선거는 민주주의의 축제라기보다는 언제 터질지 모르는 시한폭탄으로 인식되는 경우가 많다. 장기집권을 노리는 대통령들이 헌법을 무시하거나 개정하면서 까지 재출마를 감행하기도 하고 임기가 끝난 대통령들이 권좌에서 물러나기를 거부하며 정권 유지를 고집하기도 한다.

민주적 정권 교체를 한 아프리카 지도자들

이름	나라	임기 기간
굿럭 조너선Goodluck Ebele Jonathan	나이지리아	2010~2015
도미티앵 은다이제예Domitien Ndayizeye	부룬디	2003~2005
리아민 제루알Liamine Zeroual	알제리	1994~1999
마이클 사타Michael Sata	잠비아	2011~2014
몬세프 마르주키Moncef Marzouki	튀니지	2011~2014
샤리프 셰이크 아흐메드S. Sheikh Ahmed	소말리아	2009~2012
아르만두 게부자Armando Guebuza	모잠비크	2005~2015
아마드 테잔 카바A. Tejan Kabbah	시에라리온	1996~2007
아흐메드 압달라 모하메드 삼비A. A. Mohamed Sambi	코모로	2006~2011
압둘라예 와드Abdoulaye Wade	세네갈	2000~2012
음와이 키바키Mwai Kibaki	케냐	2002~2013
자카야 키퀘테Jakaya Kikwete	탄자니아	2005~2015
조이스 반다Joyce Banda	말라위	2012~2014
존 아타 밀스John Atta Mills	가나	2009~2012
칼레마 모틀란테Kgalema Motlanthe	남아프리카공화국	2008~2009
토마스 보니 야이Thomas Boni Yayi	베냉	2006~2016
페드루 피르Pedro Pires	카보베르데	2001~2011
프라디크 드 메네제스Fradique de Menezes	상투메 프린시페	2001~2011
프랑스-알베르 르네France-Albert Rene	세이셸	1997~2004
페스터스 모하에Festus Mogae	보츠와나	1998~2008
하산 굴레드 압티돈H.Gouled Aptidon	지부티	1977~1999
히피케푸니에 포함바Hifikepunye Pohamba	나미비아	2005~2015

출처: Jeune Afrique(2016.06.02.), "Alternances démocratiques en Afrique : qu'est devenu votre ancien président?" 참고하여 저자 작성

☾ 도둑정치로 인한 분쟁 사례

2007년 케냐 대통령 결선투표에서는 야당인 라일라 오딩가Raila Odinga 후보의 승리가 확실시되었다. 여론조사와 출구 조사 모두 오딩가의 승리가 유력했고 실제 개표 중반에는 음와이 키바키Mwai Kibaki 대통령을 100만여 표 차이로 앞서 나갔다.

그러나 이틀 뒤 선거관리위원회가 키바키 대통령이 23만 표차로 승리했다고 발표했다. 이에 오딩가 지지층은 폭동을 일으켰고 정부와 키바키 지지자들도 폭력으로 맞서면서 2007년부터 2008년까지 1,000여 명이 죽고 60만 명의 이주민이 발생했다.

2008년 짐바브웨의 무가베 대통령은 1차 투표 결과부터 조작했다. 대부분의 여론조사에서는 야당의 모건 창기라이Morgan Tsvangirai 후보가 과반수를 얻어 결선투표 없이 당선될 것으로 예측했다. 그런데 선거관리위원회는 이런저런 이유로 발표를 미루다가 두 달이 지나서야 무가베 대통령과 창기라이 후보가 각각 43.2%와 47.9% 득표율로 결선투표에 진출했다고 발표했다.

그러나 이후 창기라이 후보 진영에 폭행과 살해, 소요사태와 공권력의 강경진압 등이 가해지면서 짐바브웨 정국을 혼란에 빠뜨렸고 창기라이 후보는 결선투표를 앞두고 후보직을 사퇴했다. 무가베 대통령은 야당이 불참한 가운데 그대로 결선투표를 진행했고 85.5%의 득표율로 집권 기간을 연장시켰다.72

2001년부터 콩고민주공화국을 통치한 조셉 카빌라Joseph Kabila는 전임 대통령 로랑 데지레 카빌라Laurent-Desire Kabila의 아들로 2006년과 2011년 선거를 통해 두 차례 재임했다. 2016년 12월 19일 자로 헌법에 보장된 임기가 만료되었으나 신임 대통령이 선출될 때까지 퇴임을

거부하며 불법적 집권 연장을 시도했다.[73]

대선을 두 차례나 미룬 그가 다시 대통령직에 입후보하자 이에 반발한 야권과 국민의 시위가 여러 차례 이어졌고 카빌라 정권이 이를 무력으로 억압함에 따라 최소 200명 이상의 사상자가 발생했다. 국내외에서 일어난 장기집권에 대한 저항과 국제사회의 압력으로 조셉 카빌라는 3선 도전을 포기하면서 2018년 8월에 임기가 종료되었다. 그 후 2018년 12월에 치러진 대선에서 펠릭스 치세케디Félix Antoine Tshisekedi Tshilombo가 당선되면서 콩고민주공화국의 혼란은 일단락되었다.[74]

☪ 아프리카 국가의 정치 민주화를 위한 노력

아프리카 국가에서 이루어졌던 장기집권 전체를 서구 관점의 민주주의와 선거제도를 기준으로 부정적으로만 평가하는 것은 옳지 않다. 식민 통치 및 분쟁 이후 상황에서 평화 구축과 경제 안정화에 기여한 부분도 있고 국민 스스로가 결정하고 의도한 경우도 있었다. 코트디부아르의 펠릭스 우푸에 부아니Félix Houphouët-Boigny 전 대통령이나 르완다의 폴 카가메Paul Kagame 대통령 등 장기집권 시기에 경제 및 사회적으로 보다 안정화를 이루었다는 평가를 받은 사례도 적지 않다.

그러나 여전히 아프리카 내 많은 정부가 공정하고 투명한 선거를 치를 의지와 능력이 부족하고 부정과 폭력이 만연하기에 늘 선거 결과를 놓고 분열과 갈등이 반복된다. AU나 EU 등 제3자가 매번 선거 감시단을 파견하고 갈등을 조정하여 감시 결과를 발표하는 것도 집권자들의 장기집권이 주요 원인이다. 그들은 권좌에서 내려오지 않기 위해 수단과 방법을 가리지 않는다.

그러나 최근 아프리카 국가들의 정치적 상황은 분명 과도기에 있다. 장기집권과 도둑정치, 부정선거 등을 근절하려는 공공부문과 시민사회의 노력이 아프리카 국가 곳곳에서 끊임없이 이어지고 있다. 2015년 부룬디에서는 피에르 은쿠룬지자Pierre Nkurunziza 전 대통령이 3선 연임의 뜻을 밝히자 국회에서 취임 부결을 선언하고 3선 연임에 반대하는 시위가 일어났다. 그는 결국 대선 불출마를 선언했다. 2017년 짐바브웨에서는 무가베 전 대통령의 사임을 요구하는 쿠데타가 발생했고, 2018년에는 콩고민주공화국 조셉 카빌라 전 대통령의 3선 도전을 반대하는 압력이 국내외에서 가해졌다. 이처럼 아프리카 국가 통치자들의 장기집권을 멈추게 하기 위한 사건들이 연이어 발생하고 있다.

　　또한 2020년 2월 말라위 헌법재판소는 2019년 5월에 치러진 대선 과정에서 심각한 부정이 있었다며 대통령 선거 결과를 무효화하고 재투표를 지시했다. 2020년 6월 다시 치러진 대선에서 야당의 라자러스 차퀘라Lazarus Chakwera 후보가 59.34%(260만 표)를 득표하며 대통령에 당선되었다. 법원에 의해 무효화된 선거에서 야권 후보가 당선된 것은 아프리카 선거 사상 최초로 일어난 일이다.[75]

　　해를 거듭할수록 아프리카 정치사상 굴지의 또는 최초의 사건들이 흔치 않게 발생하고 있다. 특히 시민사회와 정부 차원에서 스스로 정치 민주화 인식을 갖고 이를 현실화하고 있는 것은 분명 바람직한 방향성이라고 할 수 있다. 대외적인 개입과 조정에 의한 변혁이 아닌 스스로 폐기한 도둑정치와 정치부패, 자체적으로 이루어낸 아프리카 국가 차원의 민주화는 단순히 서구사회 중심으로 이루어진 민주주의 도입이라는 의미를 넘어선다. 아프리카 사회에 깊이 뿌리박혀 있던 고질적인 문제를 스스로 해결하고 성공적인 정치적 전환을 이루어내는 능력을 증명하는 것이다.

1979년 이후
아프리카 장기집권 지도자들

아프리카 국가에서는 고령의 정치인들이 장기집권하는 경우가 많다. 대부분의 국가에서 30세 이하 청년의 비율이 절반을 넘어 전 세계에서 가장 젊은 대륙이라 불리는 아프리카와는 어울리지 않는 이미지이다. 이에 독재정권을 몰아내고 개혁을 이루겠다는 젊은 정치인들이 정계에 진출하여 정권을 잡거나 국회의원이 되는 경우를 어렵지 않게 볼 수 있다. 청년층 인구가 많은 지역이니 만큼 향후 젊은 정치인들의 정치 활동이 지속해서 늘어날 것으로 전망된다.

감비아: 야히아 자메Yahya Jammeh, 1994~2017년

자메 대통령은 다우다 자와라Dawda Jawara 초대 대통령을 쿠데타로 타도하고 1994년 정권을 탈환했다. 1996년에 실시한 대선을 시작으로 2016년 다섯 번째 재집권을 노렸으나 실패했다. 2002년 헌법 개정을 통해 대통령 연임 제한을 철폐해 현재 감비아에서는 대통령의 임기 제한 규정이 없다.

르완다: 폴 카가메Paul Kagame, 2000년~

카가메 대통령은 1994년부터 사실상 국가 수장의 역할을 수행해왔으며, 2000년에 정식으로 대통령에 취임했다. 2003년 대통령 임기를 7년제 2회 연임으로 지정한 헌법이 채택되면서 2010년 재선에도 성공했다. 이에 그치지 않고 2015년 10월 카가메 대통령은 3선 도전을 가능하게 만드는 헌법개정안을 통과시켰고, 2017년 대선에서도 98.8%의 높은 득표율로 당선되었다. 이로써 그는 2034년까지 대통령직을 연임할 수 있다.

모로코: 모하메드 국왕 6세King Mohammed VI, 1999년~

모하메드 국왕 6세는 그의 부친 아산 2세Hassan II의 타계로 대통령에 취임했으며, 술탄 알라위 왕조 출신으로 집권 첫 12년 동안 행정부를 통솔했다. '아랍의 봄' 이후에는 군주제 권력을 제한하고 투표로 선출된 수상의 권한을 강화하도록 법안을 개정했다.

부룬디: 피에르 은쿠룬지자Pierre Nkurunziza, 2005~2020년

2005년 대통령에 취임한 은쿠룬지자 대통령은 2015년에 3선 연임을 원했으나 국회에서 취임이 부결되었고 쿠데타 및 반대 시위로 최소 1,200명이 사망했다. 은쿠룬지자 대통령은 지난 두 번의 임기는 입법부에 의해 임명된 것으로 세 번째 임기가 아닌 국민투표에 의한 첫 임기라고 주장했다. 2018년 5월, 대통령 임기를 5년 중임에서 7년 중임으로 바꾸는 내용의 개헌이 국민투표 약 73% 찬성으로 통과되었지만 2020년 대선에는 출마하지 않겠다고 공표했다. 2020년 5월 대선에서 69% 득표로 승리한 여당 에바리스트 은다이시미예Evariste Ndayishimiye 당선자에게 8월 대통령직을 넘길 예정이었으나 2020년 6월 돌연 사망했다.

세이셸: 제임스 미셸James Michel, 2004~2016년

미셸 대통령은 2004년까지 부통령으로 8년간 재임했으며, 2006년과 2011년 대선에서 대통령으로 선출되었다. 세이셸 헌법은 대통령 임기를 5년제 3회 연임으로 정하고 있으나 그는 2016년에 대통령직을 사임하고 부통령인 대니 포르Danny Faure를 후계자로 지정했다.

수단: 오마르 알-바시르Omar al-Bashir, 1989~2019년

알-바시르 대통령은 사디크 알마디Sadiq al-Mahdi 정부를 무혈 쿠데타로 타도하고 정권을 탈환했으며 1996년, 2000년, 2010년, 2015년 대선에서 승리를 거두었다. 30년간 이어온 그의 철권통치는 2019년 4개월 동안 이어진 시민들의 퇴진 요구와 군부의 쿠데타에 의해 무너졌으며 과도군사위원회가 정권을 잡았다.

알제리: 압델 부테플리카Abdelaziz Bouteflika, 1999~2019년

부테플리카 알제리 5대 대통령은 알제리에서 최장기간 집권했다. 1999년 취임하여 2004년, 2009년, 2014년 재선을 통해 4회 임기를 수행했으며, 두 번째 취임 이후인 2006년에 대권 연장을 위한 헌법개정을 단행했다. 5선 출마 선언으로 2019년 대규모 정권 퇴진 시위가 일어나자 같은 해 4월 공식적으로 대통령직 사임을 표명했다.

앙골라: 에두아르도 도스 산토스Jose Eduardo dos santos, 1979~2017년

아고스틴호 네토Agostingo Neto 앙골라 초대 대통령이 사망한 후 대통령직에 취임하여 2017년에 퇴임한 산토스 대통령의 집권 기간은 총 38년이다. 2008년과 2012년에 총선을 시행했으나 대통령 직접선거는 시행되지 않았다. 2010년 도입한 신헌법에 따라 다수표 획득 정당의 대표가 대통령으로 선출되는 간선제(5년 임기, 1회 연임 가능)를 실시하고 있다.

에리트레아: 이사이아스 아페웨르키Isaias Afwerki, 1993년~

아페웨르키 대통령은 에티오피아에서 독립한 후 사실상 계속해서 에리트레아를 집권하고 있다. 1997년부터 에리트레아 헌법은 대통령 임기를 5년제 2회 연임으로 제정하고 있지만 대선을 치른 적도, 헌법이 이행된 적도 없다.

에스와티니: 음스와티 국왕 3세King Mswati III, 1986년~

에스와티니는 절대왕정을 유지하고 있는 국가로 음스와티 국왕 3세는 행정부, 입법부, 사법부를 통솔하고 있다. 민주적 요소가 가미된 입헌군주제에 대한 요구가 국내외에서 제기되었으나 이를 기각했다. 복수정당과 민주 단체의 결성을 법으로 금지하고 반정부인사를 억압해온 절대군주적 통치에 국민들은 2019년 5월 민주화를 요구하는 거리행진 시위를 벌이며 심한 반발을 했다.

우간다: 요웨리 무세베니Yoweri Museveni, 1986년~

무세베니 대통령은 국가저항군 수장으로 정권을 탈환했으며 1995년 헌법에 근거하여 5년 임기의 대통령직을 2회 연임해 10년간 집권했다. 2001년 대선에서 승리하면서 대통령 임기제를 폐지하고 2016년 5선에 성공했다.

지부티: 이스마일 오마르 겔레Ismail Omar Guelleh, 1999년~

겔레 대통령은 1999년 삼촌인 아산 굴레드 압티돈Hassan Gouled Aptidon 전 대통령 퇴임 후 대통령으로 취임했다. 2005년 대선에서는 야당의 투표 거부로 인해 만장일치로 당선되었으며, 2011년 4월 3선 성공에 이어 2016년 대선에서도 집권에 성공했다. 2010년 3선 연임을 위해 헌법을 개정한 바 있다.

적도기니: 테오도로 오비앙 응게마Teodoro Obiang Nguema, 1979년~

오비앙 응게마 대통령은 삼촌 프란시스코 막시아스 응게마Francisco Macias Nguema를 쿠데타로 타도하고 정권을 탈환했으며 1996년, 2002년, 2009년, 2016년 대선에서 모두 93% 이상의 득표율로 선출되어 부정선거 의혹을 받고 있다. 2011년 헌법개정을 통해 대통령 임기를 7년제 2회 연임으로 제한한 바 있으나 2016년 선거가 새 헌법으로 적용되는 첫 임기인 만큼 추후 최대 14년 집권이 가능하다고 주장하고 있다.

짐바브웨: 로버트 무가베Robert Gabriel Mugabe, 1987~2017년

무가베 전 대통령은 1980년 4월 짐바브웨가 정식으로 건국되면서 총리를 맡아 실권을 가졌으며, 1987년부터 총리제를 폐지하고 대통령이 되어 2017년까지 30년 넘게 짐바브웨를 통치했다. 2017년 11월 15일 무가베 전 대통령은 부인인 그레이스 무가베Grace Mugabe에게 정권을 이양하기 위해 군부 출신 부통령 에머슨 음낭가과Emmerson Dambudzo Mnangagwa를 경질했는데, 이를 원인으로 군부에 의한 쿠데타가 일어나 구금되었고 11월 21일 대통령직을 내려놓았다. 2019년 9월 싱가포르에서 95세 일기로 사망했다.

차드: 이드리스 데비Idriss Deby, 1990~2021년

데비 대통령은 수도 은자메나에서 이센 아브르Hissene Habre를 쿠데타로 퇴출시키고 정권을 탈환했다. 1996년 선거를 도입하여 2001년 대선에서 승리를 거뒀다. 2005년에는 국민투표를 통해 대통령 임기 제한을 폐지하고 2006년, 2011년, 2016년 선거에서 연달아 당선되면서 6선에 성공했다. 그러나 2021년 4월, 6연임 달성 발표가 난 지 하루 만에 반군과의 전투가 벌어진 전방에서 사망했다.

카메룬: 폴 비야Paul Biya, 1982년~

비야 대통령은 7년간 수상을 지낸 후 대통령으로 임명되었다. 1996년 개헌을 통해 대통령 임기를 7년제 2회 연임으로 제한했으나 2008년에 임기 제한이 다시 폐지되어 2011년 대선에 출마했다. 2018년 85세가 된 그는 7선에 성공함으로써 아프리카 최고령 대통령이 되었으며, 2021년 현재까지 집권하고 있다.

콩고공화국: 드니 사수 은게소Denis Sassou Nguesso, 1979~1992년, 1997년~

은게소 대통령은 13년간 장기집권 후 1992년 다당제 선거 도입으로 잠시 대통령직에서 물러나 있었으나 1997년 앙골라의 도움으로 정권을 탈환했다. 2002년 새 헌법을 통해 대통령 임기를 7년제 2회 연임으로 제한한 후 다시 대통령 선거에 도전했고 2016년 3선에 성공함으로써 그의 임기는 2023년까지 연장되었다.

콩고민주공화국: 조셉 카빌라Joseph Kabila, 2001~2018년

카빌라 대통령은 콩고민주공화국 전 대통령이자 아버지인 로랑 카빌라가 암살되자 29세의 나이에 대통령직을 승계했다. 2005년에는 본인이 선거에 출마할 수 있도록 대통령 선거 출마의 연령 제한을 35세에서 30세로 낮추고, 대통령 임기를 5년제 2회 연임으로 헌법을 개정했다. 2016년 12월 임기가 종료되었지만 대통령직에서 물러나기를 거부하며 대선을 두 번이나 미뤘으나 2018년 8월 국내의 저항과 국제사회의 압력으로 3선 도전을 포기하면서 임기가 종료되었다.

토고: 파우레 그나싱베Faure Gnassingbe, 2005년~

그나싱베 대통령은 아버지의 타계로 정권을 이어받은 후 2015년 3선에 승리해 현재까지 집권을 이어오고 있다. 2002년 그의 아버지가 아들에게 정권을 승계하기 위해 대통령 임기제를 폐지하고 대선 출마 최소 연령 제한을 낮추는 등 헌법개정을 추진한 바 있다.

출처: New African(2015), 'Cover story', pp.40~43; The Africanist(2018.06.12.), BBC News Korea(2017.05.18.), 연합뉴스(2018.06.27.), 경향신문(2017.08.06.), 한겨레(2019.04.14.), BBC News Korea(2019.03.29) 중앙일보(2020.06.10.) 참고하여 저자 작성

아프리카 전통 체제와
접목된 장기집권

☪ 국가정체성보다 민족 집단의 정체성을 중시하는 전통

일당 체제와 장기집권의 경향성이 아프리카의 전통적인 족장 체제에서 기인한다는 의견도 있다. 1970년대 이후 아프리카 정당제로 자리 잡은 일인·일당 통치One Man One Party Rule*는 가나의 초대 대통령인 은크루마Kwame Nkrumah 대통령이 처음 주장했다. 이후 대부분의 국가에서 이를 아프리카식 통치로 정당화한 것이다. 영국 식민 지배에 저항하던 은크루마는 1950년대 말 과도정부 수반 시절부터 야당, 노조, 언론을 탄압하는 악법을 만들었다. 대통령에 당선된 1960년에는 아예 헌법을 개정해서 여당을 제외한 정당을 없애버리고 스스로 종신 대통령의 자

---

*   다만 아프리카 국가들이 독립 초기부터 일당제를 취한 것은 아니었다. 독립 이후 당시 많은 아프리카 국가에서 최소 50여 개 이상의 정당이 난립하고 있었으므로 북한이나 구소련 같은 공산주의 국가처럼 처음부터 정당이 하나밖에 없었던 상황과는 전혀 달랐다. 대부분 단일 정당제를 추구하다가 1965년 후반부터 일당 통치제로 변하기 시작해 1970년대에 들어서 아프리카의 정당제로 자리 잡았다.

리에 올랐다.

야당이 없는 국가의 종신 대통령, 이는 아프리카 민족사회의 전형적인 모습과 닮았다. 아프리카 민족 집단은 족장의 권위에 절대복종해야 했고 족장은 죽지 않는 한 교체되지 않았다. 독립 초기, 식민지 잔재를 극복하고 경제개발을 이루어내야 했던 은크루마 대통령은 이러한 아프리카 전통 방식으로 회귀하는 것이 필요하다고 판단했을 수 있다.

탄자니아의 초대 대통령으로서 20년간 집권했던 줄리어스 니에레레 대통령은 일당제와 아프리카적 전통을 보다 견고하게 접목시켰다. 그는 공동체적 합의와 화합을 중시하는 민족사회의 원칙인 우자마아가 아프리카식 통치의 뿌리라고 보았다. 계급이나 국가정체성보다 민족 집단의 정체성을 우위로 인식하는 아프리카 사람들에게 다당제는 민족 집단별 군소 정당의 난립을 야기하여 오히려 혼란을 가중시킬 수 있기 때문이다.[76]

코트디부아르의 초대 대통령이었던 펠릭스 우푸에 부아니 또한 1993년 사망하기까지 33년간 코트디부아르를 장기간 통치했던 독재자이다. 그러나 코트디부아르 사람들이 평가하는 그는 독립 후 국가 건립과 정세 안정에 기여한 위인이다. 1960년 코트디부아르 독립 이후 우푸에 부아니 대통령은 민주당의 일당독재 체제를 확립하고 경제기반이 된 카카오의 생산 및 유통, 카카오 농장 개척 등을 장려함으로써 경제 안정에 힘썼다. 또한 오트볼타(현 부르키나파소), 말리 등 이웃 국가 국민들의 이민을 받아들여 노동력을 확보하려고 노력했다.

그 결과 경제적 혼란에 있었던 이웃 국가와는 다르게 1980년대까지 연평균 8%대의 높은 경제성장률을 달성했고 이는 '코트디부아르의 기적'으로 불리며 높이 평가되었다. 아프리카 국가들의 이러한 예외적인 정세가 아프리카식 민주주의와 독재 체제에 대한 정의를 달리해야 한다는 논란을 일으키고 평가를 가르는 이유이기도 하다.

☾★ 정부의 일은 누구의 일도 아니다?

이러한 민족 집단의 유대감이 거대한 악(惡)인 부패를 정당화하는 데 이용되는 것은 다른 문제이다. 나이지리아의 경우 석유가 발견된 이후의 정치는 주로 석유 달러를 쟁탈하는 것으로 변질되었다. 정치인들은 누구나 돈을 원하며 계속 선거에서 승리할 수 있도록 세력 있는 지지자 집단을 매수하려고 했다. 나이지리아 사람 대부분이 부패를 반대한다고 말하지만 부패한 정치인이 자신이 속한 민족 집단 출신이라면 쉽게 용서하고 심지어 돕기까지 했다.

정치 사학자인 에그호사 오사그해Eghosa Osaghae는 "식민 지배에서 연유한 나이지리아 속담에 '정부의 일은 누구의 일도 아니다'라는 말이 있다."고 말했다. 국가 재정을 훔친다 해도 이 돈이 개인뿐만 아니라 그가 속한 공동체에게 혜택을 주는 것이면 크게 문제 될 것 없다는 의미이다.77

이러한 구조에서 선정(善政)이나 국가적 대의를 위한 개인적인 희생이나 청렴을 기대하기는 어렵다. 오랫동안 그들은 기회가 되는대로 국가 재정을 착복하여 본인이 속한 민족 집단이 권력을 장악하고 유지하는 데 사용하는 것을 미덕으로 여겼다. 이처럼 부정부패를 용인하고 정당화하는 구실이었던 관습이 현재까지 영향력을 미치고 있다고 볼 수 있다.

이러한 부패로 인해 아프리카 국가들의 국부 손실은 연간 약 1,500억 달러를 기록하고 있다. 2000년대 발생한 쿠데타의 64%가 아프리카에서 발생했으며, 현재 11개국의 지도자가 15년 이상 장기집권을 이어가는 등 불명예스러운 기록을 유지하고 있다. 상당수의 국가에서 도둑정치가 근절되지 않고 있을 뿐만 아니라 국가별로 변화의 속도도 상이하고 민주화·자유화 흐름에 역행하는 사례도 산발적으로 관찰되고 있다. 그러나 다당제 도입과 선거제도 확립이라는 절차적 민주주의 관점에서만큼은 변화의 방향성이 견고하다는 것이 전문가들 입장이다.[78]

우자마아

    우자마아Ujamaa는 영어로는 'Familyhood', 우리말로는 '가족애' 또는 '동포애'라는 의미를 갖고 있는 스와힐리어이다. 1960년대 탄자니아의 독립 이후 초대 대통령 줄리어스 니에레레에 의해 등장했다. 우자마아 개념의 중심에는 자립, 국가 개발에의 국민 전체 참여, 농촌의 공동노동과 토지의 공동소유, 민간 부문 및 공공서비스의 국유화 등이 있다.

    니에레레는 "아프리카 사회주의의 기반과 목적은 우자마아 혹은 가족공동체에 있다. 이는 대중의 착취를 근간으로 하는 자본주의 체제나 인간 갈등의 철학을 골자로 하는 교조적 사회주의에 반대한다. 아프리카의 사회 구성은 아프리카인들을 서구식 사회주의로 교체하기보다 우리가 태어나서 자란 전통사회에서와 같이 기본적인 가족 단위를 확대한 사회의 형태에 그 뿌리를 두어야 한다."고 말했다.

출처: Oxford Research Encyclopedias, Allafrica

아프리카식 민주주의?
르완다의 폴 카가메 대통령

☪ 적폐가 아닌 민족적 화합을 추구한 독재자

폴 카가메 대통령은 2017년 8월 4일 대선에서 98%의 득표로 3선에 성공하면서 30년 이상의 장기집권 지도자 대열에 들어섰다. 17년 동안 집권한 그가 임기 만료 시점에 스스로 헌법을 바꾸어 향후 7년 임기의 3선 조항을 추가함으로써 2034년까지 집권이 가능하도록 도모한 것은 국내외 반대세력과 국제사회의 비난을 사기에 충분했다. 그러나 임기 제한을 무시했던 부룬디의 피에르 은쿠룬지자 전 대통령이나 콩고민주공화국의 조셉 카빌라 전 대통령과 동일하게 비교하지 않은 배경에는 아프리카의 개발 모델이 된 르완다의 경제 발전이 있다.[79]

카가메 대통령이 지도력을 인정받은 가장 중요한 계기는 르완다 집단학살을 종결하고 이후 정국을 안정화하는 데 기여했다는 점이다. 실제로 르완다 대다수 국민이 카가메가 그들의 구세주이며 1994년 르완다 집단학살의 반복을 막아줄 유일한 보호막이라고 생각해왔다. 후투Hutu를 포함한 반정부 세력과의 전쟁에서 투치로 결성된 카가메의 정당 르완다 애국전선RPF, Rwandan Patriotic Front은 2만 5,000명에서 4만 명의 학살 세력을 제거했고, 콩고민주공화국에서 다시 학살자들이 조직되자 카가메를 필두로 한 군대가 두 차례나 공격하여 이를 적출했다. 같은 해 7월 RPF가 키갈리에서 군대, 경찰, 행정부, 사법부, 은행, 대학, 국영기업 등 르완다의 주요 기관을 모두 장악하고 전쟁에 승리함으로써 비로소 학살 정국은 마무리될 수 있었다.80

국방장관과 부통령을 거쳐 2000년 대통령이 된 카가메의 리더십은 르완다 사람들에게는 무너진 국가를 일으킨 원동력이었다. 2001년 이후에는 연평균 8%씩 성장하며 1994년 355달러였던 1인당 국내총생산GDP per capita, PPP이 2017년 2,039달러까지 올랐다(세계은행, 국제달러가 기준). 빈곤율은 2006년 57%에서 2014년 40%로 떨어졌으며 기대수명도 2000년 46.6세에서 2015년 59.7세로 연장됐다. 집단학살에서 가장 큰 희생을 치른 여성들이 국회의원의 3분의 2, 장·차관 등 내각의 절반을 차지한 것도 2003년 그가 모든 공공영역의 30%를 여성에게 의무적으로 할당하도록 헌법을 제정하면서 가능해진 것이다.

특히 카가메 대통령은 범민족적 국가 재건 및 발전을 위한 정책의 근간을 '화해'에 두고 민족적 화합과 국가정체성 확립을 최우선 과제로 추진해왔다. 공공장소에서 '민족 집단'에 대한 언급을 금지했으며, 학살의 가해자들에 대한 사법 처리를 정책의 우선순위로 두고 커뮤니티에 '가차차Gacaca'라고 불리는 지역 단위의 자율 재판소를 운영하면서 공동체 간 관계 개선에 주력했다. 2018년 프랑크 하비네자Frank Habineza가 이끄는 민주녹색당DGP, Democratic Green Party이 의회 내 2석을 확보하며 의회에 입성한 르완다 최초의 야당이 되는가 하면, 구속된 야

2017년 3선에 승리한 카가메 대통령 ⓒ Arabnews(2017.08.05.)

당 지도자들을 석방하는 등 억압적인 통치 방식도 차츰 해소되면서 실제로 그의 정책의 긍정적인 성과가 가시화되고 있다.[81]

☾ 탈식민주의와 대외 정책 다각화

카가메 대통령은 프랑스를 포함한 서방국가와 관계를 개선하는 데도 노력하고 있다. 그는 1994년 르완다 집단학살에 가담했던 프랑스 관료들을 기소하는 정부 보고서를 지속적으로 발간해 진실규명에 힘써왔다. 그러나 2019년 4월 7일 제노사이드 25주년 추념식에서는 에마뉘엘 마크롱Emmanuel Macron 대통령을 초청하며 최근 양국 관계에서 가장 민감한 르완다 집단학살 문제를 청산하고 외교관계 정상화를 위한 노력 또한 기울이기 시작했다. 과거 식민 통치국이었던 벨기에에 대해서는 과거사 청산과 탈식민주의 정책을 추진하는 등 과거 식민 영향권에서 벗어나려는 전략을 취하고 있다.

특히 카가메 정권은 영어를 공식 언어로 추가하고 2009년에는 영연방Commonwealth에 가입하며 프랑스어 배제 정책을 취하고 있다. 이는 프랑스 영향권 및 벨기에 식민지 잔해 청산과 1994년 르완다 집단학살에서 보여준 프랑스와 벨기에의 비인륜적 태도에 반감을 갖게 하고 신정부에 대한 르완다 국민의 신뢰를 촉구하기 위해서이다. 그뿐만 아니라 프랑스어권의 이미지를 벗고 대외 관계를 세계화에 맞게 다각화하려는 일련의 조치였는데 결과적으로 성공했다고 볼 수 있다. 카가메 정부는 미국이나 중국 등 거대 공여국의 투자와 세계은행과 같은 공여 주체로부터 막대한 자금을 지원받는 데 성공했을 뿐만 아니라 민간사업자들의 진출도 적극적으로 독려하여 높은 경제성장률을 유지하고 있다.

☾★ 국민의 정치적 선택을 통한 민주주의

카가메 정부의 괄목할 만한 성과로 르완다가 아프리카의 개발 모델이 되자 카가메의 통치 방식을 두고 아프리카식 민주주의라고 해석하기도 한다. 이들은 민주주의에도 '아프리카적 특수성'이 있기 때문에 아프리카 국가에 서구식 민주주의를 그대로 적용하기는 힘들다고 주장해왔다.

인도 출신의 미국 저널리스트 파리드 자카리아Fareed Zakaria는 저서 《자유의 미래The Future of Freedom: Illiberal Democracy at Home and Abroad》에서 "선거제도만으로는 민주주의를 결코 강제할 수 없다."면서 "서방이 '민주주의'라는 이름으로 교육수준이 낮은 제3세계 유권자들에게 선거를 '선물'해주고 자화자찬해왔다."고 폄하했다. 반면 UN과 서방국가들은 "보편적 인권·민주주의 원칙에서는 아프리카도 예외가 될 수 없다."고 맞섰다.

물론 선거 민주주의와 정권 교체가 이상적인 기능을 하지 못하는 르완다의 정치적 상황은 예외적인 해석이 필요한 것이 사실이다. 그러나 내전과 빈곤에서 르완다를 일으킨 카가메 대통령의 성과는 논란의 여지가 없다.

반면 강력한 중앙집권 체제를 도모한 카가메 정부가 시민에 대한 감시를 일상화했다는 비판을 받기도 했다. 특히 '다시는 나라가 나뉘어져서는 안 된다'는 집단학살 이데올로기가 반정부적 정치 이견까지 범죄화하는 데 악용되었다는 것이다. 2010년 총선에서 가택 연금됐던 야당 지도자들이 국가안보를 위협한 혐의로 15년형을 받는가 하면 카가메 집권 기간 동안 언론인 8명이 사망 또는 실종, 11명이 장기 수감, 33명이 망명하는 등 언론 및 소셜미디어를 탄압하고 통제한 것이 밝혀져 충격을 주기도 했다.[82]

나이지리아 라고스대 교수이자 정치학자인 카요데 소레메쿤Kayode Soremekun은 "그럼에도 불구하고 해법은 민주주의뿐"이라고 강조한다. 그는 아프리카 대부분의 군부독재가 아시아에서처럼 민중의 힘이 아닌 독재자의 죽음이나 내전 등으로 종식됐다는 점을 지적했다. "우리는 우리 손으로 나쁜 지도자를 몰아내고 좋은 지도자를 선택한 경험이 별로 없다. 그래서 시민사회가 탄탄하지 못하다."고 자평한다. 그런데도 그는 자기 나라의 미래를 "신중한 낙관주의"로 바라본다고 했다. 그는 "국민의 정치적 선택을 통해 정치적 리더십을 바꾸는 것만이 방법"이라며 끝없는 교육, 대중의 각성이 중요하다고 덧붙였다.[83]

2017년 르완다 대선에서 카가메는 국민의 98%가 찬성함으로써 3선에 성공했다. 이는 민족 분쟁을 저지할 수 있는 권력자가 현재로서는 카가메가 유일하다는 인식에서 비롯된 최선책이었을 것이다. 언젠가 르완다가 경제개발에 국한된 국가 발전 전략에서 나아가 시민사회가 성숙하고 발전할 수 있는 정치개혁을 성공적으로 이룰 수 있다면 아프리카를 넘어 전 세계의 개발 모델이 될 수 있을 것으로 기대한다.

아프리카에 불고 있는 젊은 정치인 바람

팝스타 출신 보비 와인Bobi Wine(1982년생, 본명 로버트 캬굴라니)은 2017년 우간다에서 무소속으로 출마해 청년층의 압도적 지지를 받고 하원의원이 되었다. 와인은 1986년부터 집권 중인 요웨리 무세베니 대통령을 몰아내겠다고 약속한 바 있다. 〈파이낸셜타임스〉는 "보비 와인은 아프리카 어디에나 있다. 급속한

나이지리아
치케 우카에부(1983년생)
테크놀로지 기업가 출신
정치인. 2019년 대선
최연소 후보

우간다
보비 와인(1982년생)
팝스타 출신 하원의원

에티오피아
아비 아흐메드 알리(1976년생)
총리

르완다
다이앤 르위가라(1982년생)
기업가, 여성인권운동가.
지난해 대선 출마 선언 후
반란 혐의 체포

케냐
바부 오위노(1989년생)
나이로비대
총학생회장 출신
하원의원

남아프리카공화국
음무시 마이마네(1980년생)
제1야당 민주동맹(DA) 대표

남아프리카공화국
줄리어스 말레마(1981년생)
급진좌파 야당
경제자유투사당(EFL) 대표

짐바브웨
넬슨 차미사(1978년생)
인권변호사 출신 야당 지도자.
2017년 7월 대선에서 음낭가과 후보에 패배

아프리카의 젊은 정치인들

© 경향신문(2018.11.04.) 참고하여 저자 작성

도시화와 소셜미디어의 확산은 아프리카 청년들이 그들의 좌절과 생각을 적극적으로 표현하도록 하고 있다."고 평가하며 향후 더 많은 젊은 정치인이 정계에 진출할 것을 전망하기도 했다. 이외에도 2019년 노벨 평화상을 받은 에티오피아의 아비 아흐메드 알리Abiy Ahmed Ali 총리(1976년생)나 나이지리아의 치케 우카에부Chike Ukaegbu(1983년생) 등 젊은 정치인들이 영향력을 발휘하며 긍정적 평가를 받는 사례가 늘고 있다.

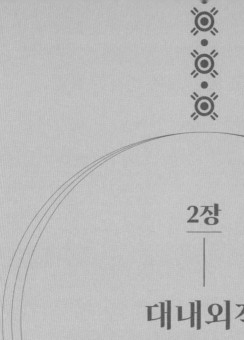

2장

—

대내외적
이해관계에 의한 분쟁

코트디부아르 내전

☾ 정치적 이권 다툼으로 발생한 내전

2010년 11월, 10년 만에 실시된 코트디부아르 대선에서 로랑 그바그보 대통령이 야당 후보인 알라산 와타라Alassane Ouattara에게 8% 차이로 패배했으나 결과에 불복하고 퇴진을 거부하면서 폭력 사태가 촉발되었다. 그는 자신의 패배가 야당의 부정선거 때문이었다며 헌법위원회가 본인의 선출을 승인하도록 조작했다. 결국 두 후보 모두가 내각을 구성하는 사상 초유의 사태가 발생했고 국론은 분열되어 내전 상황으로 치달았다.84

사실 2010년 대선 이후 발생한 폭력 사태의 근본 원인은 이미 내전을 한 번 치렀을 정도로 뿌리 깊은 남북 지역 간 경제·민족·종교적 갈등에서 기인한다고 할 수 있다. 와타라 대통령은 코트디부아르 북부 지역의 이슬람 세력을 기반으로 정치 활동을 펼쳐왔으나 어머니가 부르키나파소 출신이라는 이유로 2000년 대선에서도 후보 등록이 거부되는 정치적 탄압을 겪어왔다.

초대 대통령인 우푸에 부아니가 고위직을 타민족에게 개방하며 다른 민족을 포용하고 갈등을 관리했던 정책을 펼쳐왔던 것과는 달리 제2대 대통령인 코낭 베디에Henry Konan-Bédié 대통령은 국가정체성Ivorité을 강조하며 와타라를 대통령 후보에서 제외하고 군부에서도 반대파를 축출했다. 이를 계기로 남북부 사이에 긴장이 고조되었고 2002년 9월에는 그바그보 대통령이 북부 출신 군인을 대량 해고했다. 이에 퇴직군 700여 명이 반란을 일으켜 북부를 장악하면서 내전 국면이 전개되었다. 게다가 프랑스 정부가 북부 반군을 지원했다는 의심을 받게 된 후 2004년에는 정부군과 프랑스군 간 무력 소요사태가 발생하고 반프랑스 시위가 확산되면서 불안한 정국이 계속되었다.

☪ 외세 개입으로 일단락된 내전

결국 2005년에 남아프리카공화국 음베키Thabo Mvuyelwa Mbeki 대통령의 중재로 체결된 프레토리아 합의에 따라 코트디부아르 정부는 대선 후보 관련 국적 조항 폐지와 친정부 민병대에 대한 무장해제 등을 수용하고 와타라를 포함한 모든 대선후보의 선거 출마를 허용했다. 또한 2007년부터 체결된 와가두구 협정Ouagadougou Peace Agreement을 기반으로 반군 해체 및 무장해제, 선거관리위원회의 대선 실시 준비 등을 추진했으며, 2010년 11월 28일에 진행된 대선 결선투표는 81%의 투표율을 기록했다.

2010년 12월 2일 선거관리위원회는 와타라 54.1%, 그바그보

45.9%로 투표 결과를 잠정 발표했지만 하루 뒤인 12월 3일에 헌법위원회가 와타라 지지율이 높은 북부 지역 9개 선거구 투표를 무효화하고, 그바그보 51%, 와타라 49%로 확정 결과를 발표했다. AU, UN, 서아프리카경제공동체ECOWAS, Economic Community of West African States 등 국제기구들조차 와타라의 당선을 인정하자 그바그보 정부군은 와타라 사저를 봉쇄했다. 이후 2011년 1월부터 3월까지 그바그보 정부군과 와타라 민병대 간 교전으로 약 3,000여 명이 사망했다.

2011년 4월, UN 코트디부아르 임무단ONUCI과 프랑스의 지원군이 그바그보 부부를 체포하고 같은 해 11월 29일 국제형사재판소ICC에 그바그보 전 대통령을 신병 인도함으로써 내전은 마무리되었다. 2011년 5월 21일 취임한 와타라 대통령은 2015년 10월 25일 실시된 대선에서도 84% 득표로 재선되며 현재까지 대통령직을 수행하고 있다.[85]

2010~2016년의 코트디부아르 내전 전개 추이

2010.12~2011.04
그바그보 전 대통령의 퇴각 거부는 와타라 측과 그바그보 측의 5개월간 분쟁으로 이어졌으며 최소 3,000명의 민간인이 사망함.

2011.11
코트디부아르 정부는 ICC가 제기한 반인륜적 범죄 4개 조항에 해당되는 그의 혐의에 대한 체포영장에 근거하여 그바그보 전 대통령을 ICC에 인계함.

2013.10
정부 대변인은 국가사법시스템이 복원되었으므로 SIEC는 더 이상 필요치 않다고 선언함.

2011　　　2012　　　2013

2011.06~07
와타라 대통령은 국가조사위원회와 진실 및 화해위원회, 선거 후 소요사태와 관련한 범죄의 기소를 처리하는 전담 태스크포스 특별조사위원회(SIEC, Special Investigative and Examination Cell)를 발족함.

2012.08
국가조사위원회는 조사 결과 요약을 발표했으며, 2010~2011년에 발생한 소요사태는 그바그보와 와타라를 지지하는 무장세력이 범죄를 저지른 것으로 결론 내림.

2013.12
SIEC를 유지해야 한다는 강한 국가적, 국제적 압력에 와타라 대통령은 대통령령으로 SIEC 권한을 연장하기로 함.

■ 내전　　　■ 재판 진행　　　■ 재판 연기

2014년 말
코트디부아르 정부는
SIEC의 권한 행사를 위한
일관된 지원을 시작함.

2015.04
와타라 대통령은 코트디부아
르 법원에 2010~2011년 선
거 후 소요사태와 관련한 모든
소송의 전권을 부여함과 동시
에 이후 어떤 용의자도 ICC로
회부하지 않을 것이라고 밝힘.

2015.10
와타라 대통령이 두 번째 임기
로 선출됨.

14 **2015** **2016**

2015.03
코트디부아르 법원은 그바그보
전 대통령 부인인 시몬 그바그보
에게 국가법 위반에 대한 유죄를
선고하고, 검찰 기소 기간의 2배
인 20년 징역형을 선고함.

2015.06
2010~2011년 선거 후
소요사태 동안 행해진 인
권 침해에 대해 조사가 진
행되는 동안 사건 책임자
가 조사를 조기 종용하도
록 압력을 가하고 있다는
주장이 제기됨.

2016.01
와타라 대통령이 산산 캄빌을 신
임 법무부 장관으로 임명했으며,
헤이그에서 그바그보와 블레 구
데와의 ICC 공동 재판이 시작됨.

© Human Rights Watch(2016.03.22.) 참고하여 저자 작성

제2차 콩고민주공화국 분쟁

☪ 주변국과 무장단체의 복잡한 이해관계가 개입된 대리전[86]

콩고민주공화국의 분쟁이야말로 획일화된 정의가 어려운 대표적인 아프리카 분쟁 양상이다. 도둑정치와 정치적 갈등 등을 배경으로 일어난 쿠데타에 의해 촉발된 정치적 내전임과 동시에 주변국의 정치·경제적 이권에 따라 확대된 국제전이기 때문이다.

여전히 콩고민주공화국 내 많은 분쟁이 대내외적인 정치적 상황으로 발생하는 경우가 많다. 그러나 종전 이후에도 지속된 키부Kivu 분쟁과 같은 국지전들은 구리나 콜탄 등 동부 지역을 중심으로 매장된 콩고민주공화국의 주요 자원들이 원인이 되는 경우가 많다. 이러한 자원이 정부군 및 반군을 지원하는 주요 재원이 되고 이를 확보하려는 르완다, 우간다 등 주변국의 개입에 동기가 되기도 한다.

콩고민주공화국의 분쟁은 크게 제1차 분쟁(1996~1997)과 제2차 분

제2차 콩고민주공화국 분쟁 개입 국가

카빌라 동맹
대규모 병력으로 참여
소규모 병력으로 참여
물류 지원
정치적 지원
반군 동맹
● 평화 협상 장소

리비아
이스라엘
차드
수단
중앙아프리카
공화국
남수단
콩고민주공화국
우간다
르완다
부룬디
탄자니아
앙골라
잠비아
루사카
짐바브웨
나미비아
프레토리아
남아프리카공화국

© Oriental Review 자료 참고하여 저자 작성

쟁(1998~2003)으로 나뉜다. 특히 제2차 콩고민주공화국 분쟁은 르완다, 부룬디, 우간다, 앙골라, 짐바브웨, 나미비아 등 주변국 9개국과 20여 개의 무장단체가 개입된 국제전으로 발전했다. 사상자가 500만 명에 이르러 아프리카 제1차 세계대전으로 불리기도 한다. 이후 콩고민주공화국은 2004년부터 2009년까지 그리고 2012년부터 2013년에 일어난 키부 분쟁을 포함해 약 20년 가까이 끊임없는 전쟁 속에서 살아왔다.

1961년 벨기에의 식민 통치에서 독립을 이룬 콩고민주공화국은 이어진 분리 독립운동으로 계속해서 내전을 겪었다. 이를 틈타 정권을 장악한 모부투 대통령은 32년 동안 독재정권을 유지하며 국민의 인권을 유린하고 국고의 사유화와 부정부패를 일삼았다. 이에 로랑 카빌라가 이끄는 반군 단체가 1997년 모부투 대통령을 몰아냄으로써(제1차 분쟁) 신정권이 발족되었으나 불과 15개월 후인 1998년 8월 다시 내전(제2차 분쟁)이 발발했다.

제2차 콩고민주공화국 분쟁이 국제전으로 확대된 것은 이 내전과 관련된 주변 각국의 이해가 복잡하게 얽혀 있었기 때문이다. 카빌라 진영에는 앙골라, 짐바브웨, 나미비아, 잠비아 등이, 반카빌라 진영에는 르완다, 우간다, 부룬디가 가세했다.

당시 콩고민주공화국에는 르완다 반군(반정부군), 우간다 반군, 수단 반군, 앙골라 반군, 부룬디 반군 그리고 콩고민주공화국 반군들이 활동하고 있었다. 따라서 관련 국가들은 이들 반군을 무력화시켜야 하는 입장이었고, 콩고민주공화국의 내전에 개입한 국가들은 각각 저항하는 자국의 반군을 소탕할 목적으로 친카빌라 진영 혹은 반카빌라 진영을 선택했다.[87]

이렇게 아프리카에서 발발한 분쟁은 국제전 또는 대리전의 형태를 띠기도 한다. 교전 당사자를 지원하는 외부 세력들이 내전을 더욱 복잡하게 하고 피해 지역을 확장시킨 것이다.

아프리카 분쟁 현황 지도

최근 개정된 교과서나 자료에서 아프리카 지역의 분쟁과 관련한 정확한 정보를 찾기 어렵다. 교육 과정에서 정보 오류와 왜곡은 해당 국가와 지역에 대한 이해를 저해하는 주요 장애물이 될 수도 있다.

분쟁지역에 대한 정확한 정보는 한국국방연구원KIDA의 World War Watch나 ACLEDArmed Conflict Location & Event Data Project의 국별 보고서, 분쟁 경향보고서 등 주기적으로 발간되는 자료들을 확인하고 최신 정보를 참고하는 것이 좋다. 글로벌평화활동Global Peace Operations의 아프리카 지도88나 국제전략연구소IISS, International Institute for Strategic Studies의 분쟁 지도 등 참고할 만한 기간별 자료도 많이 있다.89

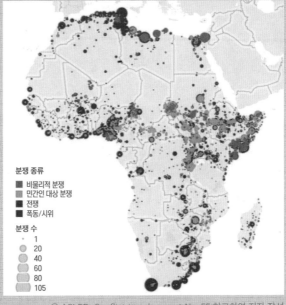

분쟁 종류
- ■ 비물리적 분쟁
- ■ 민간인 대상 분쟁
- ■ 전쟁
- ■ 폭동/시위

분쟁 수
- · 1
- ○ 20
- ○ 40
- ○ 60
- ○ 80
- ○ 105

© ACLED, Conflict trends report No. 55 참고하여 저자 작성

3장

식민 통치
잔재로 인한 분쟁

아프리카뿔 지역의 국경분쟁

☪ 불안한 아프리카뿔 지역의 정세

아프리카는 독립 이후 모로코-알제리, 가나-토고, 리비아-차드, 부르키나파소-말리, 소말리아-에티오피아, 나이지리아-카메룬 등의 영토분쟁이 있었고, 국내적으로도 민족 집단 분규로 홍역을 앓았다. 이는 현재 아프리카 국경들이 국민적 정체성을 반영했다기보다는 유럽 열강의 정치적 이해와 경제적 타산에 따라 자의적으로 형성되었기 때문이다.

아프리카의 인위적인 국경선은 역사적으로 제국주의 시대의 서막이었던 베를린회의에 근원을 두고 있다. 독일의 비스마르크가 주재했던 베를린회의에서 유럽 열강들은 아프리카 식민 통치를 합리화하면서 그 원칙을 정했고 이를 기반으로 아프리카 쟁탈전에 뛰어들었다. 이들은 서로의 영역이 충돌하는 아프리카 지역에서 그 경계를 임의로 그었고, 아프리카 지도자들은 이상한 국경선으로 인해 야기된 불행과

비극을 '베를린의 저주'라고 표현했다.[90]

'아프리카뿔'이라 불리는 에티오피아, 에리트레아, 소말리아 간의 갈등도 이러한 국경분쟁으로 야기되었다. 아프리카뿔은 아프리카 동쪽 끝에 코뿔소 뿔같이 뾰족이 튀어나온 소말리 반도를 뜻한다. 한반도 면적의 9배쯤 되는 200만km^2에 소말리아, 에리트레아, 지부티, 에티오피아가 자리 잡고 있다.[91] 이들 국가는 극심한 가뭄과 식량 부족 상황이 오래 지속되었고 소말리아 지역 군벌과 주민들은 기근을 이기지 못하고 해적이 되었다. 특히 오가덴과 같은 에티오피아 국경지대를 중심으로 분쟁이 끊임없이 발생하고 있어 이 지역의 치안과 안보 상황은 오랫동안 불안했다.

☪ 에티오피아와 에리트레아의 분쟁

아프리카뿔 지역 분쟁의 시초는 식민 시대로 거슬러 올라간다. 제2차 세계대전 종전 이후 에리트레아 및 오가덴, 영국령 소말리아 등은 영국의 지배를 받았으나 1950년 UN의 결정에 따라 에리트레아는 연방 내의 자치 지역 형태로 에티오피아와 통합되었다. 하일레 셀라시에 Haile Selassie 황제 시기인 1955년에는 영국 관할 아래 있던 오가덴 지역이 에티오피아에 공식 반환되었다. 그런데 이 두 지역의 통합이 에티오피아에 새로운 갈등을 불러일으켰다.

이를 계기로 에리트레아 이슬람교도의 봉기와 오가덴 소말리인들의 영토 회복 운동이 발족했다. 1956년에는 반서방 노선을 표방하면서 아랍 국가들의 지원을 받는 에리트레아 해방운동 단체도 등장했다. 이 지역에 가축세를 부과한 에티오피아 정부의 규제에 반발한 오가덴 소말리인들이 반정부 투쟁을 고조시켰고, 이를 무력으로 진압한 에티오피아 정부와의 갈등은 더욱 심화되었다. 한편, 에티오피아 북부에 위치한 에리트레아는 에티오피아로부터의 분리 독립을 강력하게 주장하며 에리트레아 인민해방전선EPLF, Eritrean People's Liberation Front을 결성하고 무력투쟁을 전개했다.

1987년부터는 EPLF가 에리트레아에 대한 실질적 통제권을 확보했다. 그리고 반정부운동의 핵심 세력인 에티오피아 인민혁명민주전선 EPRDF, Ethiopian People's Revolutionary Democratic Front이 EPLF와 공동으로 1991년 수도인 아디스아바바를 점령해 임시정부를 수립했다. 1993년 5월 24일 에리트레아는 에티오피아로부터 마침내 분리 독립을 이루었으나 에티오피아와 에리트레아 간의 전쟁은 계속되었다. 1998년 5월부터 2000년 6월까지 국경도시 바드메를 둘러싼 전쟁으로 수만 명이 사망했고 60여만 명의 난민이 발생했다. 2000년 12월에 평화협정이 체결되었지만 국지전은 계속되었다.

오가덴 지역에서 에리트레아와의 국경분쟁이 계속되면서 2000년 평화협정은 에티오피아를 둘러싼 안보 상황을 사실상 크게 개선하지는 못했다. 서부 국경 지역인 감벨라 지역에서 민족 집단 간의 갈등으로 수백 명이 사망하는 유혈충돌 사태가 발생했고 에티오피아·에리트레아 국경위원회는 국경 문제를 양국 간의 합의 사항으로 남겨둔 채 활동을 중단했다. 이와 함께 완충지대에 머물며 분쟁지역을 관리하던 UN 평화유지군PKO까지 철수하면서 양국 간 갈등은 골이 깊어지는 듯했다.92

2018년 9월 16일, 에티오피아와 에리트레아가 사우디아라비아의 중재로 제다 평화협정Jeddah Peace Agreement을 체결하면서 에리트레아 독립 이후 1998년부터 시작된 무력 분쟁은 공식적으로 끝났다. 이 협정

노벨 평화상을 수상한 아비 총리

© France 24 News(2019.12.10.)

은 양국 간에 외교 관계가 있는 살만Salman bin Abdul Aziz Al Saud 사우디아라비아 국왕이 주선한 것으로 같은 해 7월 에티오피아의 아비 아흐메드 알리 총리가 에리트레아를 방문해 양국 간 종전을 선언하고 외교관계를 정상화한 데 이어진 것이다. 이를 계기로 아비 총리는 에리트레아와의 화해를 주도한 공로를 인정받아 2019년 노벨 평화상을 수상하기도 했다.

☪ 오가덴 지역에서의 에티오피아와 소말리아 간 분쟁[93]

오가덴은 에티오피아 동부 하레르게주와 발레주의 남동부에 있는 건조지대로 소말리아·에티오피아 국경과 에티오피아 동부 고지대 사이의 불모지에 자리 잡고 있다. 이곳에는 소말리어를 쓰는 유목민들이 살고 있는데 이들의 조상은 이곳에 살았던 오로모인(갈라인)을 몰아내고 16세기에 이 지역으로 이주해왔다. 1955년 영국이 식민 통치를 종료하며 에티오피아에 오가덴 지역을 반환했고 1960년 소말리아가 독립하면서 이곳을 둘러싼 국경분쟁과 내란이 본격적으로 재개되었다.

1977년에 오가덴 지역에서 소말리아인 분리주의자들이 무력 봉기를 일으키자 소말리아는 대규모의 병력을 보내 그들을 지원하면서 에티오피아와의 전면전을 시작했다. 하지만 소말리아가 미국의 지원을

오가덴 지역을 둘러싼 국경분쟁

아파르 지부티 아덴만
암하라
디레다와(Dire Dawa)
지지가(Jijiga)
하라르(Harar)
아디스아바바
(Addis Abeba)
소말리아
다게부르(Dege Bur)
비르코(Bircot)
에티오피아
오가덴
와르더(Warder)
오로미아
겔라디(Geladi)
이미(Imi)
다난
(Denan)
케브리 데하르
(Kebri Dehar)
고데(Gode)
소말리
켈라포(K'elafo)
돌로(Dolo)
케냐

ⓒ 나무위키 참고하여 저자 작성

받는다는 이유로 소련이 에티오피아의 편에 개입하면서 에티오피아는 소련제 무기와 2만 명에 달하는 쿠바군의 지원을 받아 소말리아군을 격퇴했고, 소련의 지원으로 반군들이 장악했던 지역 또한 회복했다.

이후 소말리아는 오가덴 분쟁에서 에티오피아를 지원했던 소련과 국교를 완전히 단절하고 미국의 원조를 받으며 1980년에 미국과 새로운 동맹관계를 맺었다. 국내 분쟁이 전형적인 냉전체제하의 대리전으로 변화한 이러한 양상은 1990년대까지 지속되었고 최근까지도 오가덴 분쟁으로 해마다 수백 명의 사람들이 사망했다.

굴곡진 역사 속의 오로모인

암하라화와 2등 시민으로 전락한 오로모인

에티오피아에는 70여 개의 민족 집단이 존재하는데 오로모인 34.9%, 암하라인 27.9%, 티그레이인 7.3%, 시다마인 4.1% 등으로(2021년 1월 CIA 기준), 오로모인과 암하라인이 총인구의 61% 이상을 차지한다. 하지만 오모로인이 아닌 암하라인과 티그레이인이 지배 세력으로 자리 잡고 있다.

수세기에 걸쳐 암하라인은 에티오피아 최대 민족 집단인 오로모인을 지배하기 위해 여러 가지 전략을 구사했고 정복 전쟁을 치르기도 했다. 16세기부터 오로모인을 인종, 노예제, 문명의 결여 등의 의미를 담고 있는 '갈라Galla'라고 부르며 비하해왔고 16세기부터 19세기 중반까지 정복 전쟁을 치르기도 했다. 19세기 후반 메넬리크 2세Menelik II 황제가 서구 식민 권력의 지원을 받아 정복 전쟁을 수행한 이후 암하라인-티그레이인이 오로모인을 지배했고 오로모인은 점차 사회·문화적 독자성을 상실하고 2등 시민으로 전락했다. 메넬리크 2세 황제와 하일레 셀라시에 황제는 오로모인의 고유문화를 완전히 없애고 자신들의 문화를 강요하며 암하라화Amharization를 진행했다.

오모로인들의 투쟁

1937년 에티오피아 정부가 발표한 그리스정교 칙령(오로모인 전통 신앙인 천신 신앙Waaqeffannaa의 개종을 강요한 칙령), 암하라어 공용화, 성씨개명, 사회주의 에티오피아 임시 군사정부 '데르그Derg' 수립, 토지개혁 등 다양한 과정을 거치며 이러한 지배구조는 오랫동안 유지되었다. 하지만 데르그 정부에 반발한 오로모인들이 타민족 집단의 거주지를 불태우고 반인륜적인 행동을 저지르는 등 반발하면서 민족 집단 간 분쟁은 끊이지 않았다. 1991년 5월 멩기스투Mengistu Haile Mariam 정권과의 투쟁을 주도한 EPRDF가 권력을 장악하고 연방주의를 표방했으나 아직까지도 민족 집단 간의 갈등은 여전히 심각한 문제로 남아있다.

하찰루 훈데사 　　　　　　　　　　　© DW

2020년 6월 29일, 오로모 출신 가수이자 운동가인 하찰루 훈데사Hachalu Hundessa가 피살되는 사건이 발생했다. 이에 그를 추모하는 오로모 시위대가 그의 고향 지역과 수도 등지에서 경찰과 충돌했다. 이 폭동으로 열흘 동안 약 240명 가까이 사망했는데, 특히 오로미아 지방에서만 215명의 민간인과 함께 경찰관 9명, 민병 조직원 5명이 죽었다.

　　하찰루는 아비 총리가 2018년까지 정권을 잡는 데 일조한 반정부시위를 주도했던 인물 중 한 명으로 정치개혁, 민족 갈등과 같은 문제를 해결하는 데 앞장섰던 인물이다. 반정부시위에 영감을 주는 노래를 오로모어로 부르면서 오로모인을 대변해온 하찰루는 생전에도 살해 위협을 여러 차례 받아온 것으로 알려져 있다.

출처: 설병수(2016), 13월의 달이 뜨는 곳, 에티오피아를 만나다; 《7인7색의 아프리카》, pp.81~93; 김재영(2020.07.08.) 뉴시스 기사

식민 잔재와
국제사회 계책이 야기한
르완다 집단학살

☾⋆ 후투와 투치 간의 갈등[94]

후투와 투치 간 분규의 뿌리는 식민 시대로 거슬러 올라간다. 유럽인이 19세기에 르완다와 부룬디에 처음 도착했을 때 이 지역은 다수 민족인 후투, 소수 민족인 투치, 피그미 집단인 바트와Batwa가 비교적 사이좋게 공존하며 살고 있었다. 이들은 같은 구릉지에서 같은 말을 쓰며 자유롭게 통혼했다. 소규모 분쟁은 있었으나 후투, 투치, 바트와는 침입자를 쫓아내거나 이웃에게서 가축을 훔치기 위해 종종 같은 편이 되어 싸우기도 했다.[95] 이렇게 오랜 세월 서로의 생활양식을 주고받으며 '반냐르완다'라는 혼성 정체성을 만들었다.

---

* 반냐르완다(Banyarwanda)는 르완다의 국어인 키냐르완다를 구사하며 공동의 생활양식과 문화를 공유한 혼성 정체성으로, 키부 지역과 르완다 국경을 따라 거주하는 후투, 투치, 바트와 민족 집단 등을 중심으로 훈데(Hunde), 은양가(Nyanga), 난드(Nande) 민족 집단 등으로 구성된다.

후투와 투치 간의 대립 구도를 조장한 것은 벨기에였다. 1884년 베를린회의에 의해 르완다의 영토는 독일에게 할당되었고, 제1차 세계대전까지 수년 동안 독일의 식민지였다가 이후 벨기에에 점령당했다. 벨기에는 분할통치를 위해 후투와 투치의 분리에 의미를 부여했다. 19세기 유럽인들의 인종적 편견에 따라 소수민족이었던 투치가 다수인 후투보다 백인에 더 가깝고 인종적으로 우월하여 식민지를 관리하는 데 더 적합하다는 논리를 확산시킨 것이다.

1919년 위임통치령에 따라 벨기에가 동화정책*을 도입하면서 후투 지도자를 쫓아내고 투치에게 지도자 역할을 부여하는 등 족장 시스템을 단순화하는 체제 개편을 시작했다. 이 과정에서 식민지 학교에 입학할 때도 투치에게 우선권이 주어졌고 토지개혁 과정을 투치가 감독하는가 하면 전통적으로 후투가 관리하던 목축지를 최소한만 남기고 몰수했다. 투치의 우위가 계속되면서 후투는 많은 권리를 박탈당하고 강제 노동에 시달리게 되었다. 특히 1935년에 벨기에가 사람을 투치, 후투, 바트와, 귀화한 외국인으로 식별하는 카드를 도입하면서 계급이동이 불가능해짐에 따라 투치에 대한 후투의 반발이 본격화되었다.

이후 1957년에는 후투 학자들이 '바후투 선언'을 기반으로 투치에서 후투로 권력을 이양해야 한다고 주장하면서 두 민족 간의 갈등이 깊어졌다. 심지어 가톨릭교회 또한 투치가 후투보다 훨씬 우월하다는 '하미틱 신화Hamitic Hypothesis'를 주장하며 인종 갈등을 더욱 부채질했다.

결국 1994년 르완다 내전 중 다수민족인 후투 급진주의자에 의해 투치와 후투 중도파들이 집단학살된 '르완다 집단학살Genocide'이 발생했다. 수많은 시체가 강에 버려졌고 강 하류에 위치한 우간다 당국은

---

*   제국주의 식민지 지배 정책사에서 동화정책(Policy of Assimilation)이란 식민지에 본국과 동일한 제도를 시행함으로써 식민지 및 그 주민을 본국에 통합하는 것(=국민으로 통합)을 지향하는 정책을 말한다. 대표적인 나라로 프랑스를 들 수 있다.

민족 집단명이 표기된 당시 르완다 신분증

© 주르완다대한민국대사관(2012), p.2..

빅토리아호에서 약 4만 구의 시신을 끌어올리기도 했다. 4월 6일부터 7월 중순까지 약 100여 일간 최소 100만 명이 살해당했으며 이는 당시 투치의 70%, 전체 르완다 인구의 20% 정도에 해당하는 것으로 알려져 있다.

☾ 국제사회 및 프랑스의 학살 지원

벨기에는 르완다 내 자국의 병력 철수와 UN군 철수를 옹호했고, 프랑스는 후투군을 지원하는가 하면 미국은 지원 병력의 파병과 구조작업을 위한 자금 규모를 사전에 축소하는 등 국제사회는 르완다 집단학살의 준비 상황을 인지하고 있었으나 이를 방지하기 위한 조치 및 개입에는 소극적이었다.

1 3 제노사이드 기념관에 전시된 희생자들의 사진 **2** 은야마타 교회의 희생자들의 옷

© 저자 촬영, The World

　　르완다 집단학살 사건이 있었을 때 UN과 벨기에는 르완다에 주둔하는 군 병력이 있었다. 그럼에도 불구하고 UN의 르완다 임무단UN Mission은 학살을 중단하라는 명령을 내리지 않았다. OAU군 감찰임무단 OAU Military Observer Mission 또한 르완다 내 소요사태의 심각성을 진단하고 안보 위기를 해결하기 위한 목적으로 1993년에 들어와 있었으나 UN 안전보장이사회 측은 서구 국가에서 파견된 인력들의 안전을 보호한 다는 이유로 위급한 지원들을 적시에 내리지 않았다.

　　나이지리아 외교관 출신 정치학자 마가렛 보그트Margaret Vogt는 "실제로는 UN 안전보장이사회가 1994년 학살에 기여한 것과 같다."고 비

르완다 정부군 후투 군대를 순찰하는 프랑스군

© The New York Times(2017.12.13.)

판했다.96 1994년 르완다 집단학살에 대한 UN 특별조사단 보고서도 UN 안전보장이사회가 이 사건에의 개입을 거부함으로써 "막을 수 있었던" 학살이 발생된 것이라고 비판했다.

한편 OAU의 조사를 기반으로 카가메 대통령은 후투 중심의 르완다 정부와 동맹을 맺었던 프랑스가 투치 학살을 지원했다고 비난했으며, 이에 가담했던 프랑스 관료들을 기소하는 정부 보고서를 지속적으로 발간해왔다. 프랑스가 르완다 집단학살에 가담한 자들의 무장을 지원하고 보호했다는 이유에서이다. 르완다 측은 당시 르완다에 주둔했던 프랑스군이 학살 주모자들의 도피를 도왔고 실제로 그들 중 일부가 프랑스에 정착할 수 있었다고 주장했다. 르완다 정부가 미국의 법률 회사에 조사를 위탁해 2017년 작성한 진상 보고서에는 프랑스가 르완다에 대한 영국·미국의 영향력 확대를 차단하고 자국의 입김을 강화하기 위해 당시 집단학살을 자행한 르완다 임시정부를 지원했다고 나와 있다.97

☪ 대외 관계 개선을 위한 노력

프랑스는 그동안 자국의 학살 방조론 또는 책임론을 줄곧 부인해왔다. 그러나 마크롱 대통령이 2018년 5월 프랑스를 방문한 르완다의 카가메 대통령에게 양국 관계 개선을 위해 노력하겠다고 약속했고, 르완다 정부 또한 2019년 4월 7일 25주년 추념식에 마크롱 대통령을 초청하는 등 프랑스와 르완다의 관계에서 가장 민감한 이슈인 르완다 집단학살 문제를 청산하고 양국 관계를 정상화하기 위한 노력을 하기 시작했다.

마크롱 대통령이 25주년 추념식 참석은 거절했으나 2019년 4월, 8명의 역사학자와 관련 전문가들로 구성된 르완다 집단학살 조사위원회를 꾸린 것은 양국 관계 개선을 위한 노력의 일환으로 해석할 수 있다. 마크롱 대통령 직속의 이 위원회는 1994년 르완다 집단학살에 관련된 프랑스군과 정부기관의 자료를 찾아내고 프랑스의 개입이 있었는지, 개입이 있었다면 적절했는지 여부를 조사해 2021년 3월 최종 보고서를 발표했다. 이 보고서는 프랑스 당국이 학살 준비에 대해 "무지"했고 너무 늦게 반응하는 바람에 광범위한 학살을 이해하거나 대응하는 데 실패했다고 지적했다. 그러면서 프랑스 정부가 학살에 이른 사태 추이에 대응하지 않음으로써 "중대하고 압도적인 책임responsibilités lourdes et accablantes"이 있다고 결론지었다. 이에 르완다 정부도 한 달 뒤에 보고서를 내고 프랑스 정부가 사실상 1994년 집단학살을 가능하게 했다고 규탄했다. 학살 27년만에서야 양국이 진상을 명확히 규명하고 공동 이해를 위한 발걸음을 내딛게 된 것이다.98

르완다 집단학살 전개 추이

1987
투치 망명자들이
르완다애국전선(RPF)을 설립함.

1994.04.09.
후투 극단주의자들이
키갈리를 장악하고 투치를
학살함.

1994.06.12.
르완다 과도정부가 RPF의
폭격 속에서 후퇴함.

1994.04.06.
쥐베날 하브자리마나와
시프리앙 은타랴미라를 실은
비행기가 격추됨.

1994.05.24.
키갈리 UN 합동작전본부로
박격포가 발사되면서 UN이
중재한 36시간 동안의
휴전협정이 깨짐.
RPF와 정부 간 분쟁이 계속됨.

1994.07.03.
미국 대통령 빌 클린턴이
자이르*의 르완다 난민들을
돕겠다고 밝힘.

1994.07.15.
대부분의 르완다 국민이
자이르로 피난 간 상태에서
RPF가 승리를 발표함.

1994.06.19.
프랑스 대통령 프랑수와 미테랑이
군대 파견을 약속함.
그러나 이미 당시 50만 명이
사망했다고 추정됨.

1994.07.07.
벨기에가 르완다에서
펼쳐진 프랑스군 작전
에서 철수. 프랑스는
당시 몇몇 후투 극단주
의자들을 지원하고 있
다는 의심을 받음.

1994.07.27.
약 120만 명의 후투
난민들이 르완다로
돌아오기 시작함.
많은 사람이 콜레라와
다른 질병으로 사망함.

자이르공화국(République du Zaïre)은 현 콩고민주공화국의 옛 국명으로
1971년 10월 27일에서 1997년 5월 16일까지 26년간 사용됨.

ⓒ 아프리카미래전략센터(2015), p.146

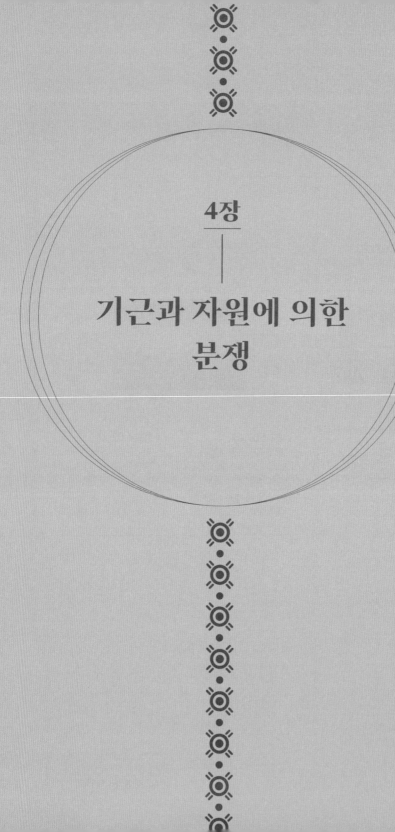

4장

—

기근과 자원에 의한 분쟁

소말리아 해적

☪ 그들은 왜 해적이 되었나[99]

혹시 소말리아 해적에 대해 들어본 적이 있는가? 옛날부터 초원에서 유목 생활을 하던 소말리아 사람들은 유럽의 식민 지배 시기에는 민족별로 서로 다른 영토에 살았다. 그러나 독립할 때 민족 집단을 고려하지 않고 같은 나라에 살게 되면서 많은 문제가 발생했다.

1969년 소말리아 바레Maxamed Siyaad Barre 대통령은 야심 차게 추진한 사회주의 경제정책이 실패로 돌아가고 이웃나라인 에티오피아와의 전쟁에서도 패하자 미국에 도움을 요청했다. 이때부터 소말리아는 선진국의 세계화 요구를 받아들여 경제 자유화를 시작했다.

목축업의 개인 소유를 인정하고 규모를 확대하기 시작했으나 자본이 많지 않은 소말리아의 육류 산업은 처음부터 미국이나 호주의 육류 산업과 경쟁할 수준이 아니었다. 게다가 소말리아 화폐인 실링화의 가

소말리아 해적   © The Economist(2013.05.20.)

치가 떨어져 농업과 목축업의 생산비가 대폭 상승해 목축업자뿐만 아
니라 목축용 사료를 재배하던 농부들도 큰 타격을 입었다. 또한 외국의
채권자들은 곡물보다는 비싼 값을 받을 수 있는 바나나와 커피 같은 수
출용 상품작물을 재배하라고 요구했다. 이후 소말리아는 상품작물을
수출하고 그 대금으로 곡물을 수입했는데 상품작물의 가격이 낮은 해
에는 곡물을 살 돈이 없어 많은 사람이 오히려 굶주림에 허덕였다.

　　또한 1991년 빚에 몰린 바레 정권이 물러나면서 반군에 의해 시작
된 내전이 지금까지 이어져 끊임없는 분쟁으로 몸살을 앓고 있다. 외국
의 큰 어선들은 무정부 상태인 소말리아 바다의 물고기를 싹쓸이했고
대형 선박들은 유독성 폐기물을 싣고 와서 소말리아 앞바다에 방류했
다. 폐기물 방류 비용이 유럽의 100분의 1에 불과하다는 것이 이유였다.

　　결국 대형 어선의 횡포와 해양오염으로 바다에서 어류가 사라지
자 어부들과 도시의 실업자, 전직 해군 출신들이 모여 해적이 되었다.

☪ 한국인의 피해 사례[100]

소말리아 해적의 피해 사례는 증감을 반복하면서 지속되었다. 최근 국제사회의 감시가 느슨해진 틈을 타고 해적들이 다시 활동하기 시작해 피해 사례 또한 증가하고 있다.

CNBC 보도에 따르면 2016년 기준으로 1년간 소말리아 해적으로 인한 피해 규모가 총 17억 달러(약 1조 9,000억 원)에 달하는 것으로 집계되었다. 이는 2015년의 13억 달러 대비 30%나 늘어난 것이다. 해적 없는 바다OBP, Oceans Beyond Piracy의 〈2017년 해적 현황The State of Maritime Piracy 2017〉 보고서는 아프리카뿔 지역에서의 해적 사고가 전년 대비 100% 증가했으며 기니만에서의 해적 활동 또한 큰 위협이 되고 있다고 경고했다.[101] 특히 소말리아 해적들은 단순한 약탈보다는 납치를 통한 몸값 요구를 하는 사례가 크게 늘고 있어 피해가 심각하다.

한국 또한 2011년 1월 원유 운반선인 삼호주얼리호(석해균 선장)의 선원 21명이 소말리아 해적에게 피랍되어 아덴만 작전으로 구출한 바 있고, 같은 해 4월 인도양 동부에서 컨테이너선인 한진텐진호가 피랍되는 등 여러 차례 피해를 입었다. 2018년 3월에는 가나 해역에서 해적에게 어선 마린711호의 선장, 기관사, 항해사 3명이 납치되었다가 32일 만에 풀려났다. 2021년 상반기에만 서부 아프리카 해역에서 조업 중인 우리 국민이 피랍되는 사건이 두 차례(5명)나 발생하는 등 피해가 늘어 2022년 2월부터는 해적 고위험해역인 나이지리아, 베냉, 토고, 카메룬 인근 해역의 진입을 제한하기도 했다.[102]

2014년 〈중앙일보〉가 아덴만 작전에서 생포되어 대전교도소에 복역 중인 소말리아 해적 5명을 대상으로 실시한 인터뷰 내용에 따르면 아만알리Abdikhadar Aman Ali 씨는 "소말리아에서 직업군인이었는데 한 달

소말리아 해적에게 피랍된 한국인 선원들   © The Guardian(2011.01.21.)

에 한국 돈으로 5만 원가량을 받아 일곱 식구를 먹여살리기에 턱없이
부족했다. 돈을 많이 준다는 해적 회사의 제안에 해적선을 타게 되었고
삼호주얼리호가 첫 해적 일이었다.”고 진술했다. 브랄렛Awil Buraale 씨 또
한 “소말리아 내전 때 아버지가 총에 맞아 돌아가시고 먹고살길이 없
어 버스 운전을 했는데 월급을 거의 받지 못했다. 버스가 고장 나면서
그마저도 할 일이 없어 해적이 되었고 나 또한 삼호주얼리호가 첫 해
적 일이었다.”라고 진술했다. 이들 대부분이 가족을 데려올 수 있다면
소말리아로 돌아가지 않고 귀화하거나 한국에 잔류하기를 원한다고
밝혔다.

이들뿐만 아니라 소말리아 해적이 된 사람들 대부분이 열심히 일
해도 소득을 올릴 수 없어 생계형 해적이 되었다.103 따라서 소말리아
해적을 근본적으로 해결하려면 국제사회가 공조 체계를 갖추고 소말
리아 지역의 빈곤과 안보 문제부터 해결해야 한다.

분쟁에 더 취약한 아프리카 아이들

아프리카 전체의 문제라고 보기는 어렵지만 아프리카 대륙에 있는 다수 국가의 정치가 불안정하고 정부가 국민을 보호할 힘이 없기 때문에 내전이나 유혈사태가 다른 지역보다 빈번하게 일어나고 있다. 빈곤이 만연한 곳에 범죄는 증가할 수밖에 없다. 마약이나 불법무기를 거래하는 조직도 증가한다. 하지만 정부가 이를 통제할 능력이 없는 경우가 많다. 정부의 무능함 때문에 반군 세력들이 정부와 유사한 수준의 자치권을 행사하면서 그 지역을 지배하는 '국가 속의 국가' 현상까지 나타나면 국민들은 난민이 되거나 해적질을 하게 된다. 정부는 그것을 방치하기에 이른 것이다.[104]

빈약한 정부의 폐해는 아이와 청소년에게도 예외가 아니었다. 내전이 있는 곳에서 활동하는 반군 단체들은 마을을 습격하여 식량을 탈취하고 사람들을 납치한다. 그중 어린아이들에게 총을 주면서 허약한 사람들을 쏘라고 명령하기도 한다. 사격을 거부하는 아이가 있으면 한

소년병 활동 상황

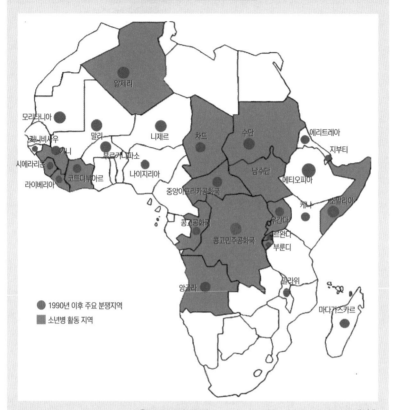

알제리

모리타니아

말리 니제르 차드 수단 에리트레아

기니비사우 지부티

기니 부르키나파소

시에라리온 나이지리아 남수단 에티오피아

라이베리아 코트디부아르

중앙아프리카공화국 케냐 소말리아

콩고공화국 우간다

콩고민주공화국 르완다

부룬디

앙골라 말라위

마다가스카르

● 1990년 이후 주요 분쟁지역

■ 소년병 활동 지역

© Le Monde Diplomatique & Wikipedia(2008), SiteW 재인용

남수단의 소년병들 © The New Arab

명을 그 자리에서 사살하여 죽이지 않으면 자신이 죽어야 하는 현실을 실감하게 한다. 또한 마약이나 환각 성분이 들어있는 음료를 마시게 하고 일정한 의식을 치르며 좀 전에 죽인 사람은 악한 정령이었다고 아이들을 세뇌하기도 한다.

보통 소년 병사들은 13세 정도지만 7~8세 정도 되는 아이들의 손에도 총이 쥐어지는 경우가 있다. 도덕, 양심 등 가치관이 확립되지 않은 어린아이들이 살인과 강간, 약탈과 같은 폭력이 만연한 환경에서 성장한다. 이렇게 자란 아이 중 가장 용맹하여 많은 전과를 올린 아이가 반군의 지도자로 성장하고 자신이 그랬던 것처럼 아이들을 납치하는 악습을 반복하는 것이다.

소년들 못지않게 소녀들의 피해도 크다. 납치된 소녀들은 반군 캠프의 요리, 빨래, 청소와 같은 가사를 맡을 뿐만 아니라 성적 노리개가 된다. 12세에 우간다 반군 단체인 '신의 저항군LRA, Lord's Resistance Army'에 납치된 한 소녀는 반군 캠프의 우두머리에게 바쳐졌고, 6~7개월 후에는 부하에게 '하사'되어 기억할 수 없을 정도로 많은 남자를 거치게 된 사례도 있다.

반군 캠프에서 돌아온 소녀들은 내전이 끝나도 돌아갈 곳이 없다. 가족도 이들을 거부하기 일쑤고 고향 마을에서는 창녀 취급을 받기 때문이다. 특히 임신으로 낳은 아이들은 원수의 자식이라며 박해를 받기도 한다.

중앙아프리카공화국, 콩고민주공화국, 수단, 소말리아, 차드 등지를 근거로 활동하는 LRA, CPCJ, 잔자위드, APRD 등의 반군 세력에 의해 피해를 입은 소년병과 소녀들은 아프리카 내 약 20만 명에 이르는 것으로 알려져 있다.

자원 분쟁으로
분리 독립한 남수단

☪ 남수단의 분리 독립

2011년 남북으로 갈라선 수단에서의 분쟁은 자원을 둘러싼 전형적인 분쟁이다. 2011년 7월 9일 남수단은 22년간의 내전 끝에 분리 독립을 선언, 남수단공화국을 개국하고 UN에 가입하면서 193번째 회원국이 되었다.

식민 통치 기간 동안 영국은 수단과 남수단을 분리하여 통치했다. 수단은 이집트를 통해 통치했고, 남수단은 우간다, 케냐, 탄자니아와 함께 영국령 동아프리카로 묶어 통치했다. 그러나 영국이 식민 통치를 정리하면서 두 지역은 한 덩어리로 독립되었고 이는 수단 분쟁을 촉발시켰다. 수단이 종교도 인종도 다른 남수단을 어떻게 해서든 통합하려고 고집했던 주된 이유는 남수단에 위치한 유전 때문이었다. 현재 수단과 남수단 간 국경선 부근 유전 지대에서 생산되는 원유의 4분의 3은 남수

남수단의 분리 독립

남수단		수단
기독교, 전통 종교	종교	이슬람교
흑인(아프리카 원주민) 주류	인종	아랍계가 주류
영어(공식 언어), 각 민족 집단 언어 사용	언어	아랍어
수단 전체 석유 매장량의 75% 보유	자원	석유 수출에 필수적인 파이프라인, 항구, 정유시설 보유

© 중앙일보(2011.07.08.) 참고하여 저자 작성

수단과 남수단의 유전 지대

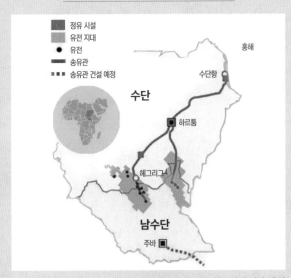

© Future Directions International 참고하여 저자 작성

단의 것이다.105

독립 전 이 유전 지대에서 수단과 남수단 간의 대립이 있었을 뿐만 아니라 대외적으로도 비극적인 사고가 있었다. 수단군에 밀려 고전하던 남수단군이 북상하여 전선을 회복하면서 중간에 있는 유전 지대에 돌입했는데 이때 유전을 개발 중이던 외국인 중 특히 중국인 기술자들만 선별하여 사살한 것이다. 중국 언론은 분개했고 아프리카 언론들도 남수단군의 외국인 적대 행위에 당황하면서 유전 지대를 둘러싼 다각적인 갈등이 야기되었다.

한국은 남수단 지역의 재건과 평화 구축을 위해 UN 평화유지군인 한빛부대를 2013년부터 파견하기 시작하여 2017년에 8진을 파견했으며 해당 지역의 평화 및 안보 공고화를 지원하고 있다.

☾ 분쟁의 원인이 되는 아프리카 대륙의 자원

이외에도 아프리카 대륙에서는 자원이 축복이 아닌 저주가 되는 경우가 종종 있다. 자원으로 축적된 부의 규모만큼 분쟁으로 희생된 사람들이 있다는 풍자가 있을 만큼 자원을 계기로 일어난 분쟁이 적지 않다. 특히 아프리카 내에서 일어나는 자원 분쟁 뒤에는 서구의 다국적기업이 배후에 있는 경우가 많다. 다국적기업이 창출한 부는 아프리카 내에 머무르지 않고 대부분 대륙 밖으로 유출되어 사실상 아프리카 국가들의 경제적 이익에는 도움이 되지 않는다.

콩고공화국은 사하라이남 아프리카에서 네 번째 원유 생산국으로 매년 8,000만에서 1억만 배럴(1,100만~1,300만 톤)의 원유를 생산한다. 그러나 정작 1997년부터 1999년까지 지속되었던 내전의 원인은 석유 자원 개발권을 두고 고군분투한 식민 종주국 프랑스와 미 제국주의 간의 분쟁에 있다. 1992년 파스칼 리수바Pascal Lissouba 대통령이 당선되면서 자유시장경제를 표방한 교역 개방을 통해 미국 기업인 옥시덴탈 페트롤리움Occidental Petroleum이 콩고공화국에 진출했다. 당시에는 프랑스 국영 석유회사였던 엘프ELF(2000년에 토탈에 흡수 합병)가 콩고공화국 석유 생산량의 4분의 3을 점유하고 있던 때였다. 그런데 미국의 석유 기업이 현지 정부 공무원의 임금 체납까지 해결하면서 거대 다국적 기업 간 분쟁을 야기하게 된 것이다.106

영화 〈블러드 다이아몬드〉로 유명한 시에라리온 또한 다이아몬드를 불법적으로 거래하여 무기를 수입한 사건이 1991년부터 2002년까지 이어진 유혈 분쟁의 배경이었다. 이후 UN은 2003년 다이아몬드 공정거래를 위해 '킴벌리 프로세스' 감시 체제를 만들어 원산지를 추적할 수 있게 하고 분쟁지역에서 채굴된 다이아몬드는 국제적인 거래를 금지하는 협의를 끌어내기도 했다.

아프리카에서 토지는 경제적 측면에서 매우 중요하다. 그러나 아프리카에 진출한 다국적기업들은 농민들에게 토지를 빼앗아 바이오연료 작물을 재배하는 데 사용했고 이를 통해 창출된 부는 대부분 아프리카 대륙 밖으로 유출되었다.107

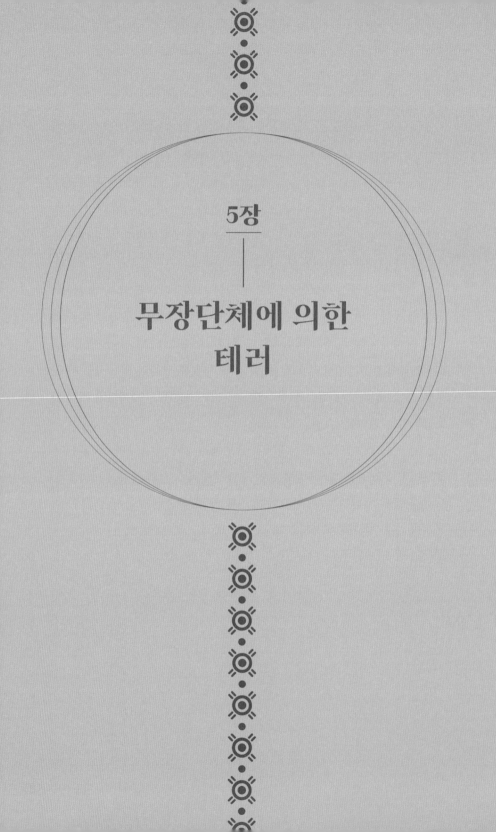

5장

—

무장단체에 의한
테러

아프리카에서
무장 테러가 자행되는 배경

☪ 아프리카 내 무장 테러 발생 현황

프랑스 일간지 〈르몽드〉가 시행한 조사에 따르면 2014년 6월 IS가 칼리프 국가를 선포하고 2015년 보코하람 하부조직이 IS에 충성을 맹세한 2년여 동안 IS와 관련된 테러가 23개국에서 169건이나 발생했다. 이로 인해 2,500명 이상(이라크와 시리아 지역에서만 1,850명 이상)이 사망한 것으로 집계되었다.[108]

나이지리아 북동부 보르노주에 위치한 소도시 마이두구리에서 IS 관련 테러가 가장 많이 발생했으며, 60만 명이 거주하는 이 도시에서 보코하람 전신 조직에 의한 테러로 257명이 목숨을 잃은 것으로 보고되었다. 예멘의 임시 수도 아덴과 수도 사나가 그 뒤를 이었으며, 서구 도시 중에서는 파리(근교 포함)가 다섯 차례에 걸친 테러 공격으로 136명이 사망하며 가장 큰 인명 피해를 입었다.

IS 영향력이 확대되면서 아프리카 지역에서의 무장 테러는 보코하람 관련 동맹국인 나이지리아, 니제르, 차드, 카메룬을 중심으로 발생해왔다. 이들은 점차 남진하며 그 영향력을 아프리카 대륙 전역에 확대하고 있다. 특히 나이지리아에서 활동하는 지하드 분파 조직은 사상자 수를 극대화하기 위해 공공장소에서의 테러를 반복하고 있다. 카메룬에서는 시아파 피해자 수를 최대화하기 위해 보코하람이 이슬람 성전을 무차별로 공격한다고 하여 성금요일Jour Saint을 '피의 요일Jour de Sang'이라고 부른다.

☪ 테러의 정의와 아프리카 내 발생하는 테러의 특징

테러리즘은 테러 주체와 테러 피해자 그리고 누가 테러라고 규정하는지에 따라 정의를 달리할 수 있다. 특히 테러는 정부를 상대로 한 군 쿠데타나 폭력을 수단으로 하는 반군과는 성격이 다르고 활동 범위도 넓어 일반적으로 정의하는 것이 쉽지 않다.

일반적으로 테러는 정치적 · 종교적 · 이념적 목적 달성을 위해 사회를 위협하거나 공포감을 조성하여 개인 혹은 재산에 폭력과 협박을 가하는 불법행위로, 테러 행위에는 일정한 유형이 있다.

그러나 최근 아프리카에서 자행되는 테러는 공격 주체가 불분명하고 무차별 테러로 무고한 시민들이 피해를 보는 양상을 띠고 있다. 유럽에 의한 식민 역사의 경험, 종교 · 문화와 정치체제의 다양성 등 복합적인 동기가 유기적으로 작용한다는 측면에서 테러의 발생 원인과 정의를 규명하기란 쉽지 않다. 또한 테러 장비들도 군사용 장비가 아닌 자전거, 오토바이, 트럭 등 일상용품을 사용하고 여성과 어린이

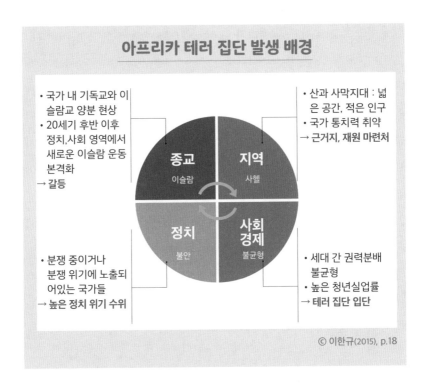

아프리카 테러 집단 발생 배경

• 국가 내 기독교와 이
  슬람교 양분 현상
• 20세기 후반 이후
  정치,사회 영역에서
  새로운 이슬람 운동
  본격화
→ 갈등

종교 이슬람

지역 사헬

• 산과 사막지대 : 넓
  은 공간, 적은 인구
• 국가 통치력 취약
→ 근거지, 재원 마련처

정치 불안

사회 경제 불균형

• 분쟁 중이거나
  분쟁 위기에 노출되
  어있는 국가들
→ 높은 정치 위기 수위

• 세대 간 권력분배
  불균형
• 높은 청년실업률
→ 테러 집단 입단

ⓒ 이한규(2015), p.18

가 직접 자살테러를 자행하는 등 장비와 행위자에 대한 검색과 사전
색출이 어렵다는 특징도 있다.

아프리카 이슬람 테러 집단의 발생 배경과 원인은 복합적이다. 초
기부터 아프리카 이슬람 세력이 과격한 정치·사회운동을 시작한 것
은 아니다(AQIM*은 예외로 한다). 세계화로 인해 아프리카 사회가 서구화
를 지향하게 되었고, 그 서구화의 방향성이 사회·경제적 문제들을 일
으켜 아프리카 내 이슬람 세력의 종교적 사회운동을 과격하게 만든 것
이다. 이것을 이슬람 극단주의자들이 자신의 활동을 정당화할 수 있는
빌미로 삼았다.

---

*   알카에다 이슬람 마그레브 지부(AQIM)는 알카에다에서 분파된 알제리에 기반을 둔 무장단
      체로 지하드를 실천하기 위해 알제리에서 활동하고 있다.

미국의 저널리스트 엘리자 그리즈월드Eliza Griswold는 그의 저서 《위도 10도The Tenth Parallel: Dispatches from the Faultline Between Christianity and Islam》를 통해 나이지리아, 수단, 소말리아에서 발생하는 분쟁의 주요 원인을 기독교와 이슬람교 간의 충돌로 분석하기도 했다.109 아프리카 지역의 테러와 분쟁에 종교를 결정적인 이유로 거론하는 경우는 많다. 하지만 종교 자체가 분쟁이나 테러를 촉발하는 원인이라기보다는 정치적·경제적 이권을 확대하기 위해 정쟁(政爭)의 수단으로 이용되는 것에 가깝다.

종교만 두고 본다면 오히려 많은 아프리카 국가에서 기독교와 이슬람교, 토속종교 등이 각각의 역할을 하며 조화를 이루고 공존하는 형태를 보이고 있다. 종교적 갈등은 분쟁이나 테러에 있어서 2차적 배경이다. 종교보다는 정치적 위기나 재원 조달, 활동에 유리한 지형 등이 테러 발생에 더 직접적인 배경이 된다고 볼 수 있다.

☪ 아프리카 지역에서 일어난 테러 추이

1970년부터 2014년까지 전 세계적으로 약 14만 건의 테러를 통해 3만 명 이상이 사망했으며, 아프리카에서는 2015년 한 해에만 테러로 8,000명이 사망하면서 최고 기록을 세웠다. 2007년 12월 알제리 UN 사무소에 폭탄테러가 발생하여 현지 직원 포함 45명이 사망했고, 2013년 케냐 수도 나이로비의 쇼핑몰 센터에서 알샤바브Al-Shabab 테러가 일어나 300여 명의 일반인 사상자가 발생했다. 나이지리아 보코하람 테러 집단은 2015년 약 2,000명의 민간인을 사살했으며 최근에는 나이지리아인들이 피신해있는 난민촌에 폭탄테러를 감행했다.110

사하라이남에서의 아프리카 이슬람 극단주의 테러활동은 알카에

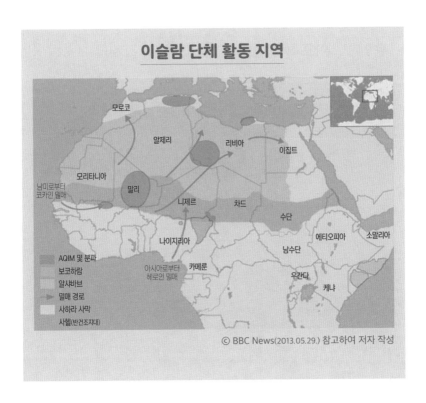

다 아프리카 지부로 알려져 있는 알샤바브가 활동하는 동부 아프리카 소말리아를 시작으로 서부 아프리카 모리타니아까지 긴 띠를 두르며 확산되고 있다. 20세기 후반 들어 사하라이남 지역은 정치·사회 영역에서 새로운 이슬람화 운동이 본격적으로 시작되었을 뿐만 아니라 아프리카 전통 이슬람 지도자들과의 갈등과 마찰로 이어지는 과도기에 있다. 과격해진 이슬람 근본주의자들은 모든 서구화에 반기를 들며 아프리카에서 새로운 사회·정치적 행위자로 등장했다.

과격해진 이슬람 근본주의자들은 이슬람교와 기독교가 한 국가에서 남북으로 양분된 코트디부아르, 나이지리아, 카메룬 등과 사헬지역 국가에서 주로 활동했다. 사헬지역은 대부분이 산과 사막지대로 이

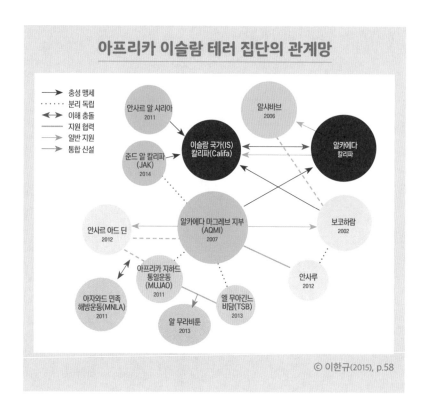

아프리카 이슬람 테러 집단의 관계망

→ 충성 맹세
····· 분리 독립
↔ 이해 충돌
— 지원 협력
→ 일반 지원
→ 통합 신설

안사르 알 샤리아
2011

알샤바브
2006

준드 알 칼리파
(JAK)
2014

이슬람 국가(IS)
칼리파(Califa)

알카에다
칼리파

안사르 아드 딘
2012

알카에다 마그레브 지부
(AQMI)
2007

보코하람
2002

아프리카 지하드
통일운동
(MUJAO)
2011

안사루
2012

아자와드 민족
해방운동(MNLA)
2011

알 무라비툰
2013

엘 무아긴느
비담(TSB)
2013

© 이한규(2015), p.58

루어져 있고 넓은 공간이 펼쳐진 지리적 환경을 갖고 있다. 이러한 환경에서 테러 집단들은 테러 활동에 대한 경계 및 통제가 허술한 국경을 쉽게 넘을 수 있어 그들의 활동 지역을 확산시킬 수 있었다.111

☾★ 테러 문제를 해결하기 위한 대응

아프리카 대륙에서 자행되는 테러 문제를 해결하기 위해 유럽 국가들은 모리타니아, 니제르, 말리를 주요 대상으로 반테러활동을 지원하고 있고, 미국도 2015년에 보코하람 퇴치를 위해 미군을 카메룬에

파견하는가 하면, 국가안보 전략계획을 통해 수단과 남수단, 콩고민주
공화국, 소말리아, 나이리지아 등에서 발생하는 군사적 충돌, 테러 공
격 등에 대해 전략을 세우고 있다.[112]

아프리카 내부에서도 테러 방지에 대한 대책을 세우고 있다.
2015년 1월 에티오피아 수도 아디스아바바에서 개최된 제24차 AU 정
상회의는 테러와의 전쟁을 선포하며 나이지리아에 7,500명의 다국적
대응군 파견을 결정했다.

아프리카에서 발생한
대표적인 무장 테러

☪ 2013년 케냐 테러[113]

2013년 케냐 나이로비 웨스트게이트 쇼핑몰 센터에서 일어난 테러 사건으로 한국인 여성 1명을 포함하여 민간인 60여 명, 군인 6명, 테러범 5명 등 총 70여 명이 사망했다. 웨스트게이트 쇼핑몰 테러는 1998년 220명의 사망자를 낸 나이로비 주재 미국대사관 폭탄테러 이후 최악의 테러로 기록되었다. 알샤바브는 2011년 기독교 국가인 케냐가 이슬람국가인 소말리아에 군을 파병한 것에 반발해 테러를 저질렀다고 밝혔다. 또한 소말리아에 배치된 케냐군이 즉각 철수하지 않는다면 추가 공격을 가하겠다고 위협까지 했던 것으로 알려졌다.

아프리카에서 발생하는 많은 테러 활동이 IS나 보코하람, 알샤바브 등 이슬람 무장단체의 소행으로 지목되는 경우가 많다. 이러한 무장단체들은 이슬람교와 직접적인 관계는 없다. 이집트의 사이드 쿠틉

Sayyid Qutb이 '공격적인 지하드가 신자의 의무'라는 이슬람 과격주의*의 이론을 정립한 것을 기반으로 확산된 것이다. 이들은 국제사회의 고립에서 벗어나기 위한 수단으로 이슬람 세력과의 연계를 도모해오고 있다.

2013년 케냐 쇼핑몰 테러 사건

© ABC news(2013.09.23.)

☾ 2015년 나이지리아 테러

2015년 11월 보코하람이 가장 치명적인 테러 집단으로 지목된 지 하루 만에 나이지리아에서 약 50명의 사람들이 24시간 내 사망하는 사건이 발생했다. 북부 카노 마을에서 15명이 죽고 100여 명이 부상을 입었고, 그다음 날 욜라 북부에서 34명이 사망하고 80명이 부상당한 자살폭탄테러가 발생한 것이다. 이는 북동부의 2개 도시에서 자살폭탄테러로 42명이 사망하고 100명이 넘는 사상자가 발생한 지 3주 만이다.[114]

나이지리아에서는 2009년 보코하람이 반란을 일으킨 이후 2만여 명이 숨지고 200만 명이 피난길에 오르는 등 보코하람으로 인한 테러

---

*   이슬람 과격주의는 이집트의 사이드 쿠틉이 세운 이론이다. 이집트가 영국의 식민지로 전락하고 많은 이슬람국가가 서방국가들에게 침탈당한 것은 이슬람 본연의 의무를 다하지 않았기 때문으로 "이슬람이 아닌 모든 곳을 이슬람의 힘으로 해방(정복)시켜야 할 대상으로 보고 무력을 통한 성전이 최고의 종교적 행위"라고 정의한 것에서 유래했다. 이를 알카에다와 같은 무장단체들이 지지하거나 영향을 받으면서 그 세력이 확산되었다.(장은교(2015.11.18.), 'IS는 어디서 왔나…이슬람 극단주의 무장조직의 역사', 경향신문)

나이지리아 보코하람 © The Telegraph

피해가 계속되고 있다. 보코하람은 2014년 치복에 있는 여자중학교에서 여학생 270여 명을 납치하는가 하면 2018년 2월에는 북부 요베주 다프치 시의 과학기술여자학교를 공격해 여학생 110명이 실종되기도 했다.[115]

2002년 모하메드 유수프Mohammed Yusuf가 마이두구리에서 설립한 보코하람은 주로 나이지리아 북동부의 가난한 지역에 사는 젊은 무슬림 남성들의 지원을 이끌어내며 사회·정치세력으로 성장했다. 사회단체로 출발했지만 기존의 게릴라, 테러 방법과 함께 일반적인 군대 전술을 사용하고 있어 나이지리아, 카메룬, 니제르, 가나, 차드 등의 다국적 대응군이 군사작전을 펼쳐도 진압이 어려운 상황이다. 본래 나이지리아 북부의 보르노, 요베, 자노, 바우히, 카두나 지역이 주요 활동 무대였으나 2015년 나이지리아 정부의 공격이 있은 후 카메룬 북부와 니제르까지 공격 활동 범위를 확장했다.[116]

지역별 테러에 대한 상이한 반응

프랑스를 포함한 유럽 국가에서 일어난 테러는 시리아나 기타 아프리카 분쟁지역에서의 테러보다 전 세계인의 애도가 더 관대하고 보편적이다. 그 이유는 무엇일까? 아프리카 국가에서 발생하는 테러도 대부분 이슬람 무장세력의 가해라는 공통적인 배경을 갖고 있는데도 선진국에 가해지는 테러를 좀 더 비중 있고 피해자적 관점에서 다루고 있음을 인식할 필요가 있다.

테러에 대한 다른 반응 © Penulis Adamin

프랑스 테러

2015년 11월 13일 파리 1구, 10구, 11구 등 일드프랑스 최소 일곱 군데에서 동시다발적인 연쇄테러가 발생했다. 최소 3건의 폭발과 6번의 총격이 있었으며 최소 130여 명이 사망했다. 테러 조직인 IS는 테러가 자신들의 소행임을 주장하며 범인의 신상과 사진을 공개하기도 했다. 2015년부터 최근까지 프랑스에서는 IS 같은 이슬람 극단주의의 영향을 받은 테러로 240명 이상이 희생되었다. 이를 추모하기 위해 세계 여러 도시에서 프랑스 국기 색깔로 애도를 표하기도 했다.

6장

인종 갈등: 남아프리카
공화국의 아파르트헤이트

1948년 아파르트헤이트의 법제화[117]

☪ 유색인종에 대한 차별 정책

아파르트헤이트는 '분리Apart+주의Heid'라는 의미의 아프리칸스어로 남아프리카공화국에서 추진되었던 인종 분리 정책이다. 1948년 남아프리카공화국 연방 총선에서 국민당NP, National Party이 승리한 이후 유색인종에 대한 차별이 법률로 공식화되었고, 백인우월주의와 인종적 지배를 골자로 인종 분리 정책을 추진했다. NP는 이를 기반으로 가혹하고 강제적인 안보 체제를 만들고, 불평등하고 분리된 교육체제, 지정된 직업, 거주지 분리 등 유색인종에 대한 차별 정책을 남아프리카공화국 전역에 확대시켰다. 모든 사람을 인종(백인, 흑인, 컬러드 등)으로 분류했으며 인종별로 거주지 분리, 출입 구역 분리 등 '분리에 의한 발전'이라는 기조로 백인우월주의를 표방해왔다.

인종 분리를 기조로 하는 계급화는 인종별로 다른 주민등록 체계

백인 전용을 알리는 아파르트헤이트 표지판

© Geographical Association

를 따르고 이에 따라 투표하거나 교육받을 수 있으며 결혼할 수 있는 대상도 구분했다. 타 인종 간의 결혼을 금지하고 땅, 재산, 사유 업체의 소유를 인종에 따라 엄격하게 제한하는가 하면 백인이 우월적 지위를 유지하는 데 유리하도록 소환장 없는 수색, 재판 없는 구류 등 기본 인권을 보호하는 법이 폐기되기도 했다.

☪ 흑인 인권 운동을 억압한 통행법과 집단지구법

NP 정부는 백인이 전체 인구의 17%도 되지 않는 남아프리카공화국 사회에서는 흑인 인권 운동을 억압하고 저지하는 조치가 필요하다고 판단하고 이른바 '통행법Pass Laws'을 제정해 백인이 사는 지역에 흑인의 접근을 제한하고 통제했다. 흑인이 72시간 이상 통행증 없이 백인이 사는 지역에 머물 경우 구금할 수 있어 수백 명의 흑인이 이를 근거로 체포되었다. 그러나 통행법에 대한 저항이 시위운동으로 나타났고 이들은 아파르트헤이트 통치로 인한 인종차별에 대항했다.

이에 정부는 대규모 안전보장법Security Legislation을 제정하고 반대파를 더욱 통제하고 위협했다. 안전보장법에는 공산주의 억압법Suppression of Communism Act(1950), 폭동 집회법The Riotous Assemblies Act(1956), 비합법적

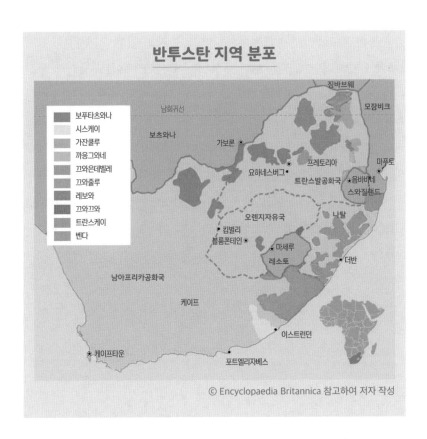

반투스탄 지역 분포

범례:
- 보푸타츠와나
- 시스케이
- 가잔쿨루
- 까응그와네
- 끄와은데벨레
- 끄와줄루
- 레보와
- 끄와끄와
- 트란스케이
- 벤다

지도 내 지명: 징바브웨, 모잠비크, 남회귀선, 보츠와나, 가보론, 프레토리아, 요하네스버그, 트란스발공화국, 음바바네, 마푸토, 스와질랜드, 나탈, 오렌지자유국, 킴벌리, 블룸폰테인, 마세루, 레소토, 더반, 남아프리카공화국, 케이프, 이스트런던, 케이프타운, 포트엘리자베스

© Encyclopaedia Britannica 참고하여 저자 작성

조직 법령Unlawful Organizations(1960), 일반법 개정 법령General Laws Amendment Act(1962), 테러리즘법Terrorism Act(1967) 등이 광범위하게 포함되어있다.

아파르트헤이트는 단순한 인종적 억압 체제 이상으로 흑인의 경제적 경쟁력을 막고 농장, 광산, 산업 분야에 값싼 노동력으로 흘러들어가게 만들었다. 1911년에 제정된 광산노동법Mine and Works Act에 의해 흑인은 특수 기술을 요하는 채광직으로 일하는 것이 금지되었고, 1924년 노동쟁의조정법Industrial Conciliation Act에 의해 흑인은 피고용인에서 제외되었다. 이러한 노동정책은 미숙한 백인 노동자들을 흑인과의 경쟁에서 보호하는 수단이 되었다.

특히 흑인을 '홈랜드Homelands'라고 불리는 집단 거주지에 강제로 살게 한 '집단지구법Group Areas Act'은 아파르트헤이트 정책의 중심이다. 흑인은 남아프리카공화국에 소속된 국민이 아니므로 '반투스탄Bantustans'이라고 불리는 별도의 지역에 거주해야 한다는 것으로 흑인의 시민권을 부정하는 데 이용했다. 이 법에 따라 남아프리카공화국 인구의 약 75%를 차지하는 흑인이 국토 13%에 불과한 소수의 집단 거주지에 집중적으로 거주했고 '반투자치법Bantu Self-Government Act'에 따라 단 한 평의 토지도 구매할 수 없었다.118

흑인들의 저항과
아파르트헤이트의 폐지

☪ 흑인들의 저항

1912년 남아프리카공화국원주민민족회의South African Native National Congress가 창설되고 흑인의 반정부 운동이 조직화되었으며, 백인들의 비타협적 태도에도 불구하고 흑인들의 비폭력적인 저항은 50년 가까이 지속되었다. 그러던 1960년 3월 21일, 백인 경찰이 샤프빌 지구 경찰서 앞에서 범아프리카회의PAC, Pan African Congress 평화 시위대에게 총을 쏜 사건이 발생했다. 이 사건에서 PAC 시위자 중 67명이 사망했고 수백 명이 다쳤으며 전국에서 수천 명이 투옥되었다. 이를 계기로 흑인 민족주의자들은 시민 불복종과 전통적인 비폭력 작전이 효과가 없다는 사실을 깨달았다. 이에 1961년 ANC의 몇몇 일원과 남아프리카공화국공산당SACP, South African Communist Party이 '움콘토 웨 시즈웨Umkhonto We Sizwe(민족의 창)'라는 단체를 조직하면서 정부에 대한 무력투쟁을 시작했다. 이에 정부는 ANC와 PAC의 활동을 모두 금지해 불법화했고, 1963년 요하네스버그 교외의 리보니아에 있는 움콘토 웨 시즈웨 본부를 급습해 넬슨 만델라Nelson Mandela와 반아파르트헤이트 핵심인사들을 검거했다.

흑인 자각 기구들에 대한 활동 금지와 억압이 심화되면서 아프리카 민족주의자들의 저항은 지하운동과 망명 활동으로 발전했고 학생과 민간인의 운동도 촉발했다. 특히 1976년 아프리칸스어가 교육 언어로 도입됨에 따라 흑인 학생들이 수업을 보이콧하며 소웨토 항쟁Soweto Uprising을 일으켰으며 1960년대 후반 유색인의 대학 입학을 쿼터제로 제한한 교육 불평등 문제[119]는 학생들이 직접 저항운동에 나선 계기가 되었다. 이는 남아프리카공화국학생기구SASO, South African Student's Organization 와 남아프리카공화국학생운동SASM, South African Student's Movement의 성장을 촉발시켰고 흑인 자각 운동과 다양한 자유주의 운동 회복의 기반이 되어 1980년대에 반아파르트헤이트 정치 운동이 고조되는 데 기여했다.

☾ 1991년 아파르트헤이트의 폐지

1984년 9월 14일 보타P.W.Botha가 남아프리카공화국의 초대 대통령으로 취임했다. 1983년 수상직에 있던 그가 발표한 헌법개정안과 3원제 법령에는 남아프리카공화국 국민의 약 75%를 구성하는 흑인이 포함되어있지 않다. 이 법안에 의해 흑인들은 선거에 출마할 수도 없고 투표마저 할 수 없었다. 당시 남아프리카공화국에 있는 대부분의 흑인은 만성실업, 불충분한 주거 환경, 엄청난 범죄 등에 직면해 있었기에 이 법안들은 흑인들의 유례없는 분노와 폭력 사태를 야기했다. 1985년 7월 국가비상사태가 선포되면서 남아프리카공화국은 큰 혼란에 빠졌다.

아파르트헤이트 추진은 남아프리카공화국 경제에도 엄청난 압박을 가해왔다. 1986년 미국 의회가 반아파르트헤이트 법안*을 통과시켰고 서구 국가들의 경제제재 조치까지 가해지자 아파르트헤이트는 폐지 국면을 맞이했다.

결국 1989년 1월 보타 대통령은 NP 총재직에서 사임했고, 당시 교육부 장관이었던 프레데릭 빌렘 드 클레르크Frederik Willem de Klerk가 총재직을 승계했다. 그는 같은 해 전 ANC 사무총장 월터 시술루Walter Sisulu를 포함하여 남아프리카공화국에서 가장 중요한 8명의 흑인 지도자를 석방했다. 1990년 2월에는 넬슨 만델라를 석방하고 ANC를 합법화했다.

1994년 4월 27일에는 민주남아프리카공화국회의CODESA, Convention for a Democratic South Africa 및 다수 정당 회담 등을 통해 인종차별 없는 민주적 선거가 최초로 치러졌고, 63%의 득표율로 ANC가 선거에서 승리했다. 이에 의회는 넬슨 만델라를 새로운 거국연립정부Government of National Unity의 대통령으로 임명했다. ANC가 전체 400석 중 252석을 차지하게 된 의회는 1999년 4월 새 헌법과 법률들을 제정했다.

그러나 아파르트헤이트 폐지와 넬슨 만델라의 취임, 헌법 개정 등의 구조개혁과 아파르트헤이트를 극복하기 위해 끊임없이 추진된 정부 정책에도 불구하고 발전의 불균형과 차별은 여전히 남아프리카공화국 사회에 영향을 미치고 있다. 많은 전문가가 청년층의 안정화와 민주주의에 기반을 둔 경제 재건과 정치적 변화, 심각한 불평등의 해소 등을 남아프리카공화국 사회의 과제로 제시하고 있다.

---

* 반아파르트헤이트 법안(Comprehensive Anti-Apartheid Act)은 대외 의존도가 높은 남아프리카공화국의 경제제재와 국가 내 백인 집단의 심리적 소외를 목표로 한 미국의 조치였다. 무역, 투자, 기술 이전, 문화, 스포츠, 인적 교류 등을 총망라한 이 제재는 신규 은행 대출, 핵 발전설비의 판매 및 기술의 이전, 정부 기관에 대한 컴퓨터 수출, 남아프리카공화국 크루거랜드(South Africa Krugerrand) 금화의 유통, 남아프리카공화국 항공(South African Airways)의 미국 내 공항 이착륙 금지 등을 포함한다.(필리스 마틴, 패트릭 오메아라, 김윤진(김광수 옮김)(2002), p.584)

Chapter 4

아프리카의
평화

아프리카 국가들의 평화를 다루기 위해 먼저 아프리카
가 나아가야 할 방향과 추구해야 하는 평화가 무엇인지 살
펴보자. 많은 사람이 평화의 반대를 전쟁이라고 생각한다.
그러나 전쟁이 없다고 평화로운 것은 아니다. 평화의 반대는
폭력이다.

폭력에는 사람을 죽이거나 신체에 피해를 주는 직접적
폭력과 사회의 뼈대 역할을 하는 법, 제도, 규칙이 약자에게
불리하게 돌아가는 구조적 폭력이 있다. 또 사상, 관습, 언어
등 인간이 만들어낸 생활양식이 유색인종, 여자, 어린이, 장
애인, 외국인, 다른 종교를 가진 사람, 가난한 사람 등을 무
시하고 차별하는 문화적 폭력도 있다. 즉 살인 같은 직접적
폭력이 제거된 '소극적 평화Negative Peace'뿐만 아니라 갈등을
비폭력적으로 해결하려는 '적극적인 평화Positive Peace*'를 정착
시키기 위한 방안을 모색하고 실천할 필요가 있다.

평화를 깨뜨리는 폭력은 인간관계에서 흔히 나타나는
데 이는 힘의 차이를 악용하는 사람들 때문에 생긴다. 신체
적인 힘뿐만 아니라 나이, 소득, 학력, 사회적 지위, 국적, 종
교, 민족 등 모두가 힘의 원천이 되고 이로 인해 사람들 사
이에서 힘의 차이가 만들어진다. 힘의 차이라는 것은 사람
들 사이의 '다름'을 말한다. 다름을 그대로 인정하지 않고 좋

---

* 　　요한 갈퉁(Johan Galtung)은 그의 저서 《평화적 수단에 의한 평화(Peace by
　　Peaceful Means)》에서 직접적 폭력이 없는 소극적 평화와 직접적 폭력은 물론
　　구조적 폭력과 문화적 폭력 등 모든 폭력이 사라진 갈등을 비폭력적으로 해
　　결하려는 적극적 평화로 구분하여 설명했다. (요한 갈퉁, 강종일 외 옮김(2000))

은 것과 나쁜 것, 나은 것과 부족한 것으로 구분할 때 차별이 생긴다. 차별을 당연하게 여기면 결국 차별 대상에게 폭력을 쉽게 행사하게 된다. 하나의 폭력에 관대해지면 다른 폭력도 쉽게 발생한다. 평화를 위해서는 다름을 인정하고 존중하는 태도가 필요하다.[120]

세계화가 확대될수록 이웃나라의 사건뿐만 아니라 세계 전체의 안보 위협이 상호 연관성을 갖고 서로 영향을 미치고 있으며, 그 거리와 영향력은 점차 확대되고 있다. 54개국이 국경을 맞대고 공존하고 있는 아프리카 대륙에서는 특히 국제 관계가 긴밀한 상호 영향력을 갖고 있으며 평화적 공존은 실존적 문제이다. 이웃나라의 기근과 테러가 곧 자국의 사회문제이기도 하며 안보 위협이 된다.

아프리카 대륙은 평화적인 공존을 위해 다른 관점과 가치를 존중하고 이해하는 수용적 태도가 필수적이며, 각각의 주체성과 고유성을 지키면서 충돌 없이 뒤섞이고 융합되는 방법을 모색해내야 하는 지역이다. 이러한 아프리카 내 적극적인 평화를 구축하는 것이 세계 전체의 평화를 구축하는 길이다.

1장

아프리카의
공동체 정신과 평화

상생을 위한 평화,
생존을 위한 필요

　　지금까지 살펴보았듯이 아프리카 내 분쟁과 다양한 갈등의 역사에서 공존과 상생을 위한 평화 구축은 세계평화를 위한 대의보다는 생존을 위한 노력에 가까웠다. 다른 모든 지역에서도 마찬가지겠지만 특히 아프리카에서의 평화는 공동체의식에 기반을 둔 상생과 공존에 있다고 할 수 있다. 흔히 사람은 홀로 존재할 수 없으며 소속된 공동체를 통해서만 존재가치가 있다는 뜻의 '우분투Ubuntu'는 남부 아프리카의 집단 공동체의식으로 알려졌으나 아프리카 국가 전체에 적용된다고 볼 수 있다.

　　민족 집단을 기반으로 살아가는 대부분의 아프리카 국가에서 집단적 합의와 결속, 전통 등은 최우선으로 여기는 가치이다. 반면 개인의 사고, 부의 축적과 사유화, 자본주의적 경쟁 등은 이를 저해하는 요인으로 인식하고 있다. 남아프리카공화국의 넬슨 만델라 대통령이 아파르트헤이트 폐지 이후 백인 정권에 대한 보복 정치나 적폐 청산에

우분투는 상생과 공존을 최우선으로 여기는 아프리카 공동체 정신의 바탕이다.

© Ubumwe initiative, Imgur

집중하지 않고 남아프리카공화국 전 국민의 화합을 도모함으로써 지속가능하고 바람직한 평화 체계를 구축하며 분쟁 상황을 타개한 모범적인 리더십으로 평가받을 수 있었던 것도 강한 집단 공동체의식에 있었다고 할 수 있다.

이러한 아프리카식 평화 체계는 단순히 분쟁이 없는 상태가 아닌 구조적·문화적 폭력도 없는 적극적인 평화를 실천하는 좋은 사례라고 볼 수 있으며, 타 지역에서 분쟁과 갈등을 해결하는 모범적인 선례가 될 수 있다.

☾ 아프리카 내 공동체 정신 "당신이 있어 내가 있습니다"

'우분투'는 남부 아프리카의 인본주의를 나타내는 개념으로 지역 공동체 정신을 나타내는 말이다. 반투어로 '네가 있어 내가 있다(I am because you are.)', '함께 있어 내가 있다(I am because we are.)'라는 뜻이다. 가족 이기주의의 배타성을 띠는 것이 아니라 상호의존적 관계성을 강조하는 공동체 정신이라 할 수 있다. 공동체 구성원으로서 내가 누구이고 다른 사람들이 나를 어떻게 규정하는지는 아프리카인에게 있어서는 도덕적 문제를 정의하는 데 매우 중요한 가치이다. 부룬디의 이키비리Ikibiri(Bring people together to do something)121, 르완다의 우붐웨Ubumwe(Unity) 등 남부 아프리카 이외에도 국가마다 지칭하는 말이 다를 뿐 공동체를 우위에 두는 공통의 가치는 아프리카 전역에 공유되고 있다.

전 국민의 화합을 이룬
넬슨 만델라

☾★ 남아프리카공화국에서 민주적으로 선출된 최초의 대통령

넬슨 만델라는 평생을 인종차별 해소와 국민 화합을 위해 투쟁한 남아프리카공화국 최초의 흑인 대통령이다. 남아프리카공화국 정부가 무자비한 폭력으로 흑인들을 탄압하자 만델라는 프레토리아에서 열린 재판에서 아파르트헤이트에 대한 반감과 인종차별 통치를 종식시키기 위한 의지를 천명하면서 사보타주Sabotage(태업)로 맞서며 저항의 길을 걷기 시작했다.

만델라는 1964년 열린 이 재판에서 "나는 백인만을 위한 통치뿐만 아니라 흑인만을 위한 통치에도 반대한다. 나는 민주적이고 평화로운, 모든 국민이 동등한 기회를 부여받는 화합을 이루는 사회를 꿈꾼다. 이것은 내가 달성하고 싶은 사회의 목표이며 나는 이 목표를 위해 희생할 준비가 되어있다."고 말했다. 2개월 후 만델라와 7명의 피고인

은 법원에서 종신형을 선고받
았고, 27년간 교도소에 수감된
뒤 73세의 노인이 되어서야 자
유를 얻었다.[122]

1993년 넬슨 만델라와 드
클레르크는 남아프리카공화국
에 아파르트헤이트 폐지와 평
화적인 민주주의 도입에 기여
했다는 평가를 받아 공동으로
노벨 평화상을 받았다. 1994년

넬슨 만델라

© The New York Times(2018.07.06.)

4월 치러진 대선 투표는 평화로왔고 국제 선거 감시원들은 투표가 모
범적으로 진행되었다고 칭찬하기도 했다. 흑인, 백인, 인도인 그리고
전에는 남아프리카공화국 유색인이라 불리던 사람들이 투표소에 줄을
서서 기다리다가 투표하는 모습도 보였다. ANC가 압도적인 다수표를
얻었는데도 거국연립정부는 정치적 경쟁자들과 그때까지 자신들을 억
압하던 사람에게까지 정치적인 대표권을 확보해주었다. 같은 해 5월
넬슨 만델라는 남아프리카공화국에서 민주적으로 선출된 최초의 대통
령이 되었다.

☾★ 전 세계에 귀감이 될 만한 국민 통합 중심의 리더십

그동안 전 세계 언론은 1994년 4월의 선거부터 5월 새 정부가 들
어서기까지의 기간에 보여준 것처럼 긍정적으로 아프리카의 사건을
보도한 적이 없었다. 넬슨 만델라가 민주적으로 선출된 이 사건은 지

금까지 언론에 비친 온갖 비참함과 전쟁의 참상이 자의식을 갖춘 아프리카 사람들의 모습과 대비되면서 미움과 억압에도 불구하고 다양한 피부 색깔과 신념을 가진 사람들이 함께 살 수도 있고, 그것이 성공하면 더욱 강하고 인간적이 된다는 사실을 전 세계에 보여주었다.[123]

만델라의 위대함은 단순히 아파르트헤이트 체제를 종식하고 민주적 선거를 통해 선출된 최초의 흑인 대통령이라는 타이틀에 있는 것이 아니다. 백인들에 대한 보복 정치를 행하거나 적폐 청산 등에 몰두하지 않고 오직 남아프리카공화국 전 국민의 화합을 이루는 데 집중했다는 점에 있다.

또한 만델라는 4년의 재임 기간이 끝난 1999년 대통령직을 후임에게 넘겨주고 당시 남아프리카공화국의 가장 큰 문제였던 에이즈와의 싸움에 뛰어들었다. 만델라는 에이즈 퇴치를 위한 자선 활동을 활발히 펼쳤고 2005년에는 비밀에 부쳐졌던 장남 마가토 만델라의 사망 원인을 에이즈라고 밝히면서 이에 대한 경각심을 일깨웠다. 남아프리카공화국의 평화와 화합을 위해 그가 보여준 국민 통합 중심의 리더십은 아프리카 국가들뿐만 아니라 전 세계 국가에 귀감이 될 만하다.

범아프리카주의와
지역통합[124]

☪ 아프리카 르네상스로 이어진 범아프리카주의

레검Colin Legum에 따르면 범아프리카주의는 사상과 감정의 운동이다. 어떤 때는 통합을 가져오지만 어떤 때는 반대를 가져오는 시대를 거듭해 '진화'와는 다른 의미를 부여하는 것이 가능한 유동적 이데올로기라고 할 수 있다. 정의하기 어려운 개념이지만 그동안 아프리카가 겪은 인종차별주의와 억압, 소외, 신식민주의와 같은 경험이 통합과 연대, 집단적 행동을 통해 극복될 수 있다는 인식이 중심이 되고 있다는 점은 분명하다.

범아프리카주의의 초기 개념은 디아스포라 공동체 주요 지도자들인 트리니다드 변호사 실베스터-윌리엄스Henry Sylvester-Williams와 미국인 뒤부아W.E.B. Du Bois가 1900년 런던에서 인종차별주의 종식과 식민주의를 비판한 제1회 범아프리카주의 콘퍼런스를 개최하면서 시작되었다. 특히 1945년 영국 맨체스터에서 열린 제5회 범아프리카의회에서 식민주의를 극복하고 자결권을 달성하기 위해 아프리카 대륙 모든 국가가 협력하고 통합할 것을 요구하면서 아프리카의 주도적 접근으로 발전했다.

범아프리카주의자인 은크루마의 리더십 아래 가나는 범아프리카주의의 핵심 강령인 통합과 연대의 개념을 활용하여 1957년 아프리카에서 최초로 독립을 이루어냈다. 은크루마를 비롯한 말라위의 반다 Hastings Kamuzu Banda, 케냐의 케냐타Jomo Kenyatta 등은 다소 극단적인 대륙 통합과 연대인 아프리카합중국 형성을 주장하기도 했으나 당시 많은 아프리카 지도자가 범아프리카 통합의 원칙을 고수하고, 신식민주의 발호를 막고, 아프리카 내 경쟁자의 등장을 저지하고, 대륙의 '발칸화*'를 방지하기 위한 집단적 연대의 필요성을 공동으로 인식하고 있었다.

대부분의 아프리카 국가가 독립한 1990년대 이후에는 남아프리카공화국의 음베키, 나이지리아의 오바산조Olusegun Obasanjo, 알제리의 부테플리카 전 대통령의 주도로 '아프리카 르네상스'가 주창되었고 범아프리카주의 사상으로 이어지기도 했다. 또한 젊은 지도자들을 중심으로 활기찬 아프리카를 내세우고 아프리카에 대한 부정적 인식을 불식시키며 외세의 간섭을 극복하고 아프리카 내 문제를 자체적으로 해결하기 위한 통합을 모색하는 노력이 이루어졌다.

☾ 아프리카 통합을 위한 지역 기구 설립 및 활동

범아프리카주의를 기반으로 아프리카 부흥 확산을 위한 다양한 지

---

* 　발칸화(Balkanization)는 20세기 발칸반도에서 일어난 여러 분쟁에서 비롯된 것으로 어떤 나라나 지역이 서로 적대적이거나 비협조적인 여러 개의 작은 나라 혹은 지역으로 쪼개지는 현상을 일컫는 지정학적 용어이다.

AU 정상회의에 참석한 아프리카 지도자들 ⓒ VOA(2015.02.01.)

역공동체 또한 결성되었다. 1963년 5월, 아프리카합중국의 통일과 단결의 촉진, 주권·독립의 확보, 식민주의 소멸 등을 목적으로 OAU가 설립되었다. 아프리카 30개국은 주권의 평등, 내정불간섭, 영토의 보전, 분쟁의 평화적 해결, 파괴 활동의 금지, 해방운동의 지지, 비동맹정책이라는 7개 원칙을 OAU 헌장으로 선언한 바 있다. 이를 계승하여 2002년 설립된 AU를 통해 지역통합의 노력이 이어졌다. 아프리카 국가들은 외부 세력의 개입을 줄이고 경제적 소외에서 벗어나기 위해 자체적이고 집단적 통합이 필요했고, 2015년 '아젠다 2063^{Agenda 2063}'을 수립하며 아프리카합중국을 구축하기 위한 공동의 노력을 계속해 나갔다.

아젠다는 "2063년이 되면 아프리카합중국 설립자들의 꿈과 비전이 실현되었다는 사실을 깨닫게 될 것이다. (…) 아프리카의 정치적 연합은 통합 과정의 최정점에서 이루어질 것이며, 사람들 간의 자유로운 왕래가 이루어지고, 대륙적 기구가 설립되고 완전한 경제통합이 이루어질 것"[125]이라면서 아프리카 통합이라는 목적 달성을 결의했다.

범아프리카 여권을 펼쳐보이는 카가메 대통령과
데비 대통령

범아프리카 여권

　실제로 2015년에는 차드가 보코하람 소탕 작전을 위해 카메룬에
전차와 장갑차를 지원하는가 하면, 같은 해 AU 5개국 정상들은 이슬람
극단주의 단체에 대응할 연합군을 편성하고 서부 아프리카에 7,500명
을 파견하는 등 아프리카에서 일어나는 문제에 서구의 지원 없이 자체
적인 공동 대응을 모색하기도 했다. 보코하람, 알카에다, 이슬람 수니파
무장단체 ISIL 같은 테러 조직에 아프리카 국가가 자체적인 대응을 위해
AU를 주축으로 연합군을 편성하고 주변국의 분쟁을 조정하기 위한 공
동 논의를 하는 것은 실효성을 넘어 범아프리카주의적 의미가 크다고
할 수 있다. 또한 2016년 르완다와 차드에서 도입된 범아프리카 여권은
범아프리카주의에 상징적 계기가 되기도 했다. 르완다의 카가메 대통
령과 차드의 데비 대통령은 대륙 전역을 무비자로 여행할 수 있는 범아
프리카 여권 정책을 통해 아프리카 대륙 내 국가 간 교류 확대와 경제
적 통합을 위한 도전을 시사했다.[126]

아프리카 지역경제공동체
(RECs, Regional Economic Communities)

사헬-사하라국가공동체 CEN-SAD, Community of Sahel-Saharan States

역내 경제교류 활성화를 위해 1998년 2월 설립되었으며 본부는 리비아 트리폴리에 소재한다. 기업 설립권, 소유권 및 자유로운 경제, 무역 활동 보장을 위한 기구로 회원국은 가나, 감비아, 나이지리아 등 북서부 및 중부 아프리카 지역 28개국이 가입되어있다.

아랍마그레브연합 AMU, Arab Maghreb Union

1989년 2월 설립되었으며 본부는 모로코 라바트에 소재한다. 북부 아프리카 지역 내 아랍국가 간 협력을 모색하기 위한 기구로 알제리, 리비아, 모리타니아, 모로코, 튀니지가 가입되어있다.

동아프리카정부간개발기구 IGAD, Intergovernmental Authority on Development

1996년 11월에 설립되었으며 본부는 지부티 지부티시티에 소재한다. 가뭄과 같은 자연재해 해결을 위한 회원국 간의 공동 행동 수행, 역내 발전을 위한 정치·경제·개발·사회발전·무역 및 안보협력 기구로 남수단, 소말리아, 수단, 에리트레아, 에티오피아, 우간다, 지부티, 케냐가 가입되어있다.

서아프리카경제공동체 ECOWAS, Economic Community of West African States

1975년 5월에 설립되었으며 본부는 나이지리아 아부자에 소재한다. 서부 아프리카 지역 내 경제 및 화폐 통합, 국가 간 협력 강화와 지속가능한 개발을 목적으로 설립된 기구로 회원국은 가나, 감비아, 기니, 나이지리아 등 총 15개국이 가입되어있다.

동아프리카공동체 EAC, East African Community

2000년 7월에 설립되었으며 본부는 탄자니아 아루샤에 소재한다. 안정, 번영 경쟁력을 갖춘 정치적으로 통합된 동부 아프리카 건설, 동부 아프리카 지역의 삶의 질 향상과 상호 이익 증진을 위해 회원국 간 정치, 경제, 사회, 문화통합 강화를 목적으로 설립된 기구로 남수단, 르완다, 부룬디, 우간다, 케냐, 탄자니아가 가입되어있다.

중부아프리카경제공동체 ECCAS, Economic Community of Central African States

1983년 10월에 설립되었으며 본부는 가봉 리브르빌에 소재한다. 설립 당시 경제통합을 통해 단일시장 구축을 목표로 했으나 2002년 역내 안보 상황을 고려하여 공동체의 우선순위를 평화 안보 구축(COPAX)으로 변경했다. 회원국은 가봉, 르완다, 부룬디 등 총 11개국이 가입되어있다.

남부아프리카개발공동체 SADC, Southern African Development Community

1992년 8월에 설립되었으며 본부는 보츠와나 가보로네에 소재한다. 남부 아프리카 지역의 삶의 질 향상을 위한 경제개발, 평화안보, 성장, 빈곤 퇴치 추진과 경제통합을 통한 사회적 약자 지원과 공평하고 지속가능한 발전 추진을 목적으로 설립된 기구로 회원국은 나미비아, 남아프리카공화국, 레소토 등 총 16개국이 가입되어있다.

AU가 승인한 아프리카 지역경제공동체

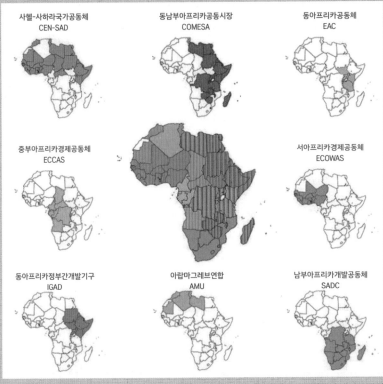

사헬-사하라국가공동체
CEN-SAD

동남부아프리카공동시장
COMESA

동아프리카공동체
EAC

중부아프리카경제공동체
ECCAS

서아프리카경제공동체
ECOWAS

동아프리카정부간개발기구
IGAD

아랍마그레브연합
AMU

남부아프리카개발공동체
SADC

© 일본외무성 자료 참고하여 저자 작성

동남부아프리카공동시장 COMESA, Common Market for Eastern and Southern Africa

1994년 12월에 설립되었으며 본부는 잠비아 루사카에 소재한다. 회원국들이 지역통합을 통해 지속가능한 발전을 할 수 있도록 우수한 기술 서비스를 제공하기 위해 설립된 기구로 부룬디, 코모로, 콩고민주공화국 등 총 21개국이 가입되어 있다.

출처: 한·아프리카 재단(https://www.k-af.or.kr/load.asp?subPage=512) 자료 참고하여 저자 작성

2장

평화를 실천하는 길

아프리카 내
소극적 평화를 위한 노력

국제사회가 국가 및 지역 간 분쟁과 갈등을 최소화하고 지속가능한 발전을 도모하기 위해 가장 필요한 것은 먼저 폭력을 없애는 '소극적인 평화'를 구축하는 것이다. 이러한 맥락에서 상생을 위한 안전보장 확보는 세계시민교육을 실천하는 대표적인 핵심 개념 중 하나라고 할 수 있다.

아프리카 국가들도 분쟁과 갈등을 평화적으로 해결하고 자체적으로 평화를 구축하기 위해 노력하고 있다. 세계평화의 날*을 기념하기도 하고 지역공동체를 통해 잦은 내전과 분쟁을 조정하고자 힘쓰고 있다. 대표적인 예로는 서아프리카평화유지군ECOMOG, Economic Community of West African States Monitoring Group이 있다. ECOWAS는 잦은 내전이 아프리카 경제통합의 장애요인으로 부각됨에 따라 아프리카 경제성장 및 경제통합

---

* 세계평화의 날은 UN이 지정한 전 세계의 전쟁과 폭력이 중단되는 날이다. 매년 9월 21일 각국은 세계평화의 날을 기념하기 위해 다양한 행사를 개최하고 있다.

활성화를 위해 1999년 '분쟁방지기구 창설협약'을 체결하고 평화유지군을 창설하여 아프리카 국가들의 내전에 적극적으로 개입해왔다.[127]

　이밖에 아프리카 평화 구축을 위해 각계각층 및 다양한 분야에서 흑인 인권운동, 민주적 정권 교체와 민주주의 혁명, 평화를 위한 시민운동 등이 이루어지고 있다. 이러한 활동의 영향력은 사회 전역에 걸쳐 매우 다양하게 나타나고 있다.

네그리튀드와 문화 해방

☪ 흑인 문명의 부활, 네그리튀드

네그리튀드는 프랑스 식민 통치와 동화정책에 대한 항의로 파리에 사는 프랑스계 아프리카인 및 카리브인 작가들 사이에서 1930년대부터 1950년대까지 지속된 문학운동이다. 1960년 세네갈 초대 대통령으로 선출된 레오폴 세다르 셍고르Léopold Sédar Senghor가 주축이 되어 마르티니크 출신 애메 세자르Aimé Césaire와 프랑스령 기아나 출신 레옹 다마스Léon Damas와 함께 서구의 가치를 비판하고 아프리카 문화를 재평가했다.128

네그리튀드는 범아프리카주의라는 이념적인 주제로 반제국주의, 아프리카인의 개성, 아프리카인의 통합 등을 의미한다. 단순한 흑인 부흥 운동이라기보다 제국주의에 대한 반발과 비판을 위한 흑인 문명의 부활이라고 할 수 있다. 프랑스 지식인인 얼빙 마르코비츠Irving

L.Markovitz는 혁명이라기보다는 반란이라고 평가했다.[129]

이 운동의 가장 독보적인 문학적 지지자인 셍고르 전 대통령은 일반 철학의 틀로 네그리튀드의 의미를 규정하고 형태를 부여하는 일에 도움을 주었다. 그는 이렇게 말했다.

> 네그리튀드는 흑인들을, 더욱 정확히 말하면 흑인-아프리카 세계를 특징짓는 문명화된-문화적, 경제적, 사회적 그리고 정치적인-가치들의 복합체다. 이 모든 가치들은 본질적으로 직관적인 이성으로 알게 된다. (…) 공동체 의식, 신화를 만드는 재능, 리듬의 재능 등이 네그리튀드의 본질적인 요소들이다. 흑인의 모든 작품과 활동에 이러한 네그리튀드의 본질적 요소들이 지워지지 않게 새겨진 것을 보게 될 것이다.
>
> – 셍고르, 《네그리튀드와 아프리카 사회주의》 중에서[130]

☪ 응구기 와 시옹오가 시작한 자국 언어 문학

응구기 와 시옹오Ngũgĩ Wa Thiong'o는 케냐의 문학 작가로 아프리카 국가들은 네그리튀드 개념에 따라 문학적 또는 이념적으로 하나의 큰 단체가 되어 그들 각 민족의 의식을 통합하고 유럽 식민국들로부터 완전한 정치 해방과 문화 해방을 성취해야 한다고 주장한다. 그는 과거 식민지 시대의 잔재 의식으로 유럽 문화를 맹목적으로 동경해서는 안 되며, 유럽이 아프리카 문화를 유럽 주변 지역의 하위문화로 깎아

내리는 경향을 극복해야 한다 고 이야기한다. 또한 일부 아 프리카 작가들이 유럽 엘리트 체제에 들어가기 위해 영어 나 프랑스어 등 유럽 언어로 작품을 쓰는데 이는 아프리 카 고유의 속성과 맞지 않아 아프리카 문학이 모호해질 수 있다고 경고한다.

응구기 와 시옹오　　　　© The Guardian

그는 아프리카가 유럽으로부터 문화 해방을 이루려면 모국어로 작 품을 써서 그들 자신의 문화와 정체성을 재정립해 유럽의 문학과 언어 에 피식민화가 되지 않아야 한다고 주장한다. 아프리카 문학과 언어의 독자적인 존재성을 재정립하는 것을 시발점으로 삼아 아프리카 문화가 유럽 문화에 타자화(他者化)되지 않고 상호작용하여 여러 민족의 문화 가 서로 연계된 세계 문화를 꽃피울 수 있도록 해야 한다는 것이 그의 관점이다.|131

평화적인 정권 교체로
정치 민주화를 이룬 가나

☾ 아프리카 최초의 독립 국가, 가나

아직도 여러 아프리카 국가에서 민주주의와 선거는 분쟁의 원흉이라는 오명을 쓰고 있다. 그러나 시간이 갈수록 평화적인 정권 교체를 이루어내는 국가들이 늘고 있다. 사하라이남 아프리카에서 민주주의가 가장 발달한 국가로 평가받는 가나는 2000년, 2008년, 2017년에 각각 평화적인 정권 교체를 이룸으로써 민주주의 기반을 공고히 하며 정치 선진국의 면모를 갖추기 시작했다. 세네갈도 2000년 압둘라예 와드 Abdoulaye Wade 대통령과 2012년 마키 살Macky Sall 대통령이 각각 민주적 정권 교체를 이루었다. 2015년에는 나이지리아 최초로 평화적인 정권 교체가 이루어졌고, 2017년에는 짐바브웨 무가베 대통령이 37년만에 사임하는 등 최근 아프리카 대륙 전반에 정치개혁의 바람이 불고 있다.

특히 사하라이남 아프리카에서 정치 선진국의 면모를 보여주고 있는 가나의 사례를 살펴보면 쿠데타와 정치 혼란을 극복하고 평화적인 정권 교체 안정화를 이루어내는 것이 국가의 안정적 발전에 기여한다는 것을 알 수 있다. 가나는 1957년 3월 6일 사하라이남 아프리카 최초로 독립함으로써 독립을 염원하는 아프리카 국가들의 상징이 되었다. 국명도 영국 식민 정부가 붙인 골드코스트라는 이름을 버리고, 과거 서부 아프리카 지역에서 9~10세기경에 번창했던 가나제국의 이름을 따라 가나공화국이라 명명했다. 가나공화국은 민족주의를 주창하고 아프리카 국가의 독립을 지원하며 국제적인 명성을 얻었다.

☾★ 평화적인 정권 교체의 역사

독립 이후 가나는 여러 차례의 쿠데타와 군사통치, 정권 교체로 정치 혼란이 극심했으나 1992년 신헌법을 근거로 롤링스Jerry Rawlings 대통령이 제4공화국을 출범시키면서 헌정에 근거한 민주정치를 본격적으로 시작했고 이에 따라 정세도 점차 안정세를 맞이했다. 2000년 12월 대선에서는 당시 야당인 신애국당NPP, New Patriotic Party 후보 쿠푸오르John Kufuor가 대선에 승리하면서 가나 역사상 최초로 선거를 통해 민선 정부 간 평화적인 정권 교체에 성공했으며 민주주의 토대를 마련했다.

2008년 12월 대선 역시 야당이었던 국민민주회의NDC, National Democratic Congress의 아타 밀스John Atta Mills가 0.5%의 근소한 표 차로 승리했음에도 큰 소요 없이 평화적으로 정권 교체가 이루어졌고, 국제사회로부터 가나 국민의 민주 의식이 성숙 단계에 이르렀다고 평가를 받았다.132

2017년 1월 대선 또한 야권 NPP 지도자였던 나나 아쿠포 아도Nana

가나 아쿠포 아도 대통령 취임식 　　　　　　　　ⓒ BBC NEWS(2017.01.07.)

Akufo-Addo 대통령이 53.8%의 득표율로 44.4%를 얻은 집권 여당인 NDC
에 승리했고, 함께 치러진 총선에서도 NPP가 다수당 지위를 확보했다.
NPP가 세 번째 평화적인 정권 교체에 성공하면서 가나는 2000년 이후
선거를 통한 평화적인 정권 교체를 실패 없이 이루어냈고 아프리카 내
정치 선진국으로의 입지를 확고히 했다.133

흑인 인권을 위해
힘쓴 사람들

☾★ 흑인을 위해 36년간 투쟁한 헬렌 수즈먼

남아프리카공화국 국회의원이었던 헬렌 수즈먼Helen Suzman은 흑인의 편에 서서 분명한 목소리로 부당함에 항의하는 소수의 백인 중 한 명이었다. 1953년 야당인 통일당United Party 의원으로 정계에 입문해 백인이면서도 NP 백인 정권의 아파르트헤이트에 날 선 비판을 가하며 36년간 투쟁했다.

1963년에 남아프리카공화국에 사는 흑인을 90일 간 재판 없이 억류할 수 있도록 하는 '90일 구류법90-Day Act'에 대한 표결에서도 그녀는 법의

헬렌 수즈먼 © World History

발효에 찬성표를 던진 NP를 비롯한 보수당 전체에 맞서 유일하게 반대표를 던지기도 했다.[134] 90일 구류법은 루스 퍼스트Ruth Heloise First 같은 반아파르트헤이트 운동가들을 구류하는 데 이용되었고, 실제로 이로 인해 최소 70명이 사망했다. 헬렌 수즈먼은 로벤섬에서 수감생활을 하던 넬슨 만델라 전 대통령을 최초로 방문한 의원으로 나중에 만델라로부터 메달을 받았다.[135]

☪ 스티브 비코의 흑인의식운동

스티브 비코Steve Biko는 1960년대와 1970년대 남아프리카공화국에서 반아파르트헤이트 운동을 이끈 학생 운동가로 흑인 인권운동에 있어 매우 중요한 인물이다. 그는 작품과 인권운동 등을 통해 우월한 지위에 있던 백인 사회에 경종을 울리고, 역사의 흐름에서 흑인을 '방관자'로 몰고 가는 수동적 태도와 흑인 사회에 대해 비판했다.

비코는 흑인 스스로 변화의 주체여야 진정한 해방이 이루어질 수 있다고 주장했다. 그가 말하는 '주체가 된다는 것'은 흑인 사회에 만연해있는 열등감을 완전히 걷어내고 정체성과 의식이 제 역할을 하는 것을 의미한다. 분리주의자 관점에서가 아니라 '흑인의식운동BCM, Black Consciousness Movement'이라는 새로운 개념의 필요성을 절실히 깨닫고 흑인의 관점을 가져야 한다는 것이다. 백인과 흑인 사회가 터놓고 인종 문제를 논의할 수 있는 상황에서만 진정한 통합과 인종차별 폐지의 희망이 있다고 본 것이다.

비코는 "아파르트헤이트는 대단히 사소한 것 같지만 실은 그렇지 않다. 그것은 분명 죄악이다. '소수의 국외자가 다수 원주민의 삶을 죄

의식 없이 지배할 권리를 갖는
다'는 교만한 가설은 무엇으로
도 정당화될 수 없다. 따라서
아파르트헤이트는 아무리 공
평무사하게 실행된다 해도 절
대다수를 차지하고 있는 원주
민의 비난을 피할 길이 없다.
아파르트헤이트는 백인 우월
주의와 자본주의적 착취 그리
고 교묘한 억압이 만들어낸 악

스티브 비코 　　　© Google Arts & Culture

랄한 제도이다."라고 신랄하게 비판했다.

　　"지금 이 시점에서는 사실을 사실대로 대하는 일이 무엇보다 중요
하다. 변화를 견인해낼 주체가 인격을 상실한 바로 그 사람들임을 믿는
다면 말이다. 그러므로 우리가 해야 할 첫 번째 작업은 우리 흑인의 인
격을 회복하는 일이다. 비어있는 우리의 심장에 생명력을 불어넣는 일
이다. 그리고 자부심과 자존심을 되찾는 일이다. 동시에 백인에 의한 흑
인의 비인격화 과정에 흑인들도 책임이 있음을 깨닫게 하는 일이다. 이
러한 작업은 자기 내면을 성찰함으로써만 가능해진다."라며 이것이 바
로 '흑인의식운동'의 본령이라고 강조했다.[136]

　　그는 또한 아프리카 전통문화 속에도 서구인에게 가르쳐줄 긍정
적인 덕목이 많다고 강조했다. 아프리카 문화의 핵심이라고 볼 수 있
는 조화로운 공동체 같은 덕목이다. 이는 아프리카 민중에게 내재된
속성으로 이웃들과 비교적 짧은 시간에 일체감을 형성한다.

　　인간과 인간 간의 관계를 중시하는 아프리카 사회의 미덕은 흑인
만이 지닌 고유한 가치관과 세계관을 회복하는 흑인의식운동에 매우

중요한 부분이다. 이를 통해 자신의 행동을 백인의 가치가 아닌 그들 자신의 기준으로 판단할 수 있게 되는 것이다.

☪ 코트디부아르의 평화를 이루어낸 디디에 드록바

잉글랜드 프리미어 리그의 명문 구단 첼시 FC에 2004년 입단한 코트디부아르 출신 디디에 드록바Tébily Didier Yves Drogba는 2006년과 2007년, 2009년과 2010년 시즌 득점왕 타이틀을 거머쥔 전설의 스트라이커이다. 그는 첼시(2004~2012, 2014~2015) 통산 341경기 157골, 득점왕 2회, 리그 우승 4회, 챔피언스 리그 우승 1회라는 커리어를 쌓았고, 이후 상하이 선화 리그(2012~2013)와 몬트리올 임팩트(2015~2016)를 거쳐 미국 피닉스 라이징 FC(2017~2018)에서 활약했다.

드록바는 축구 영웅 이외에도 검은 예수, 전쟁을 멈춘 사나이, 드록신 등 별명이 많다. 특히 전쟁을 멈추게 했던 그의 이야기는 이제 오랜 전설이 되었다. 2005년 10월, 코트디부아르는 2006 독일 월드컵 아프리카 지역 예선 최종에서 수단과 겨루어 3대 1로 승리하며 본선 진출을 확정지었다. 당시 주장으로서 코트디부아르 사상 첫 월드컵 진출에 대한 소감을 묻는 방송 인터뷰에서 드록바는 동료들과 함께 카메라 앞에 무릎을 꿇었다. 1분 정도 진행한 이 인터뷰는 5년간의 내전을 멈추게 했다.

"제발 무기를 내려놓으십시오. 대신 선거를 합시다. 그러면 모든 것이 나아질 것입니다. 이제 무기를 들고 싸우는 것을 멈추고 즐기고 싶습니다!"

당시 코트디부아르는 2002년부터 그바그보 정부가 장악한 남부

기독교 세력과 기욤 소로Guillaume Soro
가 이끄는 북부 이슬람 반군 세력 간
의 내전으로 총성이 끊이질 않았다. 이
런 상황에서 드록바의 발언은 고통받
던 수많은 코트디부아르 사람의 지지
를 받았고 양쪽 지도부들이 일주일 동
안 휴전하는 것에 합의하는 기적이 일
어났다.

드록바 재단　　　　© LawInSport

드록바는 내전이 끝난 뒤 가진 인터뷰에서 "수많은 트로피를 받
았지만 전쟁을 멈추고 평화를 가져다준 순간이야말로 가장 영광스러
운 트로피였다."고 술회했다. 세계 축구팬들은 이때부터 그를 '검은 예
수'라고 부르기 시작했다.

드록바는 이후 저항군의 본거지였던 부아케에서 아프리카네이션
스컵 예선전을 치른다면 자국의 평화에 큰 도움이 될 거라고 저항군
지도자를 직접 만나기도 하며 조국의 평화를 위해 계속 노력했다.

드록바 재단의 자선단체 활동

2007년 드록바는 디디에 드록바 재단을 설립했다. 수익금은 모두 코트디
부아르의 어린이와 환자 등 도움이 필요한 사람들을 위해 사용된다. 재단
을 통해 그는 아프리카 전역에 의약품과 식료품, 축구공을 지원하는 사업
과 유소년축구팀 육성을 위한 인프라를 만드는 일을 시작했다. 2009년에
는 사재 60억 원을 털어 종합병원 건립을 추진했고, 나이키가 아프리카의
에이즈 퇴치를 위해 주최한 'Lace Up, Save Lives', 'Write the Future,
#End AIDS' 등의 캠페인에 홍보 대사 및 CF 모델로 활동했다.[137]

튀니지의 민주화 운동, 재스민 혁명

☾ 재스민 혁명과 튀니지 국민4자대화기구

2010년 12월 노점상 모하메드 부아지지^{Mohamed Ben Bouazizi}의 가게가 부패한 경찰의 노점상 단속으로 강제 철거를 당했다. 이에 대한 항의 표시로 부아지지가 분신자살하자 튀니지 전역에서 독재정권에 저항하는 반정부시위가 일어났다. 이 시위를 계기로 1987년부터 튀니지를 통치한 진느 알아비딘 벤 알리^{Zine al-Abidine Ben Ali} 대통령이 24년 만에 대통령직을 사퇴하고 사우디아라비아로 망명했다.

2011년 1월 독재자 벤 알리 대통령의 축출과 과도정부를 거쳐 민선 정부를 수립하는 과정에서 '튀니지 국민4자대화기구^{TNDQ, Tunisian National Dialogue Quartet*}'는 이념·종파에 따라 갈등하던 세력들을 중재해 평

---

* 튀니지 국민4자대화기구는 2013년 튀니지 노조 연맹, 튀니지 산업·무역·수공업 연합, 튀니지 인권연맹, 튀니지 변호사회 등 핵심적인 4개 시민사회단체로 구성되었다.

튀니지 재스민 혁명

TNDQ 노벨 평화상 수상

© Tunisianweekly, The National

화적 대화의 길을 열고 과도정부 구성에 큰 역할을 했다. 튀니지의 민주화에 기여한 공로를 인정받아 TNDQ는 2015년 노벨 평화상을 수상했다. 노르웨이 노벨 위원회는 2011년 재스민 혁명Jasmine Revolution* 이후 튀니지의 다원적 민주주의 건설에 미친 공헌과 내전으로 치닫는 시기에 대안적이며 평화적인 정치과정을 구축한 점을 수상 이유로 밝혔다.138

☾★ 재스민 혁명에 대한 튀니지 국민의 평가

재스민 혁명 이후 튀니지의 민주화 혁명에 한계가 있다는 비판 여론도 적지 않다. 혁명 5주년이 되는 2016년 1월 튀니지 중서부 도시 카세린에서 실직자 리드하 야히아위Ridha Yahyoui가 전신주에 올라가 시위를 하다가 감전되어 사망하는 사건이 일어난다. 이를 계기로 튀니지 전역 20여 개의 도시에서 항의시위가 다시 확산되었다. 튀니지 남쪽 페리아나에서 시위대가 경찰차를 전복시키며 경찰관 1명이 사망했고,

---

*   튀니지 혁명은 튀니지의 국화인 재스민에 빗대어 재스민 혁명으로도 불린다.

카세린에서도 시위대와 경찰이 충돌하면서 시위대 20여 명과 경찰 70여 명이 부상당했다. 1월 25일에는 경찰관 3,000여 명이 대통령궁 앞에서 임금인상을 요구하며 시위를 벌이는 사태까지 발생했다.[139]

2020년 9월 기준 튀니지의 실업률은 16.2% 정도로[140] 20대 이하 청년의 3분의 1 이상이 무직일 만큼 실업 문제가 심각하다. 경제난이 심화되고 정국이 불안해지자 '아랍의 봄'의 민주화 열기에 휩싸였던 여론도 제자리로 돌아갔다. 튀니지 북부 도시 엘마르사의 한 식당에서 종업원으로 일하는 한 20대 청년은 "차라리 예전이 나았다."며 "벤 알리 대통령이 그립다."고 2016년 1월 〈포린어페어〉지와의 인터뷰에서 말하기도 했다. "벤 알리는 호화스러운 성에 살면서 스포츠카를 20대나 몰았지만 그게 뭐 어떤가요? 우리하고는 상관없는 일이죠. 중요한 것은 나라를 제대로 운영하는 겁니다. 벤 알리 때는 나라가 돌아가기라도 했죠. 지금은 아니에요."라고 말하며 재스민 혁명의 성과를 비판했다.

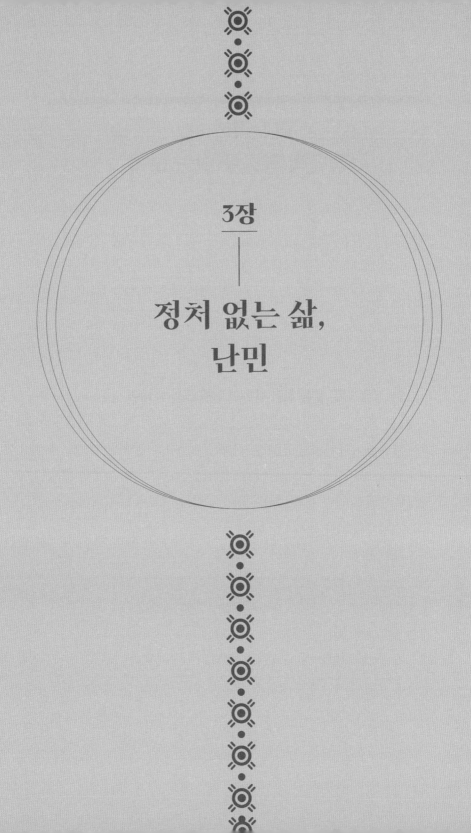

3장

—

정처 없는 삶,
난민

아프리카 내
적극적 평화를 위한 노력

☪ 인간다운 삶을 위한 난민의 인권과 안보 지원

먹을 음식과 깨끗한 물, 몸을 감싸는 옷, 포근한 잠자리 등은 인간다운 삶을 누리기 위한 기본적인 조건이다. 그러나 세계 곳곳에는 인간다운 삶을 누리지 못하고 삶의 터전을 잃어버린 채 낯선 지역을 떠도는 사람들이 있다. 바로 난민이다.

각종 분쟁이나 내란 등이 일어나면 수많은 난민이 발생한다. 국제사회는 난민 보호에 관한 국제법과 국가 간 협력, 국제기구 운영 등으로 난민을 보호하고 있다. 그러나 여전히 많은 사람이 난민이 되고 이들은 굶주림과 질병 등의 위험에 처해있다.

적극적인 평화는 단지 분쟁과 긴장이 없는 상태가 아니라 모든 종류의 폭력이 사라지고 정의가 구현된 상태를 말한다. 나라를 잃고 인간의 존엄성조차 보장받을 수 없는 폭력에 놓여있는 난민에게 꼭 필요한 것이다. 이는 개인의 존엄성과 인권을 보호할 뿐만 아니라 국가와 주변국의 안보를 지킨다.

난민 문제의 해결은 자국의 안보뿐만 아니라 이웃 국가 안보까지 안정화하는 데 꼭 필요한 것으로 세계시민은 자신이 어디에 살든 누군가의 권리가 침해당하면 그들을 도와야 한다. 지금보다 안정된 평화를 함께 누리기 위해 서로 소통하고 연대하는 노력이 필요하다.

아프리카 내에서는 범아프리카주의 차원에서 1969년 아프리카 난민 문제의 특정 양상을 규율하는 OAU 협약이 OAU의 회원국에 의해 채택된 바 있다. 1951년 UN 난민기구UNHCR, United Nations High Commissioner for Refugees의 '난민 지위에 관한 의정서Protocol Relating to the Status of Refugees'와 OAU 협약은 난민을 "개인의 출신국 또는 국적국의 일부 또는 전부에 대한 외부적 침략, 점령, 외국의 지배나 공공질서를 심각하게 해치는 사건으로 인해 강제로 본국을 떠나야 했던 모든 사람"이라고 정의하고 있다.

OAU 협약은 만연한 폭력과 사회불안 또는 전쟁의 공포로부터 탈출한 사람 누구나 박해 여부와 상관없이 OAU 협약국에서 난민 지위를 신청할 수 있는 권한을 갖고 보호받도록 했다. 아프리카 국가들은 이러한 범국가적 차원의 난민 지원을 이어오고 있다.

☪ 현대판 노예, 멘데 네이저의 기적[141]

멘데 네이저Mende Nazer는 1980년대 초 수단 누바 산맥 어느 마을에서 태어난 평범한 소녀였다. 수단 내전이 한창이던 어느 날 12세 소녀는 마을을 습격한 약탈자에 의해 어디론가 끌려갔다. 그녀는 노예 상인

수단 난민 출신 영국작가, 멘네 네이저

© BBC News

에게 건네졌고 수도 하르툼의 이슬람 가정에 팔려 가 인간 이하의 노예 취급을 받았다. 가혹한 매질로 생명이 위독해지기도 했고 주인에게 성폭행도 당했다. 그녀는 하루 20시간에 가까운 노동을 하며 7년을 살았다.

이후 주인은 그녀를 런던에서 근무 중인 친척 외교관에게로 보냈다. 영어를 하지 못하는 그녀는 그곳에서도 늘 갇혀 지내면서 노예로 일했다. 그러던 어느 날, 우연히 심부름을 하던 중 만난 영국 기자의 도움으로 2000년 9월 목숨을 건 탈출에 성공하여 영국 내무성에 망명 신청을 했다. 그러나 영국 내무성은 이를 인정하지 않았다. 런던 거리에는 내무성의 결정에 항의하는 시위가 벌어졌고 세계 인권 단체와 노예제 폐지운동 단체의 항의도 빗발쳤다.

수단과의 외교관계가 악화될 것을 우려한 영국 정부는 망명 인정을 계속해서 유보했고, 멘데 네이저는 2년간의 투쟁 끝에 2002년 11월 망명을 인정받아 영국 시민권을 얻었다. 만약 그녀가 다시 수단으로 돌아갈 경우 정치적 박해를 받을 우려가 있다고 판단한 영국 정부는 그녀를 영국에서 살 수 있도록 했다.

자유인이 된 그녀는 《노예Slave》(2003)라는 책을 출간했고 출판기념회를 위해 미국을 여행하던 중 인생의 반려자를 만났다. 이후 후원자들의 도움을 얻어 2006년 꿈에 그리던 고향 마을로 돌아가 가족들과 상봉했다. 기적 같은 그녀의 스토리는 드라마 〈나는 노예다 am

Slave〉(2010)로 제작되어 방송되기도 했다.

☪ 세계 난민의 날

매년 6월 20일은 '세계 난민의 날World Refugee Day'이다. 이날은 난민에 대한 관심을 촉구하기 위해 UN 총회가 OAU와 논의하여 2000년 12월 4일 특별 결의안을 만장일치로 채택함으로써 정해졌다. 이는 난민 수가 가장 많을 뿐만 아니라 난민에게 큰 아량을 베풀고 있는 아프리카 대륙과의 연대의식을 나타내는 노력의 성과였다.142

세계 난민의 날 포스터　　　ⓒ Geneve international, renewsNOW.com, Pinterest

적극적 평화지수

2019년 세계 적극적 평화지수 현황
매우 높음 | 높음 | 보통 | 낮음 | 미포함

ⓒ IEP 자료 참고하여 저자 작성

    세계평화지수를 발표하고 있는 경제평화연구소IEP, Institute for Economics and Peace에서는 2012년 처음으로 적극적 평화지수PPI, Positive Peace Index를 발표했다. IEP에 따르면 적극적 평화는 더 평화로운 사회를 만들어가고자 하는 사회적 구조와 사회구성원의 태도를 의미한다고 정의하고 있다. 폭력의 정도나 종류만을 구분하는 소극적 평화만으로는 평화를 만들어가는 경제·정치·문화적 요인을 파악하기 힘들다. IEP는 이를 보완하고자 적극적 평화지수를 개발했다고 밝혔다. 소극적 평화지수를 측정한 세계평화지수보다 PPI가 양호하다면 그 사회는 지금보다 앞으로 더 평화로운 상태가 될 가능성이 높다는 뜻이다. 각 지역의 PPI를 비교해보고 좀 더 평화롭고 조화로운 사회를 구축하기 위한 방법을 생각해보자.

아프리카 난민은
왜 생기는 걸까?

유럽 식민 통치하에 있던 아프리카는 독립 후 수십 년 동안 내전이나 인접국의 전쟁 등으로 난민 문제에 시달려왔다. 대규모의 난민 유출이나 유입이 문제가 되기도 하고 급작스러운 난민의 이동이나 장기간 체류가 유입국이나 지역의 경제, 자원, 환경, 사회 등 많은 영역에 부담을 주거나 갈등의 소지를 제공하여 사회갈등이나 정치 인종적 분쟁을 야기하곤 했다. 난민 이동은 자칫 난민 배출국과 유입국 간 외교적 충돌이나 물리적 충돌을 불러오기도 한다.

국가 간 전투가 벌어질 경우 민간인을 직접 공격하는 경우는 흔치 않다. 하지만 정치·인종 분쟁을 비롯한 내전은 전선 없는 전쟁 양상을 띠면서 여성과 아이들을 포함한 민간인의 피해가 매우 심각하다. 상대측의 피해를 극대화하기 위하여 대량학살이나 강간 등을 자행하고 민간인을 보복과 공격의 대상으로 삼기 때문이다.

미국과 소련이 대립하던 냉전 시대에 35년 이상 지속된 앙골라

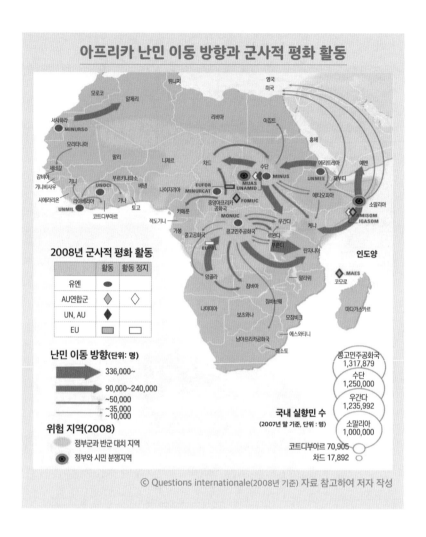

아프리카 난민 이동 방향과 군사적 평화 활동

2008년 군사적 평화 활동

	활동	활동 정지
유엔	●	
AU연합군	◇	◇
UN, AU	◆	
EU	▭	▭

난민 이동 방향(단위: 명)

336,000~
90,000~240,000
~50,000
~35,000
~10,000

위험 지역(2008)

정부군과 반군 대치 지역
정부와 시민 분쟁지역

국내 실향민 수
(2007년 말 기준, 단위 : 명)

콩고민주공화국 1,317,879
수단 1,250,000
우간다 1,235,992
소말리아 1,000,000
코트디부아르 70,905
차드 17,892

© Questions internationale(2008년 기준) 자료 참고하여 저자 작성

내전은 50만 명 이상의 사망자와 전체 인구 3분의 1에 해당하는 400만 명의 난민을 발생시켰다. 2003년 발생한 수단 다르푸르 분쟁에서는 2006년까지 최소 40만 명 이상이 죽고[143], 수천 명의 여성이 강간당했으며, 수십만 명이 난민이 되어 인접국으로 탈출하거나 실향민으로 떠도는 소위 '국내 실향민IDPs, Internally Displaced Peoples이 되었다. 1998년부터 2003년까지 일어난 제2차 콩고민주공화국 분쟁은 5년 동안 400만 명

이 사망하고 2,500만 명이 난민이 되는 등 제2차 세계대전 이래 최대 희생자를 내기도 했다.

이렇듯 인종 분쟁이나 이와 관련한 인권 유린, 정치적 탄압에서 벗어나기 위해 자국을 탈출한 난민들의 문제가 탈냉전기 최대의 인도적 위기 이슈가 되어왔다. 냉전 직후 10년간 급증하던 전 세계 난민 수는 21세기 들어 다소 감소 추세를 보였지만 분쟁이 장기화되고 치열해지는 곳이 늘어나면서 다시 증가 추세로 돌아섰다. 아프리카 또한 남수단, 나이지리아, 중앙아프리카공화국 등에서 분쟁과 위기 상황이 진행 중인데다가 2016년 들어 새롭게 확산한 부룬디와 예멘에서의 갈등 상황으로 난민은 점점 더 늘고 있다.

시리아 난민(약 500만 명)과 아프가니스탄 난민(약 270만 명)이 있는 중동과 북부 아프리카 지역에 세계 전체 난민의 39%가, 소말리아 난민(약 112만 명)이 있는 사하라이남 아프리카에 세계 전체 난민의 29%가 있다.144

난민과 유사난민

난민

인종, 종교, 국적 또는 특정 사회집단의 구성원 신분 또는 정치적 의견을 이유로 국적국 밖에 있는 자로서 국적국의 보호를 받을 수 없거나 그러한 공포로 인해 국적국의 보호를 받는 것을 원치 않는 자, 종전의 상주국으로 돌아갈 수 없거나 원치 않는 자, 박해·전쟁·테러·극도의 빈곤·기근·자연재해를 피해 다른 나라로 망명하는 사람을 말한다.[145]

인도적 지위자

난민의 사유에는 해당하지 않지만 본국에서의 정치적 급변이나 전쟁, 사회적 혼란, 재난 등으로 귀국할 수 없게 되어 국적국의 자국민 보호 원칙이 지켜지지 않는 범위에서 제공되는, 난민 지위에 대한 보충적인 보호를 받는 사람을 뜻한다.

국내 실향민

난민과 유사한 상황에 처해있으면서 외국으로 탈출하지 못한 채 여전히 자신의 국적국에 남아있는 사람이다. 국내 실향민들은 난민과 동일한 박해의 피해자지만 외국으로 탈출하지 못했기 때문에 박해에 매우 취약하다.

협약난민Convention refugee과 위임난민Mandate refugee

난민협약의 요건을 충족시킴으로써 난민협약 체약국 정부로부터 난민으로 인정받은 경우를 '협약난민'이라고 한다. 현재 광주대학교 기초교양학부 교수로 재직 중인 욤비 토나Yiombi Thona 씨가 협약난민에 속한다. 한편, 난민협약 체약국이 아닌 곳이나 난민을 보호할 능력이 없는 국가에서 UNHCR에 의해 난민 지위를 인정받는 경우를 '위임난민'이라고 한다.

현지 체제 중 난민

국적국을 떠날 당시에는 난민이 아니었지만 외국에 체류하는 중 난민의 요건이 충족되어 난민으로 인정되는 경우를 말한다.

출처: 욤비 토나, 박진숙(2013), pp.131~133

아프리카 난민촌

☪ 아프리카 최대 난민 수용국 우간다[146]

우간다는 아프리카 대륙에서 가장 많은 난민을 수용하고 있는 국가이다. 우간다 정부가 난민에 대해 적대적인 감정이 없는 데다 국민도 난민을 자연스럽게 받아들였기 때문이다. 1970년대 독재와 내전으로 우간다 국민은 조국을 떠나야 했다. 난민 신세가 된 자신들을 다른 국가에서 받아주었듯이 이제는 자신들이 난민을 환영해야 한다는 입장이다.

2018년 8월 기준 우간다에서 수용하는 난민 수는 더욱 증가하여 140만 명에 달하는 것으로 추정되며, 이 중 약 50만 명이 2016년 7월 내전 재발 이후 몰려든 남수단 난민이고, 8만 6,000명 이상이 2017년 12월 분쟁 이후 급증한 콩고민주공화국 난민, 약 4만 명이 2015년 7월 대선 이후 유입된 부룬디 난민이다.[147] 2020년 12월 UNHCR 기준 우간다 비디비디[Bidibidi] 난민촌에서 수용하고 있는 난민은 약 23만 명이며 이 중 86%가

우간다 비디비디 난민촌   © The Guardian(2020.01.17.)

여성과 아동이다.₁₄₈ 지금도 전쟁과 기아를 피하기 위해 하루 평균 2,000여
명의 여성들과 아이들이 맨발로 국경을 넘어 우간다로 향하고 있다.

　UNHCR이 밝힌 우간다 난민 지원에 필요한 자금은 5억 7,000만
달러지만 실제 원조 금액은 4분의 1에 불과하다. UN 세계식량계획WFP,
United Nations World Food Programme도 어쩔 수 없이 배급량을 절반으로 줄였다.
난민촌 내 학교는 텐트로 만들어져 비바람을 막지 못하므로 아이들은
비에 젖기 일쑤이다. 전기가 부족해 하루 수십 명씩 발생하는 응급 환
자를 치료하기도 어려운 실정이다.

☪ 세계 2위 규모 케냐의 다다브 난민촌

케냐의 가리샤구에 위치한 다다브Dadaab 난민촌은 UNHCR을 중심

케냐의 다다브 난민촌　　　　　　　　　　　　　　　　© Eagle Online(2017.02.10.)

으로 약 50만 명의 난민이 5개의 캠프*를 구성하고 있다. 이는 전 세계에서 두 번째로 큰 규모의 난민수용소이다.

　　다다브 난민촌은 소말리아 남부에서 일어난 내전과 가뭄, 기근으로 인한 피해자 대부분이 다다브 지역에 모여 살게 되면서부터 조성되었다. 초창기에는 약 9만 명가량을 수용할 규모로 이포, 하가데라, 드가할리 3개 구역으로 설계되었는데, 20여 년 동안 난민들이 지속적으로 몰려들면서 이포2, 캄비우스가 추가되어 5개 구역으로 늘어났다. 이마저도 전원 수용이 곤란해 현재 다다브에는 수용 인원의 5배가 훌쩍 넘는 50만 명이 낡은 천막을 치고 빽빽이 거주하고 있다.149

　　소말리아에서 오는 난민은 주로 어린아이와 여성인데 소량의 물과 음식으로 버티면서 2~3주 동안 걸어서 난민촌으로 들어온다. 목숨을 담보로 하는 이 여정에서 많은 난민이 영양실조나 질병에 걸려 죽는다. 난민촌에 도착해서도 난민 등록 절차를 거치고 구호품을 받으려면 적

---

*　　다다브 난민촌에는 드가할리(Dagahaley) 캠프, 하가데라(Hagadera) 캠프, 이포(Ifo) 캠프, 이포2(Ifo II) 캠프, 캄비우스(Kambioos) 캠프가 있다.

어도 2주가 걸려 그 사이에 목숨을 잃는 경우도 많다. 난민촌이 포화 상태가 되면서 난민촌 외곽에 자리 잡은 난민의 수도 증가했고 이로 인해 발생하는 취약한 위생과 치안이 케냐 안보에도 악영향을 미쳤다.[150]

이에 케냐 정부는 2016년 5월 11일, 안보 악화를 이유로 다다브와 카쿠마Kakuma 캠프를 포함한 케냐 내 모든 난민캠프를 폐쇄하고 난민 수만 명을 본국으로 송환하거나 다른 국가로 보내겠다고 발표했다.[151] 2015년 4월, 148명이 목숨을 잃은 가리사대 테러가 다다브 난민촌이 연관된 것으로 지목되면서 캠프 철거 계획을 발표하기에 이른 것이다.

케냐 정부는 그간 다다브 난민촌이 알샤바브 같은 소말리아 무장단체의 무기 밀반입 통로로 악용되고 있다고 의심해왔고 테러 계획, 대원 모집 및 교육 활동이 이곳에서 이루어지거나 적어도 중요한 역할을 하고 있다고 주장해왔다. 그러나 전문가들은 소말리아가 여전히 치안이 불안한 상태인데도 난민에게 본국송환을 강요하는 것은 그들을 죽음으로 몰아넣는 것이라고 비판하고 있다.

유럽으로 가는
아프리카 난민들과 보트피플

☪ **납치되고 팔려 가는 아프리카 난민들**[152]

목숨을 위협하는 내전과 정치 상황에서 탈출해 유럽행 배에 오르려는 아프리카 난민들의 또 다른 어려움은 이들을 납치하여 사고파는 시장이다. 유럽으로 가는 주요 통로인 북부 아프리카 리비아와 서부 아프리카 니제르에서 난민들은 밀입국 알선업자들에 의한 인신매매와 각종 범죄에 노출되어있다. 국제이주기구IOM, International Organization for Migration는 사하라이남의 난민들이 리비아인과 그들을 위해 일하는 가나인, 니제르인에 의해 주로 거래되고 있다고 보고했다.

2011년 무아마르 카다피Muammar al Qaddafi 정권이 무너진 이후 리비아는 치안이 불안해져 난민을 대상으로 하는 범죄가 더욱 성행하고 있다. 난민 납치범들은 그들 가족에게 최소 30만 서아프리카프랑(약 480달러)의 몸값을 받아내고서야 집으로 돌려보냈다. 몸값을 지급할 수 없

아프리카 난민을 경매하는 리비아 노예시장　　　　　© CASADE(2018.01.09.)

는 난민들은 살해되거나 굶어 죽고 여성들은 성노예로 팔리기도 했다.

　　유럽으로 가기 위해 리비아로 향하는 난민 대부분은 이러한 상황을 모르는 경우가 많다. 아프리카 내부에서는 피해자 증언을 토대로 현대판 노예무역이라고까지 불리는 난민의 거래를 알리는 노력이 이루어지고 있다.

☾✩ 유럽으로 향하는 보트피플*

　　2010년 이후 지중해를 통해 사하라이남 아프리카에서 유럽 국가로 이주하려는 난민은 꾸준히 증가하고 있다. 2017년에 약 16만 명으로 소폭 줄어들긴 했으나 2016년 사상 최대치를 기록하며 2000년 이

----

* 　　보트피플은 정치적·경제적 이유 등으로 바다에 배를 띄워 해로(海路)를 통해 국가를 탈출하는 난민을 말한다.(다음백과사전)

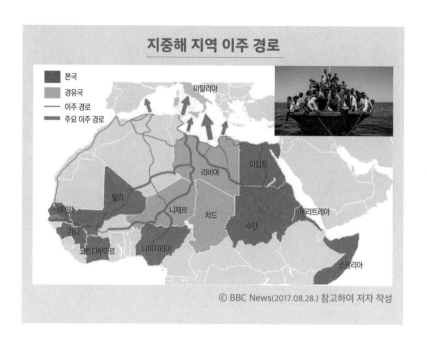

후 최소 100만 명의 사하라이남 아프리카인들이 유럽 국가로 이주한 것으로 집계되었다. 특히 미국과 비교하면 유럽으로 이주하는 사하라이남 아프리카인은 급격하게 늘고 있다. 2017년 12월 기준 유럽 국가(EU, 노르웨이, 스위스)에 거주하는 주요 사하라이남 아프리카 난민은 나이지리아인(39만 명), 남아프리카공화국인(31만 명), 소말리아인(30만 명), 세네갈인(27만 명), 가나인(25만 명) 등이다.[153]

왜 그토록 많은 아프리카 난민이 유럽으로 가려는 것일까? 지리적 접근성이 큰 장점이기는 하나 이들이 유럽으로 가는 모험을 감행하는 근본적인 이유는 유럽 국가에 정치적, 경제적 그리고 사회적으로 기대하는 바가 크기 때문이다. 경제적인 측면에서 볼 때 난민들은 노동 기회를 얻기 쉽고, 생활하고 남은 돈을 본국에 있는 가족들에게 보내주기를 원한다. 정치적으로는 자신이 도착한 국가가 거주 가능성을 보장하는

조치를 해주길 기대하고 있다.[154]

　유럽 국가로 유입되는 난민은 시리아, 이라크 등 중동 지역의 국가와 소말리아, 남수단 등의 아프리카 국가, 아프가니스탄, 파키스탄 등 남아시아 국가와 세르비아, 코소보, 알바니아 등 발칸반도 지역의 국가로 조사되었다.[155]

　유럽 국가로의 난민 유입을 조절하기 위해서는 개별 국가의 단독적인 대처 방안보다는 난민 유입 경로의 주변국, 아프리카, 중동, 남아시아 등이 공동으로 대응해야 한다.

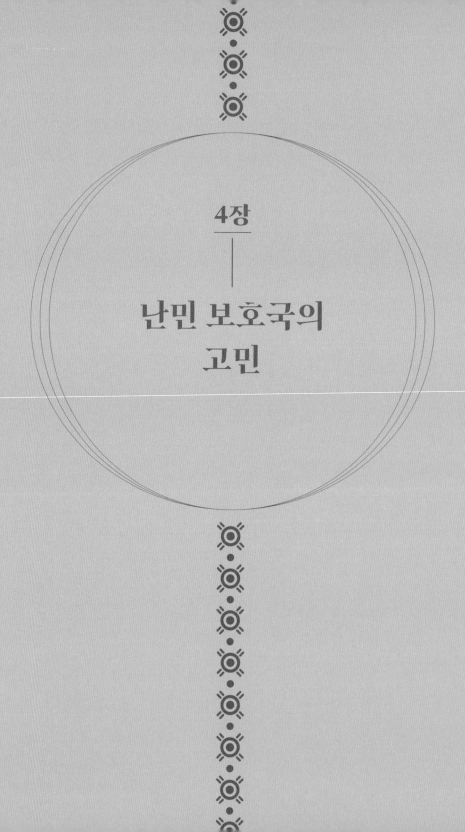

4장

——

난민 보호국의
고민

난민 문제로 생기는
유럽 내 갈등

☪ 난민 문제로 분열되는 유럽 156

2011년 시리아 내전의 장기화와 이라크, 아프가니스탄 등에서 대규모로 발생한 난민으로 인해 유럽 내 난민 문제가 대두되었다. 최근에는 아프리카에서 유입되는 난민도 증가하면서 위기를 겪고 있다.

프랑스와 이탈리아는 난민 구조선 아쿠아리우스호 입항을 둘러싼 외교 마찰을 가까스로 봉합했고, 에마뉘엘 마크롱 프랑스 대통령과 주세페 콘테Giuseppe Conte 이탈리아 총리는 2018년 6월 15일 파리 엘리제궁에서 정상회담을 한 뒤 "유럽으로 넘어오는 난민들의 입국심사를 출신국에서 해야 한다."고 했다. 난민 포용 정책을 펴온 앙겔라 메르켈Angela Merkel 독일 총리는 연립정부 내에서 난민 수용에 부정적인 강경파의 반대에 부딪히자 EU 정상회의에서 난민 문제를 다루기로 했다. 난민 추방을 주장하는 극우 정당이 집권하는 국가가 늘면서 난민 문제가

EU 분열의 불씨가 될 수 있다는 전망이 나온다.

2016년부터 EU 차원에서도 난민 정책 개혁안을 논의하고 있지만 회원국 간 의견 차이로 합의를 보지 못하고 있다. EU는 1997년 발효된 더블린 조약Dublin Regulation에 따라 난민이 최초 입국한 국가에서 난민 지위를 신청하도록 하고 있다. 이 때문에 지중해의 관문인 이탈리아와 그리스에 난민이 몰리고 있다. 아프리카 난민에 대한 강경 입장을 고수하는 오스트리아 정부는 그리스를 유럽의 셍겐 존*에서 일시적으로 퇴출시킬 수 있다며 그리스의 대아프리카 난민 통제 및 관리를 촉구하기도 했다.

이에 난민을 EU 회원국에 할당하는 방안이 대안으로 제시되었다. 그러나 헝가리, 오스트리아 등은 난민 할당제에 반대했다. 〈파이낸셜타임스〉는 "난민 문제가 재정위기만큼이나 EU의 위기를 불러올 수 있는 요인"이라고 지적했다. 대규모 난민 유입은 단기적으로는 EU의 내수와 고용 확대, 공공지출의 증가를 촉진해 실질 GDP 증가율에 긍정적인 영향을 미칠 수 있으나 실질임금을 낮춰 소득수준을 하락시키고 노동시장의 구조를 변화시키는 부정적인 효과 또한 무시하기 어렵다.

악화되는 여론에 난민들은 유럽 내 정착에 어려움을 겪었다. 2016년 9월에는 그리스 레스보스섬 난민캠프에 불이 나 수천 명의 난민이 대피하는 소동이 벌어졌다. 이 소동은 망명 신청이 늦게 처리되는 것에 대한 불만과 그리스 정부가 이들을 터키로 이송하기 위해 준비하고 있다는 소문이 돌면서 난민들의 불안감이 증폭되어 발생한 것이다. EU를 비롯한 유럽으로 유입되는 난민 문제를 유럽 내 노동시장에 미치는 경제적인 악영향으로 볼 것이 아니라 이들의 인도적 위기와 안보적 위협 측면으로 접근해 공동의 대책을 마련할 필요가 있다.157

---

* 셍겐 존(Schengen Zone)은 1985년 셍겐 협정이 공통으로 적용되는 26개 국가의 영토를 의미하며 회원국들의 영토 내에서는 여권과 같은 신분증 검사가 생략된다.(김정하(2016), p.87)

☪ 난민 유입으로 인한 유럽 국가들의 국경 관리 문제

유럽, 특히 EU의 국경은 셍겐 지역을 기준으로 정의할 수 있는데, 불법 난민의 대량 유입은 유럽의 국경 관리 문제로 이어진다. 1995년에 발효된 셍겐 협정Schengen Agreement은 유럽 내에서 자유로운 인적 이동을 보장하는 협정으로 현재 28개 EU 회원국 중에서 불가리아, 크로아티아, 키프로스, 아일랜드, 루마니아, 영국을 제외한 22개 회원국과 비EU 회원국 중 아이슬란드, 노르웨이, 스위스, 리히텐슈타인의 4개국이 참여하고 있다. 이를 근거로 설립된 프론텍스*와 EU 회원국 간의 공조로 출입국 관련 정보를 공유하고 역외 국경 관리를 실시하고 있다.

EU 불법 유입민의 27.9%(2014년 기준)는 시리아 출신으로 가장 큰 비중을 차지하고 에리트레아와 아프가니스탄, 최근에는 소말리아, 남수단 출신 난민의 유입도 늘어나고 있다. 이들은 주로 이탈리아, 몰타를 통한 중부 지중해, 터키를 통한 동부 지중해, 발칸반도에서 헝가리로 향하는 서부 발칸 경로를 통해 입국하는 것으로 알려져 있다. UNHCR 자료에 따르면 특히 아프리카에서는 그리스로의 유입이 줄어드는 반면 스페인과 이탈리아로 가는 난민의 유입은 급격히 늘어나고 있다. 주요 출신 지역은 튀니지, 나이지리아, 에리트레아, 기니, 코트디부아르 등으로 특히 리비아가 이탈리아로 진입하는 주요 경로라고 할 수 있다.

** 프론텍스(Frontex)에서 구분하는 EU 불법 유입 이동경로는 동부 국경 경로, 동부 지중해 경로, 서부 발칸 경로, 알바니아·그리스 순환 경로, 아풀리아·칼라브리아 경로, 중부 지중해 경로, 서부 지중해 경로, 서부 아프리카 경로로 구분하고 있으며, 이 중에서 동부 및 서부 지중해 경로는 육로와 해로로 세분된다.(KIEP(2015), pp.3~4)

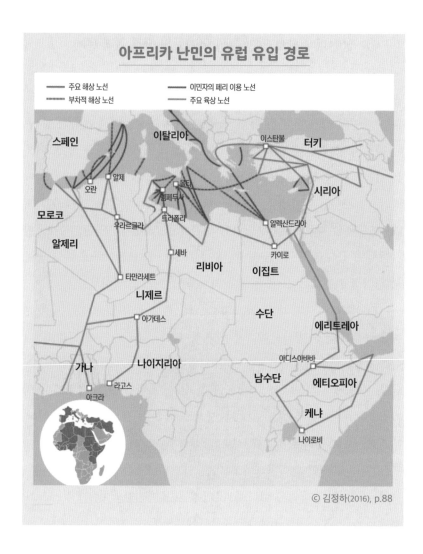

아프리카 난민의 유럽 유입 경로

© 김정하(2016), p.88

☪ 유럽으로 유입되는 난민들의 심각한 인권 문제

2020년 UNHCR 자료에 따르면 현재 육로와 해로를 통해 EU 지역
으로 유입되는 모든 난민은 2019년 기준 12만 명이 넘으며 그중 사망
자와 실종자는 1,300여 명 정도 된다. 또한 2015년 기준 유럽 전체의 난

민 수용 규모는 약 440만여 명에 달했으며 독일이 31만여 명, 프랑스가 27만여 명, 스웨덴이 약 17만여 명, 이탈리아가 11만여 명의 난민을 수용하고 있는 것으로 조사됐다.[158]

최근 전체 난민 유입 규모는 2020년 코로나19를 이유로 소폭 줄고 있는 추세(약 9만 5,000명, UNHCR)이나 불법적인 경로로 지중해를 통해 남유럽으로 가려는 이주 과정에서 발생하는 난민들의 인권 문제는 여전히 심각하다. 2018년 6월에는 리비아에서 이탈리아로 입국을 시도하던 난민 7명 중 1명이 사망한 것으로 조사되어 충격을 주기도 했다. 이는 전년 상반기에 평균 38명 중 1명이 사망한 것과 비교해 많이 늘어난 수치로 2013년 이후 월별 최대 사망자 수를 기록한 것이다.[159]

2014년 이후 이탈리아 수상을 지낸 마테오 렌치Matteo Renzi는 2016년 UN 연설에서 아프리카에 대한 EU의 관심을 호소했다. 그는 회원국들이 동조하지 않더라도 대아프리카 정책을 이탈리아 외교정책의 최우선 과제로 추진하겠다는 의지를 천명하며 아프리카 난민 유입에 대한 대응 방안을 지속해서 추진해왔다.[160]

난민 문제는 유럽 내 야기될 수 있는 경제 · 정치 · 사회적 문제를 방지하기 위해서일 뿐만 아니라 납치 및 살해와 같은 범죄 위험과 입국 과정에서 발생하는 사망 · 실종 사고 등의 인권유린에서 난민들을 보호하기 위해 공동의 노력이 꼭 필요하다.

☪ 포용을 내세운 독일의 내부 갈등

불법 경로로 유입되는 난민이 늘어남에 따라 난민 수용에 가장 포용적인 정책을 유지해온 독일의 고민도 깊어졌다. '난민의 어머니'

로 불리던 독일의 메르켈 총리는 자신이 주장해온 유럽의 친난민 정책에 따른 역풍으로 정치적 위기를 맞았다. 유럽 내에서 가장 많은 망명 신청을 받아들이면서 각종 사건·사고, 일자리 문제 등을 비롯해 문화적 갈등까지 빈번하게 일어나 시민들이 분노하기 시작했기 때문이다. 2017년 기준으로 유럽에 망명 신청한 70만 명이 넘는 난민 중 독일에 신청한 난민 수가 22만 2,000명으로 가장 많았고, 이탈리아에 12만 9,000명이, 프랑스에 9만 9,000명이, 그리스에 5만 9,000명이 신청했다.

반대파와의 갈등이 심화되면서 내부 갈등도 고조되었다. 2016년에는 난민과 난민보호소 관련 범죄 3,500여 건이 발생하면서 반난민 정서가 높아졌다. 그 결과 반이민·반난민 극우 정당인 '독일을 위한 대안당^AfD'의 지지도가 높아졌고 난민에게 호의적이었던 언론마저도 돌아섰다.

호르스트 제호퍼^Horst Lorenz Seehofer 내무장관 또한 메르켈 총리의 난민 정책에 반기를 들었다. 그는 2018년 6월 독일 〈빌트〉지와의 인터뷰에서 "독일은 기독교를 바탕으로 세운 나라"이며 "이슬람은 독일에 속하지 않는다."고 말했다. 그는 EU 내 다른 국가에 망명 신청을 했거나 신분증이 없는 난민의 독일 입국을 거부하는 정책을 추진한 바 있다.

한편, 최근 독일이 직면한 사회·경제적 지표들의 미래 전망 또한 긍정적 신호를 나타내면서 난민의 유입과 정착이 독일 사회의 새로운 원동력이 될 수 있다는 분석도 나오고 있다. 2018년 경제통계 사이트 '트레이딩이코노믹스'에 따르면 2017년 독일 인구는 8,280만 명으로 14년 만에 최대 규모로 집계되었고, 독일 연방 통계청 자료는 2016년 출산율을 인당 1.59명으로 1973년 이래 최고치에 달한 것으로 보고했다. 2019년 6월 기준 실업률은 3.1%로 유로존 내 최저 수준을 기록했고, GDP도 2025년에는 2015년 대비 10배 수준에 이를 것으로 전망되어 독일의 긍정적 발전 추이에 난민 정착이 크게 기여했을 것이라고 분석되면서 난민에 대한 인식의 전환도 기대할 수 있게 되었다.[161]

난민을 바라보는
우리의 시각[162]

☾ 증가하는 난민 신청자

대한민국은 1992년 '난민 지위에 관한 협약'에 가입한 난민 보호국이다. 하지만 한국의 난민 인정률은 한 자릿수에 불과하다. 제주 예멘 난민 문제가 수면 위로 떠오르자 사람들은 '한국에도 난민이 있느냐.'고 물었다. 그만큼 난민에 대한 이해도가 낮은 상황에서 한국에 온 난민들은 '잠재적 범죄자', '불법 체류자'라는 꼬리표부터 달게 됐다. 내전과 정치적 박해로 나라를 떠나는 난민들은 해마다 수백만 명. 더 이상 난민은 남의 나라 문제가 아니다.

– 〈시사위크〉 2018년 7월 6일 자 보도

예멘 난민에 반대하는 한국 지역사회와 제주 난민인권센터에서 면담 대기 중인 예멘 난민들

© The Economist(2018. 03.), Arabnews(2019.01.05.)

난민 수용 문제에 대한 유럽 국가들의 논의가 뜨거워지는 가운데 한국 또한 난민 유입에 대한 대처 방안을 놓고 의견이 대립하고 있어 사회문제가 되고 있다. 제주출입국외국인청에 따르면 2018년 상반기에만 예멘 출신 난민 신청자가 549명으로, 2017년 42명에 비해 10배 이상 증가한 것으로 나타났다. 법무부에 따르면 난민의 수가 늘어난 것은 2017년 12월 제주-쿠알라룸푸르 직항 노선이 생긴 뒤 예멘인들이 말레이시아를 거쳐 무비자 입국이 가능한 제주로 들어왔기 때문으로 파악된다. 갑자기 난민 신청자가 늘어나자 6월 1일부로 예멘을 '무사증* 입국 불허' 국가로 지명하면서 한국 난민 정책의 문제점이나 난민 혐오 관련 논란이 심화되었다.163

---

* 무사증 제도란 테러지원국 11개국을 제외한 180개국의 외국인에 한해 비자 없이도 입국을 허용한 제도로 무비자 입국 제도라고도 한다. 이 제도를 통해 입국한 외국인은 입국 후 한 달간 국내에 체류할 수 있다.

☾ 난민 신청자에 비해 미비한 난민 수용률

한국의 평균 난민 수용률은 3% 미만에 그치는 것으로 파악된다. 법무부 출입국외국인정책 통계연보에 따르면 2016년 말 기준 난민 신청자 누적 총수는 2만 2,792명이었으나 이 중 난민으로 인정된 사람은 672명으로 2.9%에 불과했다. 절반이 넘는 1만 1,565명(50.7%)은 난민 인정이 거부되었고 인도적 체류 허가를 받은 사례는 1,156명(5.1%), 2,538명(11.1%)은 자진 철회한 것으로 나타났다. 이는 2015년 말 난민 수용률 4.2%, 인도적 체류 허가 7.2% 등과 비교해서 줄어든 것이다.

2018년 한 해 전체 난민 신청자는 1만 6,173명으로, 1994년 난민인정 신청 접수를 한 이래 가장 많은 인원이 신청했다. 전년 대비 62.7%가 증가했으나 전체 난민 신청자 수 대비 난민 인정률은 0.9%에 그쳤으며, 2019년에는 총 1만 5,451명 중 단 71명만 인정받아 0.5%에도 미치지 못했다.[164] 1994년 이후 전체 난민 신청자의 난민 인정률은 3.9%로, 세계 190개국 전체 난민 인정률(30%) 및 난민 보호율(44%)과 비교해보면 한국의 난민 수용 수준은 지나치게 인색하다. 그마저도 해마다 난민 인정 빈도가 지속해서 낮아지고 있는데 이는 한국 난민 정책의 심각한 문제점으로 지적되고 있다.[165] 법무부는 난민 심사에 까다로운 이유가 불법 취업에 대한 우려 때문이라고 말한다. 한국 사회에 수천 명씩 난민이 쏟아져 들어올 경우 혼란이 불가피하다는 것이다.[166]

콩고민주공화국 출신 욤비 토나 교수¹⁶⁷

사람들은 그를 '성공한 난민'이라 부른다. 2002년 36세 때 여자로 위장하고 콩고민주공화국을 떠나온 욤비 토나 교수는 우여곡절 끝에 한국에 정착했다.

당시 '코리아' 하면 북한밖에 모를 만큼 한국에 대한 정보가 없었던 그는 공항에서 택시를 타고 나서야 자신이 발 디딘 땅이 서울인지 알았다. 한국 도착 이후에도 난민 인정을 받지 못해 이런저런 공장을 전전했다. 콩고민주공화국 키토나 민족의 왕자 출신으로 고등교육을 마치고 비밀 정보요원으로 활동한 그였지만 한국에서 할 수 있는 일은 그리 많지 않았다. 2008년 거듭된 심사 끝에 한국 도착 6년 만에 난민 지위를 인정받을 수 있었다.

그는 한국의 다문화정책이 한국 남성과 결혼한 외국인 여성에 국한하는 한계가 있다고 비판했다. "한국 다문화센터는 안에 들어가면 한국인 교사 몇 명 빼고 다 외국인 여성입니다. 그곳에는 한국어를 배우고 김치 만드는 법을 배우는 프로그램이 대부분이에요. 학문적으로 보면 이건 동화(同化) 혹은 흡수를 위한 센터밖에 되지 않아요."라고 말했다.

욤비 교수는 이민자의 다양성을 배제하고 한국 사회에 흡수시키려는 이런 정책은 프랑스, 벨기에 등지에서 발생하는 테러와 같은 또 다른 문제를 야기할 것이라고 지적했다.

Chapter 5

아프리카의
지속가능한 발전

지속가능한 개발이란 환경을 보호하고 빈곤을 구제하며 성장을 이유로 천연자원들을 파괴하지 않으면서 경제적인 성장을 창출하기 위한 방법을 의미한다. 제2차 세계대전 종식 이후 경제성장을 목표로 추진하던 대부분의 개발 협력 정책이 1990년대 이후 빈곤퇴치 전략으로 전환되었고 MDGs의 중점 전략이 되었다. 그러나 2015년 이후부터 국제사회는 성장 중심의 빈곤 감소보다 자연환경과 복지 등 개발로 인해 야기되는 부작용을 최소화하기 위해 SDGs를 주요 방향성으로 추진하고 있다. 현재는 환경뿐만 아니라 범분야에 항상성을 유지하는 것을 방향으로 잡아 모든 개발전략에 적용하고 지속가능한 발전을 추구하고 있다.

UN 지속가능발전목표의 17개 목표　　　　　　ⓒ 지속가능발전포털

　특히 사하라이남 아프리카 국가에는 아프리카 대륙 전체 인구의 약 40%(약 4억 1,300만 명)가 절대빈곤층에 해당한다. 빈곤선 이하 인구 비율Poverty headcount ratio at $1.90 a day(2011 PPP) 또한 42.3%로 전 세계 평균인 10.7%를 크게 상회한다[168]. 사

하라이남 아프리카 국가들은 세계화로 인한 국제경제 흐름에 적응하지 못했을 뿐만 아니라 이들을 구제하기 위한 여러 가지 개발 정책도 부작용만 낳았을 뿐 큰 실효를 거두지 못했기 때문이다. 게다가 열대우림의 파괴, 사막화, 각종 폐기물 문제, 식수 자원 부족과 같은 환경문제가 발생하고 있는데 환경오염을 스스로 회복할 수 있는 회복탄력성 또한 점점 줄어들고 있는 상황이다.

아프리카에서 발생한 빈곤, 환경, 분쟁 등의 근본적인 이유가 아프리카 국가들의 내부적인 문제에서 유래한 것도 사실이나 식민 통치 역사, 개발과 원조 등 외부 국가들의 정치·경제적 이권이 개입된 구조적인 원인 또한 크다. 따라서 문제를 근본적으로 해결하려면 대내외에서 다각적이고 전방위적인 노력이 필요하다. 5부에서는 아프리카에서 발생하고 있는 빈곤과 양극화 심화, 기후변화 등의 현황과 원인에 대해 알아보고 지속가능한 발전을 위한 노력에 대해 알아보자.

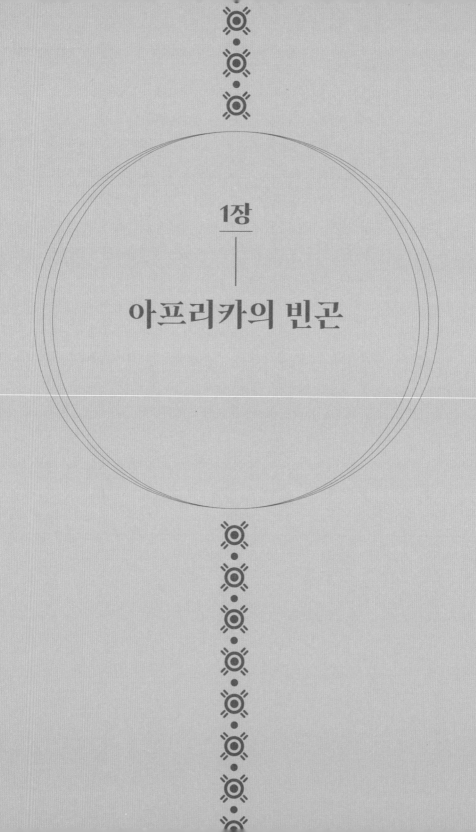

1장

—

아프리카의 빈곤

아프리카에서 빈곤이란?

사전적 정의에 따르면 빈곤은 '최소한의 인간다운 삶을 영위하는 데 필요한 물적자원이 부족한 상태'를 일컫는다. 빈곤의 정도에 따라 의식주와 같은 인간의 기본적인 욕구를 해결하지 못하는 최저생활수준 이하의 자원이 결핍된 상태를 '절대적 빈곤'이라 한다.

세계은행은 국제 빈곤선*을 1인당 하루 1.90달러로 설정하고 있으며, 빈곤선 이하 수준으로 살아가는 사람이 전 세계 약 6억 8,900만 명(2017년 기준) 정도 되는 것으로 집계하고 있다. 이는 전 세계 인구의 9.2%에 해당하는 수치이다.[169]

세계은행에 따르면 절대빈곤층에 속하는 인구의 절반 이상인 약 4억 명이 사하라이남 아프리카 지역에 거주하는 것으로 알려져 있고, 이는 아프리카 전체 인구의 약 40%에 해당한다. 빈곤선 이하 인구 비

---

*   세계은행은 1인당 하루 1.90달러(USD)로 국제 빈곤선을 지정했다. 이는 초기 하루 1달러 (1990년대)와 1.25달러(2008년)에서 2015년에 상향 조정된 것이다.(세계은행, 국제 빈곤선 http://www.worldbank.org/en/topic/poverty/brief/global-poverty-line-faq)

율은 42.3%로 1990년의 54%에 비해서는 줄었지만 전 세계 10%(2015년), 남미 및 카리브해 4.1%(2015년), 남아시아 16.2%(2013년) 등 타 지역 빈곤선 이하 비율과 비교하면 여전히 심각한 수준이다.[170] 이러한 통계수치로 인해 많은 사람이 아프리카와 빈곤을 연관 지으며 동일하게 인식하고 있다.

ECOSOC의 2018년 자료*에 따르면 UN이 정한 기준에 따라 최빈개발도상국으로 분류한 47개국 중 70%에 해당하는 33개국이 아프리카에 위치한 것으로 집계되었다(라틴 아메리카와 카리브해 지역 1개국, 아시아 9개국, 오세아니아 4개국).[171] WFP에서 발표한 세계기아지도 또한 다르지 않다. 다음 페이지 지도는 빈곤 정도를 색으로 분류한 것으로, 진한 붉

---

*   UN은 1인당 연간 소득이 1,000달러보다 약간 높은 1,035달러인 국가를 최빈국으로 지정하고, 3년마다 영양, 아동 사망률, 학교 등록률 등을 기준으로 국가들을 재평가하여 발표하고 있다.

2020년 세계기아지도

< 2.5% < 5% 5~14.9% 15~24.9% 25~34.9% >35% 자료 없음

2017~2019년 전체 인구 대비 영양결핍 분포도

© WFP 2020 자료 참고하여 저자 작성

은색으로 표시된 국가는 국민의 35% 이상이 심각한 기아로 고통받고 있다는 의미이며, 빨강색은 25~34.9%, 주황색은 15~24.9%, 노란색은 5~14.9%의 사람이 굶주림에 처했다는 의미이다.172

　다양한 측면에서 빈곤은 아프리카 국가들에게 근심거리임에는 분명하다. 아프리카 지역에 많은 재원이 투입되었음에도 쉽게 해결되지 않은 문제로 남아있으며 장기간 고착된 문제이기에 그들의 삶에 미치는 영향도 크다. 그러나 아프리카에서 빈곤 문제가 심각한 이유는 아프리카 국가들의 내부적인 결핍에서 유래한 것이라기보다는 식민지 역사, 개발과 원조 등 외부 국가들의 정치·경제적 이권이 개입된 구조적인 빈곤이라는 데 있다.

☾ 1960년대부터 1970년대 아프리카의 경제 수준

무엇이 아프리카를 이토록 가난하게 만들었을까? 아프리카는 세계에서 두 번째로 큰 대륙으로 전 세계 인구의 약 16%를 차지한다.[173] 아프리카 대륙은 54개의 독립국가로 구성되어 국가별로 정치적·경제적·문화적으로 다양한 특성을 보이고 있다.

이러한 다양성만큼 아프리카 국가들의 빈곤 원인은 수많은 요인이 복합적·유기적으로 연결되어있다. 사회, 역사, 정치, 경제 등 다양한 맥락에서의 접근이 필요하며 몇 가지 이유만으로 설명하기에는 무리가 있다.

아프리카의 빈곤이 처음부터 세계 최악의 수준이었던 것은 아니다. 다음 페이지 그림에서 확인할 수 있듯이 1960년대부터 1970년대까지만 해도 아프리카 국가와 동아시아 국가의 국민소득 차이는 크지 않았다. 1960년대 라이베리아의 1인당 국민소득(국제달러 현가)GDP per capita, PPP(current international $)은 170달러로 158달러였던 한국보다 높았으며, 남아프리카공화국은 약 440달러로 한국과 약 3배 정도 차이가 났다. 짐바브웨, 세네갈, 잠비아 등도 한국보다 경제 수준이 높았다.

☾ 증가하는 아프리카의 빈곤율

경제성장률이 더디게 증가하는 것도 문제지만 아프리카 국가들의 더 심각한 문제는 빈곤율이 증가하는 것이다. 코트디부아르의 빈곤선 이하 인구 비율은 1985년 6.8%에 불과했으나 2015년에는 28%에 달했다. 마다가스카르 또한 1980년 46.1%였던 빈곤선 이하 인구 비율

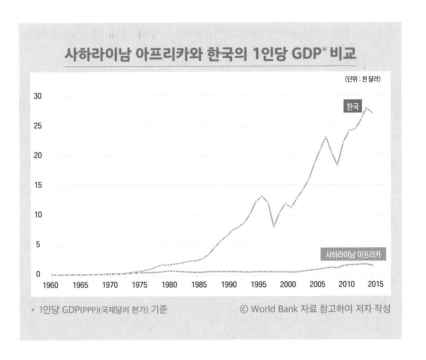

사하라이남 아프리카와 한국의 1인당 GDP* 비교

(단위 : 천 달러)

한국

사하라이남 아프리카

1960 1965 1970 1975 1980 1985 1990 1995 2000 2005 2010 2015

* 1인당 GDP(PPP)(국제달러 현가) 기준   © World Bank 자료 참고하여 저자 작성

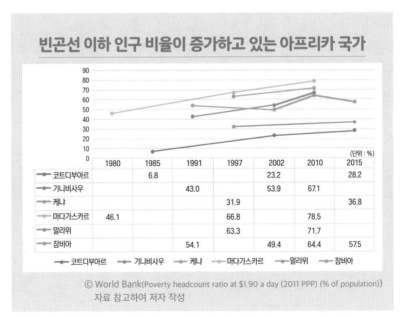

빈곤선 이하 인구 비율이 증가하고 있는 아프리카 국가

(단위 : %)

	1980	1985	1991	1997	2002	2010	2015
코트디부아르		6.8			23.2		28.2
기니비사우			43.0		53.9	67.1	
케냐				31.9			36.8
마다가스카르	46.1			66.8		78.5	
말라위				63.3		71.7	
잠비아			54.1		49.4	64.4	57.5

코트디부아르   기니비사우   케냐   마다가스카르   말라위   잠비아

© World Bank(Poverty headcount ratio at $1.90 a day (2011 PPP) (% of population))
자료 참고하여 저자 작성

이 2010년에 78.5%까지 올랐고, 잠비아도 1998년 42.1%에서 2010년 64.4%로 증가했다.

빈곤선 이하 인구 비율이 높은 국가들은 동남아시아, 중남미 등을 비롯한 다른 지역에도 존재하지만 빈곤율이 악화되는 사례는 유독 아프리카 지역에서 빈번하다. 산업혁명을 거치면서 유럽을 비롯한 세계 대부분의 사람이 인류 역사 이래 최대 번영기를 살아가고 있는 것과 비교한다면 100년 전에는 누구나 가난했다는 말이 아프리카 사람들에게 위안이 될 수 없다. 왜 아프리카 사람들의 삶은 예외가 되었을까?

빈곤을 일으키는 주요 원인

아프리카 국가들의 문제를 서구 국가의 잘못으로만 돌린다면 그들 국가에 문제 해결의 책임을 전가해야 되는데 이는 현실적인 문제해결 방안이 될 수 없다. 그 이유는 다음과 같다.

첫째, 오늘날의 서구인들은 과거 식민주의자들의 죄업에 대해 특별한 죄의식을 느끼고 있지 않다. 둘째, 아프리카 문제를 해결하기 위해 수십 년 동안 선진국들이 실천해온 노력이 결과적으로는 모두 실패로 끝났기 때문이다.

따라서 여기에서는 빈곤의 다양한 원인을 아프리카의 관점으로 내부적인 요소에 집중하여 분석해보고자 한다. 아프리카 내 빈곤의 원인을 명확히 정의하기는 어렵지만 지리적 조건이나 기후변화와 질병으로 인한 식량안보 위협, 식민 통치의 역사, 부정부패, 죽은 원조 등이 이유로 거론된다.

☪ 아프리카의 자연조건

실제로 세계은행이 1999년 '대외 부채가 많고 가난한 국가^{HIPCs}'로 분류한 42개국 중 39개국이 열대지방에 위치하거나 대부분의 국토가 사막으로 이루어져 있는 것으로 보고되었다. 일부 전문가는 기후와 지형, 식생 등 열악한 조건들을 아프리카 발전을 저해하는 요소로 지적한다.

아프리카 내륙에는 많은 국가가 있고 인구도 많은데 운송 및 교통수단이 발달하지 않아 물류 수송이 쉽지 않고 비용 또한 다른 지역과 비교하면 훨씬 높다. 사하라 사막이 가로막아 육로를 통해 물자를 사하라이남에서 유럽으로 수송하는 것 또한 거의 불가능하다. 무역 발전에 필요한 교통 인프라가 매우 부족한 형편이다.

또한 아프리카 지역의 사람들은 더위와 질병을 피해 건조한 열대에서 살고 있는데 이런 지역에는 강이 부족하고 충적토로 이루어진 평원도 없다. 농작물의 생산성이 매우 떨어지고 말라리아나 황열병 등과 같은 열대성 질병에 시달릴 수밖에 없는 것이다.[174] 열악한 지역 조건은 홍수와 가뭄 같은 극심한 기후변화에 취약해 재앙 수준의 환경 변화를 야기하기도 한다. 아프리카뿔 지역을 중심으로 메뚜기 떼 같은 해충 피해가 극심해져 가뭄과 홍수로 약 2,000만 명이 기근을 겪고 있는 지역은

마다가스카르 메뚜기떼 피해   케냐 메뚜기떼 피해

© Notre-planete.info(2013.06.28.), Le Monde Afrique(2020.04.10.)

식량안보 위협이 매우 크다. 최근에는 코로나19 팬데믹으로 각종 살충제 및 바이오 농약 수급이 원활하지 않아 UN 식량농업기구^{FAO, Food and Agriculture Organization of the United Nations} 같은 국제기구조차 대처와 지원에 어려움을 겪고 있다.175

☪ 노예제도와 식민 통치 등 역사적 배경

아프리카의 빈곤은 노예제도나 식민지 역사 등 유럽인이 아프리카에 가져온 정신적 충격에서 비롯된 것이라고 주장하는 사람도 있다. 18세기부터 19세기에 걸쳐 수백만 명의 아프리카인이 노예선 화물칸에 태워져 대서양을 건넜고 수많은 사람이 목적지에 도착하기도 전에 목숨을 잃었다. 건강한 성인이 노예로 팔려나가는 현실은 아프리카 사회를 크게 붕괴시키는 요인이 되었고, 실제로 한 평가에 따르면 유럽인들의 식민 통치 이전에 아프리카인의 30~60%가 노예였다고 한다.

또한 노예제도가 폐지된 이후 오랫동안 이어진 유럽의 식민 통치는 저개발의 요인으로 지목된다. 1960년대까지도 많은 아프리카 국가가 식민지 상태였기 때문에 오늘날 빈곤 문제의 근원을 국가 내부에서 찾기보다는 식민 통치에서 기인한 것으로 분석하기 쉽다. 만일 수단과 부룬디의 통치자들이 권력을 유지하기 위해 민족 간 갈등을 조장하고 이용한다면 그것은 과거 식민 정복자들에게서 배웠을 가능성이 크다는 것이다. 그러나 한편으로는 한국을 비롯한 대만, 홍콩, 말레이시아, 싱가포르 등 식민 통치를 경험한 국가들이 현재는 대부분 빈곤 상황을 극복한 것과 비교한다면 아프리카 국가들이 겪고 있는 현실을 식민 통치 경험 탓으로만 돌리는 것은 바람직하지 않다.176

☪ 불안정한 정치 상황

경제성장의 필수적인 전제 조건은 외국자본과 선진기술이 원활히 유입될 수 있도록 정치·경제·사회적 여건을 마련하는 것이다. 이러한 자본이 투명하고 효율적으로 집행될 수 있는 정치·사회적 구조도 꼭 필요하다.

단지 선거를 치르는 것만으로는 민주국가라고 규정하기 어렵다. 대부분의 국가가 국민이 직접 참여하여 나라를 이끌어갈 통치자를 선출하는 것을 민주주의의 기본으로 보고, 대통령 권한에 임기를 두어 한 사람에게 장기간 권력이 집중되지 않도록 법으로 정하고 있는 것도 이 때문이다.

1960년대 식민 정부로부터 독립한 후 약 60년이 지난 지금까지 아프리카의 일부 국가 또한 민주화 정착과 함께 정치적 안정을 이루어가고 있다. 하지만 여전히 해결해야 할 과제가 많다. 그중 정치·사회적 불안, 부정부패, 정책의 일관성 부족으로 사업 환경을 예측할 수 없는 어려움, 열악한 인프라 등 여러 장애요인이 외부의 투자와 기술 유입을 가로막아 경제 발전을 이루는 데 걸림돌로 작용하고 있다.[177]

이러한 아프리카 국가들의 실정(失政)은 계속해서 아프리카의 발전을 가로막는 요인이 되고 있다. 예를 들어 아프리카에서 1년 동안 일어나는 자본 유출은 500억 달러에 달한다. 이러한 문제가 생기는 까닭은 아프리카 국가들이 선정(善政)을 펼치지 못하고 있기 때문이다. 아프리카 국가들도 자체 수입이 있고 원조나 투자의 기회가 있지만 인적, 사회적, 제도적 자산이 구축되지 않아 이를 효율적으로 운용하는 데 어려움을 겪고 있다.[178]

☪ 취약한 경제구조와 1차 산업에 대한 높은 의존도

개발도상국의 1차 산업에 대한 높은 의존도는 국가 경제 발전에 큰 걸림돌로 작용하고 있다. 여러 개발도상국이 과거 식민 지배 시절 국가 발전을 위한 기술 향상이나 사회 인프라 및 제도를 제대로 갖추지 못했고, 지속되는 정치 불안으로 산업화의 기반을 쌓지 못하여 수출 상품의 다각화를 이루지 못했다.

서구 열강으로부터의 식민 지배에서 독립한 후 반세기가 지난 지금까지 많은 개발도상국의 경제는 여전히 구 식민 종주국과의 종속적인 관계에서 벗어나지 못하고 소수 품목의 1차 산품(産品) 수출에 크게 의존하고 있다. 1차 산품의 경우 국제시장에서의 가격 변동에 따라 무역수지가 크게 좌우되어 국제시장에서 가격 하락 시 전체 국가 경제에 직접적인 영향을 주어 국가의 지속적 경제성장을 저해한다.

'검은 황금의 땅'이라 불리는 나이지리아는 원유 매장량 기준으로 세계 10위, 수출액 기준으로 세계 8위의 아프리카 최대 산유국이며 원유 및 가스 수출이 전체 수출액의 98%를 차지하고 있다. 앙골라와 콩고민주공화국 역시 원유와 다이아몬드 수출이 각각 95%, 70%를 차지한다.[179]

아프리카 대륙 54개국 중 거의 대부분이 농업국가로 37개 국가가 오로지 농사만으로 생계를 유지하고 있으나 농업환경이 열악하여 생산성이 극히 낮으며 관개시설의 미비로 기후변화에 매우 취약하다. 1980년에서 2000년 사이에 국제 설탕 가격은 77%, 코코아는 71%, 커피는 64%, 목화는 47%씩 각각 하락함으로써 아프리카의 교역조건이 크게 악화되었다.[180] 개발도상국에서는 1차 산업 의존도를 낮추고 경제구조를 다각화하여 외국의 수요 동향에 따른 국제가격 변동이 경제

전체에 영향을 덜 끼치도록 만드는 것이 필요하다.

☪ 공여국의 개발원조

워싱턴 컨센서스 : 조건부 개발원조를 통한 선진국의 개혁 처방

공여국의 안전과 이익을 도모하기 위해 추진해왔던 개발원조 또한 협력국이었던 아프리카 국가들의 발전을 저해하는 데 영향을 미쳤다는 비판을 받고 있다. 가령 협력국에 사회주의나 테러리즘이 일어나지 않도록 함으로써 공여국의 안전을 도모하기도 하고, 보조금과 차관 등의 자금을 아프리카 국가에 조달함으로써 공여국의 목적을 실현하고자 한다는 것이다. 가난한 나라에 투입된 구호 자금은 지엽적인 수단에 불과하다는 논리이다. 초기 현실주의 학자이자 국제관계학 권위자인 조지 리스카George Liska는 원조는 냉정한 외교 수단에 불과하다며 앞으로도 얼마 동안은 대외 원조가 정치권력의 수단이 될 것이라고 비판했다.181

예를 들면 미국식 시장경제 체제를 발전모델로 대입한 '워싱턴 컨센서스Washington Consensus'는 대표적인 조건부 개발 정책이다. 미국은 금융위기에 처한 개발도상국에 원조 자금을 지원하면서 국가정책에 개입하여 사유재산권 보호, 정부 규제 축소, 국가 기간산업 민영화, 외국 자본에 대한 규제 철폐, 무역자유화와 시장개방 등의 정책을 시행하도록 했다.182 미국 국제경제연구소IIE, Institute for International Economics의 경제학자 존 윌리엄슨John Williamson은 1989년 저서《Latin American Adjustment: How much has Happened(라틴 아메리카의 구조조정정책)》에서 개발도상국에 대한 이러한 미국의 개혁 처방을 '워싱턴 컨센서스'라 일컬었다.183 공공부문의 축소 및 자유시장경제의 신자유주의를 기초로 하는 워싱턴 컨센서스는 워싱턴에 있는 미국 행정부와 국제통화기금IMF, International Monetary Fund, 세계은행이 합의한 내용으로 개발도상국에 미국식 시장경제 체제를 발전모델로 대입한 것이다.

그러나 국가의 정치·경제적 고려 없이 일률적으로 도입되었던 개혁 처방이 모든 개발도상국에 효과적인 것은 아니었다. 아직 산업화의 토대가 완전치 않고 경제 및 정치체계 또한 굳건하지 않았던 많은 개발도상국에서는 이 같은 조건부 개발원조가 국내 산업의 몰락, 빈부 격차로 인한 사회 혼란을 가중시켰다.

2000년대 초 세계은행은 탄자니아 정부에 차관 제공을 조건으로 수자원의 민영화를 요구했고, 이에 2003년 탄자니아 정부는 영국의 다국적기업인 바이워터Biwater사와 10년간 상수도 공급을 제공하는 계약을 체결했다.184 하지만 오로지 이윤 창출에만 관심이 있었던 바이워터사의 형편없는 서비스로 인해 탄자니아 시민들은 격렬하게 저항했고 결국 2005년 계약을 해지하기에 이르렀다.185

소말리아의 경우에는 1981년 IMF의 구조조정정책 아래 정부 보조금을 축소한 결과 국내 농업과 목축업이 몰락하여 기아와 빈곤이 심화되었다. 짐바브웨는 공공부문의 지출 억제로 의료 지출이 3분의 1로 감소해 유아사망률이 높아지는 결과를 낳았다.186 이렇게 개발도상국의 정치·경제적인 상황에 대한 고려 없이 무리하게 시행된 개혁 처방이 긍정적인 효과보다 개발도상국의 국가 발전에 부정적인 영향을 불러오자 비판의 목소리가 높아졌다.

이에 IMF는 신자유주의를 기반으로 한 기존 정책을 재검토하기 시작했다. IMF 부국장인 조나단 오스트리Jonathan Ostry를 포함하여 IMF의 핵심 경제학자 3명은 〈신자유주의 지나치게 많이 팔렸나?Neoliberalism: Oversold?〉187라는 논문을 통해 "신자유주의의 몇몇 정책은 경제성장을 이끈 것이 아니라 불평등을 가중시켰다."라며 "이렇게 가중된 불평등이 지속적인 성장을 가로막았다."고 시인하기도 했다.[188]

베이징 컨센서스 : 중국식 정부 주도 시장경제 발전모델의 역습

'베이징 컨센서스Beijing Consensus'는 워싱턴 컨센서스와 대립되는 개념으로 〈타임〉지 전 부편집장 조슈아 쿠퍼 라모Joshua Cooper Ramo가 2004년 5월 영국 총리 산하 연구소인 외교정책센터에서 발표한 보고서에 처음 등장한다. '중국식 정부 주도의 시장경제 발전모델'로 각국이 독자적 가치를 유지하면서 세계경제 체제에 편입되어야 한다는 대외 정책을 포괄하는 의미이다.

베이징 컨센서스의 주요 내용은 점진적·단계적 경제개혁, 균형 잡힌 발전전략, 화평굴기(和平崛起, 평화롭게 국제사회의 강대국으로 부상)의 대외 정책 등으로 분류된다. 또한 통화스와프 체결을 통한 위안화 영향력과 대외 원조 확대를 포함하고 있다.

이를 기반으로 중국은 아프리카, 동남아시아 등 저개발지역을 중심으로 대외협력 규모를 대폭 확대했으며, 대아프리카 지원도 2003년 약 8억 달러에서 2007년 약 180억 달러로 22배 넘게 증가했다. 중국은 중남미에서는 천연자원 생산에 집중했지만 아프리카와 동남아시아에서는 인프라 및 공공사업에 집중했다.[189]

당시 세계경제 위기와 함께 민주화에 성공하지 못했거나 권위주의 정권에 의해 유지되는 일부 개발도상국에 중국식 발전모델(사회주의 시장경제)은 매력적인 경제성장 모델로 받아들여졌다. 그뿐만 아니라 중국의 자원 외교는 원자재 확보에 유리한 고지를 선점하고 개발도상국 상호 간의 의존도를 확대하여 중국의 자원 개발 경쟁력을 강화하는 효과를 노렸다. 특히 서구사회의 원조 의존도가 절대적이었던 아프리카 국가 지도자들은 베이징 컨센서스를 지지했고 다양한 대외협력 선택권을 부여하는 중국의 접근을 환영했다.

FOCAC 베이징 정상회의 　　ⓒ CGTN(2019.06.25.)

2018년 9월 개최된 '중국-아프리카 협력포럼FOCAC, Forum on China-Africa Cooperation 베이징 정상회의'에는 중국과 수교한 53개국 아프리카 정상이 참여해 중국의 대아프리카 정치·외교적 영향력을 입증했다. 2006년 베이징 정상회의를 시작으로 세 번째 개최되는 FOCAC 정상회의였는데, 대만과 수교하고 중국과는 비수교 상태여서 참석이 어려운 에스와티니만 제외하고* 아프리카 국가 정상 전원이 참석한 것이다.[190] 이는 아프리카에서 중국의 파워를 보여주는 단적인 예라고 할 수 있다. 특히 안보에 민감한 아프리카의 지역적 특성상 국가 정상 전원이 자리를 비우고 방중 외교길에 오른 것은 이례를 찾아보기 힘든 일이다.

이틀간 개최된 이 포럼에서 베이징 선언과 베이징 행동계획이 채택되었다. 2015년 남아프리카공화국 FOCAC 정상회의 이후 600억 달러(약 66조 6,480억 원) 규모의 대아프리카 인프라 투자를 추진하고 있던 중국이 2018년에는 시진핑 주석 직권으로 150억 달러(약 16조 6,870억 원) 규모의 추가 기금 마련 계획을 발표한 것이다.[191]

2000년 이후 아프리카 대륙 전역에 작용했던 중국의 역할 증대가 아프리카의 고속 성장을 어느 정도 촉진한 것이 사실이고, 금융과 인프라에 쏟아부은 134억 달러는 통신망 구축에 지원되어 케냐의 엠-페사M-Pesa나

---

*　미·중 간 통상 경쟁 속에 미국이 영향을 끼치는 대만과 아프리카 국가들과의 단교가 이어진 가운데 에스와티니는 50년 넘게 외교관계를 유지해온 대만과의 국교를 유지할 것이라고 발표한 바 있다.(연합뉴스(2018.08.22), "아프리카 마지막 대만 수교국 에스와티니, 국교유지 확인")

모잠비크의 엠-케쉬M-Kesh 등의 신화를 이루는 기반이 되었다. 2020년 12월에는 중국 정부가 아프리카 질병통제예방센터Africa CDC, Africa Centres for Disease Control and Prevention 본부를 에티오피아 아디스아바바에 설립하는 데 8,000만 달러를 투자하기로 했으며 AU에 대한 지원도 지속하여 아프리카 내 보건 안보 또한 중국이 통제권을 갖도록 영향력을 확대했다.192

그러나 이러한 아프리카 내 중국의 급부상은 투자와 교역 측면에서 중국에 더욱 유리한 조건으로 제시되고 있고, 서구의 원조와는 달리 별다른 조건부 없이 투자되는 탓에 우후죽순 투입되었다. 또한 현지 인력과 시스템을 사용하기보다는 중국 노동자들이 투입되는 중국의 협력 방식은 현지인들과 노동시장에 별 도움이 되지 못했고 급격히 늘어난 중국 이주민과 중국 상품들은 지역사회 산업과 시장을 무너뜨려 실직자를 양산했다.

다소 공격적이고 위협적인 중국의 대아프리카 투자전략은 아프리카 측의 이익을 염두에 둔 동맹국의 태도라기보다 시장 개척을 위해 나선 보따리 장사에 가까워 국제사회로부터 비판받아왔다. 서구 공여 주체들 또한 중국이 끊임없이 원자재에 집중함으로써 '새로운 아프리카 쟁탈전'을 야기하고 있다고 지적한다.193

아프리카 국가 지도자들도 중국의 양면성을 충분히 인지하고 지속가능한 해결책이 되기 어려운 한계를 인정하는 분위기이다. 모쪼록 제2의 '원조의 덫'이 되지 않도록 현명하게 서구의 경제적 제재를 조정하는 데 필요한 마중물로써 중국을 활용하고, 적절한 타이밍에 손을 놓을 수 있는 성공적인 스토리를 써나가길 바란다.

2장

급변하는 세계화로
심해지는 국가 간 불평등

양극화의 의미와 현황

☪ 세계화 속의 양극화 심화

양극화의 사전적 의미는 "서로 다른 계층이나 집단이 점점 더 달라지고 멀어지게 되는 것"을 말한다. 보통 경제적 양극화와 사회적 양극화로 구분하는데 이 둘은 서로 영향을 미쳐서 경제적 양극화에 따라 빈곤과 불평등, 차별의 심화 등 여러 사회문제를 야기한다.[194]

국경을 넘어 국가 간 경제교류가 활발해지면서 기업은 세계시장에 물건을 내다 팔 수 있게 되었고 소비자들은 질 좋은 상품을 더욱 저렴하게 살 수 있게 되었다. 하지만 세계화 속 무한경쟁의 무대에서 막대한 자본과 기술력을 가진 소수의 다국적기업과 자본가의 부는 더욱 축적되었고 경쟁에서 뒤처질 수밖에 없는 다수의 중소기업과 소상공인의 무역 여건은 더욱 어려워졌다.

뿐만 아니라 MDGs를 통한 개발 재원으로 전 세계 극빈(1.90달러/일)

이 절반 정도 감소하는 성과를 거둔 것은 사실이나 빈부 격차는 더욱 심해져 아프리카 지역을 포함한 최빈개발도상국들이 극빈을 벗어나는 동안 선진국들은 더 많은 부를 축적하게 되었다. 급속한 세계화는 빈부 격차가 점점 더 확대되는 양극화 현상을 오히려 심화시키고 있다.

2017년 12월 '세계의 부와 소득 데이터베이스*'는 〈세계 불평등 보고서World Inequality Report〉를 통해 "지난 37년 동안 상위 0.1%인 700만 명의 부자가 가져간 세계의 부와 소득 증가분이 하위 50%인 38억 명에 돌아간 몫과 같다."고 발표했다.195 《21세기 자본 Capital in the Twenty-First Century》의 저자로 유명한 프랑스 경제학자 토마 피케티Thomas Piketty를 비롯해 5명의 세계 유명 경제학자가 작성한 이 보고서에는 갈수록 빈부 격차가 심화되고 있으며 일부 국가는 '극단적 수준'에 이르렀다고 나와 있다.196

2018년 1월 세계경제포럼 연차총회WEF, World Economic Forum (일명 다보스포럼)를 앞두고 국제 구호단체인 옥스팜Oxfam이 발표한 〈부가 아닌 노동에 보상하라Reward Work, Not Wealth〉 보고서의 내용도 같은 맥락이었다. 옥스팜은 이 보고서를 통해 세계 인구의 상위 1%가 최근 1년간 세계에서 발생한 부의 82%에 해당하는 7,620억 달러(약 840조 원)를 소유하고 있으며 하위권 50%인 37억 명은 같은 기간에 재산을 전혀 늘리지 못했다고 밝혔다.197

2017년 11월, 크레디트스위스Credit Suisse 은행의 〈글로벌 부 보고서 Global Wealth Databook〉에서는 세계 42명 부자의 자산 규모가 전 세계 인구의 절반인 37억 명의 자산과 동일하다고 밝히기도 했다.198 같은 해 WEF는 〈세계위험 보고서Global Risk Report〉에서 향후 10년 동안 세계를 위협할 3대

---

* 세계의 부와 소득 데이터베이스(WID.world)는 파리경제대학원 세계불평등연구소의 70여 개국 학자 100여 명이 참여해 소득분배를 연구하는 네트워크이다.

리스크로 '경제적 불평등', '사회 양극화', '환경 위험 증대'를 꼽았다.[199] 또한 옥스팜이 세계 10개국에서 7만 명을 대상으로 설문조사를 시행한 결과 응답자의 3분의 2가 "빈부 격차 문제를 시급히 해결해야 한다."고 답했다고 밝혔다.[200]

사회 및 경제적 양극화에 대한 아시아태평양경제협력체APEC, Asia-Pacific Economic Cooperation 연구보고서에서는 "기술 진보와 세계화 등으로 한 국가 내 사회·경제적 격차가 심화되고 있는 것은 APEC 회원국 대부분의 공통적 현상"이라고 지적했으나 "무역, 투자의 자유화가 사회·경제적 격차의 확대 또는 축소 사이에 분명한 상관관계가 존재하지 않는다."고 보고했다.[201]

☪ 아프리카 지역에서 더욱 극심한 양극화 피해

최빈개발도상국의 70%가 위치한 아프리카 지역에서 양극화 피해는 생존과 관련된 직접적인 문제이다. 원조를 받으면 받을수록 아프리카 국가의 부채는 증가했고 빈곤은 심화되었으며 서구권 국가들을 중심으로 단행된 구조개혁에서 벗어나기 더욱 어려워졌다. 정치·경제 시스템과 사회구조는 국제사회의 요구에 의해 조정되었고 대외의존도는 더욱 높아졌으며 자립력은 오히려 약해졌다. 특히 대부분의 국가가 국가 경제기반이 취약하고 기본적인 생산력과 노동 숙련도가 떨어져 외적 영향 요인에 절대적으로 취약하기 때문에 양극화가 더 심해질 위험에 처해있다.

이번 코로나19 사태의 경우에도 대부분의 아프리카 국가는 방역보다는 격리 위주의 대응이었다. 취약한 의료시스템과 기반 시설 등을

나이지리아 라고스와 케냐 나이로비에서 벌어진 코로나19로 인한 식량난

이유로 감염병이 대유행하기 이전에 공항 폐쇄와 셧다운 조치를 서둘렀다. 그러나 전파되는 감염병도 문제였으나 공공서비스가 폐쇄되고 경제활동이 일시정지되어 구호식량을 받기 위해 수 킬로미터 줄을 서는 공황 상태가 이어졌고 빈곤이 더 큰 문제가 되었다. 말 그대로 코로나19로 죽기 전에 굶어 죽을 위기에 처한 것이다.

옥스팜도 2020년 8월까지 서부 아프리카 내에서 코로나19 확산으로 최소 5,000만 명이 기아 위기에 처할 것으로 예측했다. 서부 아프리카 경제의 30% 이상이 농업으로 이루어져 있는데 농번기에도 양질의 씨앗과 거름을 살 수 없고 목축의 사료비가 상승하고 식료품과 생필품의 가격이 급등하는 등 해당 지역의 국가들은 심각한 경제적 타격을 입고 있다.[202]

세계화와 경제 양극화 간의 상관관계와 원인은 명확히 밝혀지지 않았으나 기존의 시스템으로 양극화의 간극을 좁히기는 어렵다는 점, 그리고 세계화의 물결에서 아프리카 국가들이 수혜자가 될 가능성은 크지 않다는 점은 명확하다. 시장경제주의 기반의 세계화로 인해 야기된 자국 이기주의와 국수주의, 보호무역주의 등 범국가적 협력과 공조

체계를 무너뜨리는 방향성은 양극화 상황을 악화시킬 뿐이다. 서구사회는 이들에게 주인의식을 강조하며 스스로 자립할 것을 요구하지만 노력과 의지만 있으면 맨주먹으로 모든 것을 이겨낼 수 있다는 말만큼이나 공허한 주문이다.

한편, 2020년 4월 저명한 프랑스 의사 2명이 TV 생방송에서 아프리카에 대한 인종차별적 발언을 해 논란이 되었다. 아프리카 지역에는 코로나19 바이러스를 방어할 재원이 부족하므로 백신 실험을 아프리카에서 해야 한다고 제안한 것이다. 세계보건기구WHO, World Health Organization의 아드하놈 게브레예수스Tedros Adhanom Ghebreyesus 사무총장은 "아프리카는 어떠한 백신의 실험실이 될 수도 없고 되지도 않을 것"이라며 이는 "식민 지배적 사고방식의 잔재"라고 비난했다. 전직 유명 축구선수인 디디에 드록바는 이들의 발언이 "심각할 정도로 인종주의적"이라며 "아프리카 사람들을 인간 기니피그처럼 다루지 마라! 아주 역겹다."고 원색적으로 비난했다. 양극화의 간극을 해소하기 위한 서구사회의 인식은 여전히 정답과 거리가 멀어 보인다.

아프리카에서의 양극화

으리으리한 저택 앞에 주차된 BMW X5에서 한 여성이 내린다. 백화점을 다녀온 그녀의 왼손에는 각종 브랜드명이 적힌 쇼핑백들이, 오른손에는 여유가 물씬 풍기는 자바하우스Java House의 테이크아웃 커피 한 잔이 들려있다. 반면, 그녀가 사는 자그마한 동네의 바로 옆으로는 빈민가가 펼쳐져 있고, 그곳 여성들은 아이들에게 밥을 먹이지 못해 전전긍긍한다.

– "빈부 격차에 시달리는 아프리카"(김광수(2012)) 중에서

한 아프리카니스트가 묘사한 케냐의 수도 나이로비 모습처럼 일부가 부를 독식하고 다수가 가난에 허덕이는 모습이 많은 아프리카 사

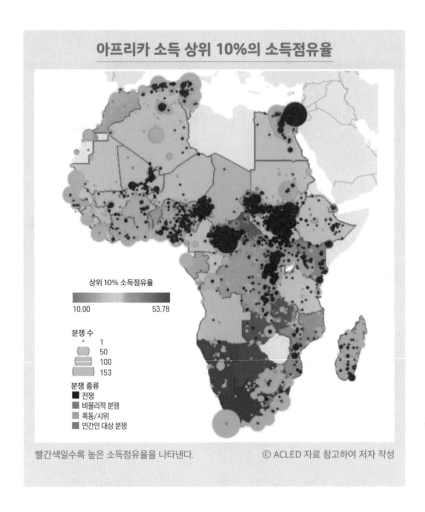

아프리카 소득 상위 10%의 소득점유율

상위 10% 소득점유율

10.00   53.78

분쟁 수
- 1
- 50
- 100
- 153

분쟁 종류
- 전쟁
- 비물리적 분쟁
- 폭동/시위
- 민간인 대상 분쟁

빨간색일수록 높은 소득점유율을 나타낸다.   © ACLED 자료 참고하여 저자 작성

회의 현실이다.203 일반적으로 사회적 불평등을 비교할 때 지니계수*를 사용하는데 나미비아가 0.743, 남아프리카공화국이 0.65, 중앙아프리카공화국이 0.562, 잠비아가 0.508, 짐바브웨가 0.501, 케냐가 0.425를 기록하는 등 아프리카 내 다수 국가가 극심한 소득 불균형 상태에 있

---

*   지니계수(Gini's coefficient)는 경제적 불평등(소득 불균형)을 계수화한 것으로 값이 1에 가까울수록 소득분배의 불평등 정도가 높고 0에 가까울수록 평등한 것으로 비교할 수 있다.

경제 수준을 기준으로 나눈 아프리카 국가 그룹

UN이 지정한 기본 국가 경제 기준
- 최빈개발도상국
- 개발도상국
- 시장경제전환국
- 선진국

© howmuch.net 자료 참고하여 저자 작성

다. 이러한 빈부 격차는 상대적 빈곤의 격화로 연결된다.

IMF 보고서에 따르면 2010년 기준으로 지난 10년 간 가장 빠른 경제성장률을 기록한 아프리카 국가로 앙골라, 나이지리아, 에티오피아, 차드, 모잠비크, 르완다를 지목하며 절대적 빈곤은 완화되고 있는 것으로 평가했다. 아프리카개발은행AfDB, African Development Bank 또한 1980년대에는 아프리카 인구의 26.2%(1억 1,100만 명)가 중산층이었던 반면 2012년에는 34.3%(3억 1,300만 명)로 늘어나 약 30년간 3배가 확대되었다고 발표했다.

이러한 경제성장과 중산층 확대에도 불구하고 아프리카에서는 여전히 약 10만 명이 GDP의 60%를 소유하고 있고, 2달러 미만으로 살아가는 인구 비율 또한 60%가 넘는 기형적 구조가 계속되고 있다. 일례로 남아프리카공화국은 아프리카 전체 GDP의 약 25%가량을 차지하는 아프리카 1위 경제국인데도 절반 이상의 국민이 한 달에 500랜드(약 6만 9,000원)로 겨우 생계를 이어나가고 있다.

아프리카에서 가장 부유하다고 알려진 나이지리아 시멘트 재벌 알리코 당고테Aliko Dangote는 그 재산이 무려 216억 달러(약 24조 840억 원)로 고(故) 이건희 회장의 재산보다 많다.204 당고테는 블룸버그 마켓과의 인터뷰에서 2025년까지 200억 달러(약 22조 7,600억 원)를 유럽과 미국에 투자할 계획을 가지고 있다고 밝히며 신재생에너지에 지대한 관심이 있음을 나타내기도 했다.205 반면, 나이지리아 전체는 절대 빈곤선 이하 인구 비율이 40.1%(세계은행, 2018년 기준) 수준의 개발도상국에 속한다.

아프리카에 만연한 빈부 격차의 원인에 대해서는 다양한 주장이 제시되고 있다. 스텔렌보스대가 발간한 〈빈곤의 덫으로써의 질 낮은 교육Low quality education as a poverty trap〉은 교육 시스템을 빈부 격차의 원인으로 지목한다. 남아프리카공화국의 경우 소득 하위 80% 가정에서 자란 아이들이 소득 상위 20%의 가정에서 자란 아이들보다 학업 성취도가 떨어지고 생산성이 낮아 저소득밖에 얻지 못하고 있다고 분석했다.

또 다른 이들은 고용 없는 성장 정책, 자본집약형 제조업에의 집중 등을 빈부 격차의 원인으로 꼽았다. 해결방안은 다양하게 제시되고 있지만 경제성장을 통해 쌓인 부가 재분배될 수 있도록 사회적 제도가 정비되어야 한다는 결론은 동일하다.

양극화 완화를 위한 노력

국제사회는 심화되어가는 경제 양극화와 빈부 격차에서 발생하는 사회문제를 심각한 위기로 인식하고 이를 완화하고 평등한 사회를 구현하고자 노력하고 있다. WEF는 시장경제 시스템의 심각한 위협으로 경제 양극화를 꼽았다. 이를 해결하기 위해 시장경제 체제 안에서 발생하는 불균형을 완화하기 위한 제도적 장치를 마련해 세계화의 혜택이 모두에게 돌아가야 한다는 '포용적 세계화Inclusive Globalization'를 해법으로 제시했다.206

또한 2017년 1월부터 WEF는 각 국가의 지속가능한 질적 성장을 측정하기 위하여 '포용적 개발지수IDI, Inclusive Development Index'를 개발해 매년 발표하고 있다. 이는 각국 GDP의 양적인 비교보다 인프라, 투자, 기업가정신, 사회보장 등 국민이 체감하는 질적 성장을 측정하고자 한 것이다.207 국제사회의 움직임과 더불어 각 정부 또한 경제 양극화의 심화로 발생하는 불평등 문제를 개선하기 위해 다양한 정책을 개발하고 있으며, 국제기구와 국제 시민단체 또한 인식 개선을 위한 퍼포먼

르완다 아름다운 커피의 공정무역 커피와 초콜릿

스와 캠페인 활동을 벌이는 등 다방면으로 노력하고 있다.

옥스팜의 경우 부익부 빈익빈의 불공정한 구조를 바꾸기 위하여 매년 WEF에 참가해 불평등 문제 개선 캠페인을 벌이고 있다.208 또한 불평등한 경제구조로 인해 침해되는 아동 인권을 보호하고 유통 구조를 개선하여 균등한 분배를 이루고자 1980년대 국제사회에 '공정무역Fair Trade'이 등장했다.

공정무역은 아프리카 지역의 카카오 및 커피 농장에서 문제가 되었던 아동노동을 금지하고 노동조건을 보장하여 생산과정에서 소작농의 인권을 보호하는 것을 목표로 한다. 불공정한 유통 구조를 개선하여 부의 공정한 분배를 이루고 생산지 소작농의 경제 발전에 기여하는 것 또한 공정무역의 목표이다.

한국에는 2003년 '아름다운커피'에서 네팔 및 인도산 수공예품을 판매하면서 공정무역에 대한 인식이 확산되기 시작했다. 커피 생산을 중심으로 아프리카까지 사업을 확장하여 우간다 엘곤산, 르완다 카롱기 등 생산자 협동조합과 장기적인 파트너십을 맺고 관련 제품을 한국에서 판매하고 있다.209

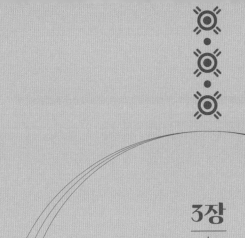

3장

—

빈곤퇴치를 위한
발걸음

대아프리카 원조의 역사

개발원조는 제2차 세계대전 직후 전쟁으로 황폐해진 유럽의 경제 재건을 위해 미국 국무장관 조지 마셜George C. Marshall이 실시한 마셜플랜 Marshall Plan(1947~1951)에서 시작되었다. 마셜플랜은 제2차 세계대전 이후 시작된 소련 사회주의 진영과 미국 자본주의 진영 간의 체제 경쟁에서 소련의 사회주의 세력이 확장되는 것을 방지하기 위해 시작된 유럽 부흥 정책이다. 이후 마셜플랜은 서유럽 16개국에 도입되었다. 마셜플랜이 유럽 경제회복의 일등공신으로 평가되면서 서유럽의 정치와 사회가 안정되었고 이에 미국은 원조의 방향을 아프리카로 돌리기 시작했다.

1960년대 1960년대에 들어서며 여러 아프리카 국가가 식민 지배에서 벗어나 독립하기 시작하면서 미국과 소련은 신생 독립 아프리카 국가에 원조를 앞세워 자국의 영향력을 확산시키고자 했다. 1960년대는 신생국가들의 정치적·경제적 자립에 대한 기대가 매우 높았고 이러한 국제사회의 기대를 반영하여 UN 총회는 개발도상국의 연간 5% 경제성장 달성을 위해 선진국들이 명목국민총소득*의 1%를 원조로 제공하도록 촉구했다.

1970년대 1973년에 발생한 제1차 석유파동의 영향으로 개발도상국의 상황이 악화되면서 선진국의 원조가 차츰 늘어나기 시작하다가 1979년 제2차 석유파동으로 전 세계가 경기 침체에 빠지게 되면서 선진국들은 소비를 줄이고 대외 원조에 소극적인 자세를 취하게 되었다. 주로 1차 산품 수출에 의지하던 개발도상국들은 선진국의 경기 침체에 따른 수출 악화로 심각한 경제난을 겪었다. 설상가상으로 선진국들이 인플레이션을 막기 위해 이자율을 높이면서 그동안 외국은행에서 빈곤구제기금으로 차관을 빌려 사용했던 아프리카 국가들의 이자 부담이 많이 늘어나 1970년대 말에는 외채 상환 불능상태에 이르렀다.

1980년대 제1~2차 석유파동의 여파로 여러 개발도상국이 채무불이행을 선언했다. 이에 세계은행과 IMF는 외채 위기에 처한 개발도상국들에게 국가 경제 전반에 걸친 광범위한 SAPs와 함께 조건부 차관을 제공했다. 1989년 존 윌리엄슨이 제시한 워싱턴 컨센서스 정책은 신자유주의Neo-liberalism**를 바탕으로 1990년대 이후 20여 년간의 개발도상국

---

*   명목국민총소득(GNI, Gross National Income)은 우리나라 국민이 국내외 생산 활동에서 벌어들인 총소득으로 명목 GDP에 실질 국외순수취요소소득을 합한 것이다. 1인당 GNI는 인구수로 GNI를 나눈 것으로 소득의 실질 구매력을 나타내는 소득지표라고 할 수 있다.

**   신자유주의(Neoliberalism)란 국가권력의 시장개입을 비판하고 시장의 기능과 민간의 자유로운 활동을 중시하는 이론이다. 1970년대부터 케인스 이론을 도입한 수정자본주의의 실패를 지적하고 경제적 자유방임주의를 주장하면서 본격적으로 대두되었다.(김경식 (2008.09.26.), 한국경제)

경제협력에 일률적으로 적용되었다. 1980년대는 막대한 양의 원조 지원에도 불구하고 별다른 성과를 거두지 못해 원조 피로Aid Fatigue 현상이 나타기도 했다.

1990년대 1991년 소련이 무너지며 냉전 체제가 막을 내리자 전략적 동기가 약화된 미국은 원조 금액을 대폭 삭감했으며 여러 공여국도 원조 금액을 축소하는 경향을 보였다. 더불어 이 시기에는 세계화가 급속도로 진전되면서 평화, 환경, 인권, 여성, 아동 등의 범세계적 이슈가 글로벌 의제로 떠올랐다. 1990년대 중반을 지나며 세계은행과 IMF의 구조조정정책이 아프리카 국가들의 빈곤을 심화시켰다는 비판이 확산되면서 과도채무빈곤국HIPCs, Heavily Indebted Poor Countries에 대한 부채 탕감 프로그램이 1996년부터 착수되었다.210

2000년대~ 2000년대는 새천년을 앞두고 개발 목표에 대한 국제사회 공동 노력의 기반이 성립된 시기이다. 2000년 9월 뉴욕에서 개최된 새천년정상회의Millennium Summit에 189개 UN 회원국 정부 대표가 모여 빈곤퇴치 및 지속가능한 발전을 위해 2015년까지 국제사회에서 전 인류가 함께 달성해야 할 8가지 개발목표를 설정하고 이를 MDGs라고 명명했다.211 2015년 이후 MDGs의 후속 목표가 된 SDGs의 슬로건은 "단 한 사람도 소외되지 않는 것(Leaving no one behind)"이다. SDGs는 전 세계가 사회발전, 경제성장, 환경보존이라는 3대 축으로 지속가능한 발전을 이룬다는 원칙을 설정하고, 2016년부터 2030년까지 17개 목표, 169개의 세부 목표를 설정해 실행하고 있다.

아프리카 어떻게 도와야 하는가

☪ 전폭적인 원조의 필요성을 주장하는 제프리 삭스

국제사회에는 원조에 대한 개발학자들의 다양한 의견이 있다. 대표적인 원조 옹호론자인 미국 콜롬비아대 제프리 삭스Jeffrey David Sachs 교수는 자신의 책《빈곤의 종말End of Poverty》에서 다음과 같이 말했다.212

> 가난한 나라들은 가난한 이유가 있다. 대부분의 빈곤 국가들은 더운 날씨에 토지가 비옥하지 않으며 말라리아가 자주 발생하고 재난에 취약한 지리적인 특성을 가지고 있다. 이러한 이유 때문에 이 지역은 경제적 생산성이 떨어지고 이에 따라 교육, 의료 서비스 등의 접근성도 매우 낮다. 따라서 초기에 거대한 투자large investment가 있어야 이러한 문제들을 해결하는 데 도움이 될 수 있

다. 저개발지역의 경우 교육, 보건, 경제 분야의 총체적 문제로 '빈곤의 덫'에 빠졌기 때문에 여러 분야에 걸친 전면적 지원을 통해 단기간에 지속가능한 개발을 촉진할 수 있다.

제프리 삭스는 아직 빈곤이 해소되지 않은 이유를 원조 예산의 부족으로 보고 더 많은 예산을 투입하여 각 분야에 전면적인 지원을 한다면 빈곤을 퇴치할 수 있다고 주장한다. 이른바 '빅 푸시 이론*'으로 신자유주의 자유시장 체제의 '낙수효과Trickle-Down Effect' 원리와 같이 물이 위에서 아래로 흐르듯 막대한 양의 원조가 투입되면 자연스럽게 전 분야에 원조가 유입되어 빈곤이 해결된다는 주장이다.

☾* 현지 수요 중심의 원조를 주장한 윌리엄 이스털리

뉴욕대 경제학과 교수인 윌리엄 이스털리William Easterly는 그의 저서 《세계의 절반 구하기The white man's burden》에서 제프리 삭스의 주장을 정면으로 반박한다.

빅 푸시의 예상과는 반대로 통계상 원조를 많이 받는 국가들은 원조를 적게 받는 국가들보다 도약할 가능성이 더 크지 않은 것으로 보인다.

---

*   빅 푸시 이론(Big Push Theory)은 빈곤의 악순환을 끊기 위해 한 번에 자본을 대량 투자해 광범위한 산업을 동시에 개발해야 한다는 미국의 경제학자 R. 누크르세(R. Nurkse)의 균형 성장론에 따른 이론을 말한다.

이스털리는 계획가에 의한 위에서 아래로의 하향식 원조보다는 개발도상국이 자유시장경제 안에서 자생적 발전을 이룰 수 있도록 아래에서부터 위로의 피드백과 책임에 기반을 둔 원조가 이루어져야 한다고 주장한다.

☾★ 원조 무용론을 주장하는 담비사 모요

잠비아 출신 아프리카 여성 경제학자 담비사 모요Dambisa Moyo[213]는 원조를 반대하는 대표적인 원조 무용론자이다. 하버드대 케네디스쿨 행정학 석사와 옥스퍼드대 경제학박사 출신으로 세계은행과 골드만삭스에서 근무했던 그녀는 자신의 저서 《죽은 원조Dead Aid: Why Aid Is Not Working and How There Is a Better Way for Africa》에서 원조공여국의 막대한 지원이 개발도상국의 원조 의존성을 심화하고 부패를 조장하며 시장경제를 무너뜨려 더욱 빈곤하게 만들었다고 주장한다.

회복탄력성을 저해하는
대아프리카 원조

　원조 역사 초반에는 제프리 삭스의 낙관론이 힘을 얻는 듯했으나 곧 《원조의 덫The Aid Trap: Hard Truths about Ending Poverty》이나 《죽은 원조》 등 회의론이 대세가 되었다. 특히 아프리카의 경우 서구식 원조가 아프리카 정부의 원조 의존도를 높이고 무능하고 잔인한 독재자의 생명 연장과 재산 증식에 기여했을 뿐 실제 아프리카 사람들의 삶에는 영향을 미치지 못했다는 것이다. 당장 굶고 병들어가는 수천만 아프리카인을 그냥 내버려 두는 것도 옳지 않다는 인권운동단체나 비정부기구NGO, Non-Governmental Organization들의 주장에도 일리가 있으나 대부분의 아프리카 국가에서 원조는 부패한 정부를 유지하는 수단으로 전락하거나 자립할 수 있는 자생력을 잃어버리게 하는 원흉이 되어버렸다.

　회복탄력성을 잃어버린 국가에 무상 지원을 하는 것은 중요한 개발 협력 프로젝트이기는 하나 자체적인 개발을 위한 마중물로 쓰여야 할 무상 지원들이 탕자의 쥐엄 열매가 되는 것이 문제이다. 기존에 있던 것들을 유지 보수해서 사용할 생각을 하지 않는다거나 스스로 만들고 개척하기보다는 외부에 SOS를 치고 앉아서 기다린다는 것이다. 고쳐서 쓰는 것보다는 새롭게 원조를 받는 것이 훨씬 쉽고 비용도 저렴하기 때문이다. 국제기구나 NGO에서 수시로 무상 지원하는 모기장 같은 소모품들도 아프리카 국가에서는 생산하기 쉽지 않다. 공장을 세우고 기술자들을 훈련시키는 비용과 노력보다 원조를 유치하는 것이 낫다는 입장이다. 자구책이 아닌 임시방편의 개발원조는 아프리카 국가들에게 UN과 국제사회에 손을 벌리는 것 외에 다른 대안을 고려할 수 없도록 한다.

아프리카 국가들이 이렇게까지 의존적으로 된 것은 역사적 배경도 있다. 갑작스레 주어진 독립과 자립의 필요성은 그들을 오히려 당황스럽게 했고, 서구사회가 이전 식민지들에 영향력을 유지하기 위해 지속했던 원조 또한 아프리카 국가들로서는 '독'인지 알았다 한들 거절할 힘이 없었을 것이다.

분명 단계적 추진과 적응이 필요하나 아프리카 지역에 단순히 공여되는 무상 원조는 최소화하고 비즈니스 협력과 기술협력 등을 중심으로 지원하는 다각적인 경제협력 방안이 필요하다. 현지 상황을 고려하지 않은 원조는 그저 독이 될 것이기 때문이다.

☪ 대아프리카 원조의 실패 사례

남아프리카공화국의 트레버 필드Trevor Field는 프레토리아에서 열린 농업박람회에서 로니 스투이버Ronnie Stuiver의 플레이펌프를 보고 아이디어가 떠올랐다. 회전 놀이기구를 펌프 기능과 결합해 기구를 돌릴 때 발생하는 회전력으로 지하수를 물탱크까지 끌어 올리는 원리를 보고

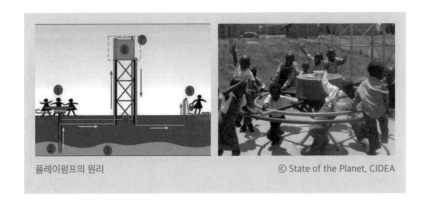

플레이펌프의 원리   © State of the Planet, CIDEA

이 장치만 있으면 아이들이 놀면서 마을의 급수 문제를 해결할 수 있을 거라고 생각했다.

그의 아이디어는 '세계은행 시장개척상'을 수상할 정도로 혁신적인 개발 프로젝트로 평가되었다. 당시 미국의 영부인이었던 로라 부시Laura Bush와 가수 제이지Jay-Z 등 유명인들이 플레이펌프를 대대적으로 홍보했고, 2010년까지 아프리카 전역에 4,000대를 설치할 계획이었다. 그러나 결국 이 사업은 대아프리카 원조의 대표적인 실패 사례가 되었다.

유니세프UNICEF, United Nations Children's Fund 보고서에 따르면 기구를 타다가 떨어져서 다치는 아이도 있었고, 플레이펌프로 얻을 수 있는 물이 일반 펌프의 5분의 1에도 미치지 못했던 것이다. 한 마을에 필요한 물을 끌어 올리려면 뺑뺑이가 하루 27시간 돌아가야 한다는 기사도 있었다. 그뿐만 아니라 몇 달 안 가 펌프가 고장 나는 일도 잦았다. 일반 수동 펌프와는 달리 플레이펌프는 부품이 금속으로 싸여있어 주민들이 직접 고칠 수도 없었다.

그러나 가장 큰 문제점은 사업 대상 마을에 플레이펌프가 필요한지 사전에 수요 파악을 하지 않았던 것이었다. SKATSwiss Resource Centre and Consultancies for Development 조사단이 플레이펌프가 설치된 마을을 방문해 조사한 결과 대다수가 수동 펌프를 선호하는 것으로 나타났다. 게다가 한 대당 1만 4,000달러(약 1,600만 원)나 하는 플레이펌프는 수동 펌프 대비 4배나 비쌌다. 같은 비용으로 4배나 더 많은 펌프를 설치해줄 수 있었던 예산을 원하지도 않는 곳에 지원했던 것이다.

사실 개발 협력 프로젝트에서 이런 종류의 예산 낭비는 어렵지 않게 찾아볼 수 있다. 계획이나 의도대로 추진되는 사업을 오히려 찾기 어렵다. 특히 현지 수요와 실정을 고려하지 않은 사업은 필연적으로 실패로 끝날 수밖에 없다.

클린턴재단Clinton Foundation이 에티오피아 짐마존에 지원했던 환자 이송용 차량도 현지 실정을 고려하지 않은 실패 사례 중 하나이다. 보건소에서 산모 이송용 차량으로 주로 활용되는 이 오토바이는 대부분이 비포장인 현지 도로 사정에 적합하지 않고 장거리 이용에도 어려워 사실상 거의 사용되지 않고 있다. 한국 정부가 코리아애드Korea Aid를 통해 지원한 이동 진료 차량도 현지의 비포장도로에서 사용하기 어렵고 좁은 도로에서는 차를 돌리는 것조차 불가능했다.

독일국제협력공사GIZ 또한 상수도 구축 사업에서 설비 구축을 사업 범위로 지원했는데 중앙 상수원에서 연결해주지 않아 사업 이후에도 여전히 사용하지 못하는 경우가 있었다. 현장을 돌아다니다 보면 의아할 정도로 한 지역 내 다양한 기관의 사업들이 현지 실정과는 관계없이 우후죽순으로 추진된 사례가 적지 않다.

지속가능한 발전을 위한 노력

☾ 현지 실정과 개발 수요에 맞는 맞춤 지원 필요[214]

아프리카에서 이루어지는 대부분의 개발 협력사업은 공여 주체의 이권과 필요에 의해 추진되거나 동기가 부여되는 경우가 많았다. 1980년대부터 1990년대에 브레튼우즈 체제*에 의해 추진되었던 SAPs가 그랬고 최근까지 추진되고 있는 MDGs나 SDGs 또한 공여국 주도의 원조 체계를 고수해오고 있다. 국제사회가 설정하는 개발목표들은 아프리카 국가가 정한 기한 내에 달성하기에는 불가능한 수준인 경우가 많고, 국가별로 필요한 부문에 투자되기보다 아프리카 대륙 전

---

* 브레튼우즈 체제(Bretton Woods System)는 국제적인 통화제도 협정에 따라 구축된 국제통화 체제로 제2차 세계대전 종전 직전인 1944년 미국 뉴햄프셔주 브레튼우즈에서 열린 44개국이 참가한 연합국 통화금융회의에서 탄생했다. 브레튼우즈 협정에 따라 IMF와 국제부흥개발은행(IBRD)이 설립되었다. 통화 가치 안정, 무역 진흥, 개발도상국 지원을 목적으로 하며 환율을 안정시키는 것이 주요한 목표였다.(최형욱(2014.07.14) "[브레턴우즈 3.0시대 열리나] 1944년 달러 매개 금본위제 수립…닉슨 불태환 선언 후 2.0시대 돌입", 서울경제)

체에 천편일률적인 기준이 적용되고 있어 효과성이 떨어질 뿐만 아니라 투자 이외 부문의 쇠퇴를 야기하는 부작용도 있었다.

원조 자금을 받기 위해 갖춰야 하는 조건과 기준들이 아프리카 국가들의 개발 생태계를 훼손하고 주인의식을 저해할 위험도 크다. 경제기반이 취약한 아프리카 국가들을 대상으로 하는 개발사업의 경우 그만큼 신중하고 면밀한 분석과 지역화된 기초선 및 목표선 설정, 위기관리 및 출구 전략이 필요하다.

담비사 모요에 따르면 지난 50여 년간의 개발 역사에서 대아프리카 지원 규모는 약 1조 달러(약 1,130조 원)로 투자 대비 효율성이 그다지 높다고 할 수 없다. 아프리카 국가들을 위한 절대적인 경제 스토리는 존재하지 않았고 지역별로 성장 수준도 매우 불균등하게 나타났다. 동부 아프리카 지역 중심으로 급속한 경제성장을 이루고 있다고 볼 수 있는데 그중 에티오피아, 르완다 등 일부 국가만 10% 안팎의 고속 성장을 기록한 바 있으며 그마저도 지속적이지는 않다.

글렌 허버드Glenn Hubbard와 윌리엄 더건William Duggan 교수는 《원조의 덫》에서 막대한 원조 자금은 민간사업보다는 정부 기관이나 비정부기관을 지원하는 데 쓰이며, 대출과 같은 자금 지원보다는 철도, 수도, 의약품, 비료, 석유 탐사를 위한 시굴공(토양 상태를 조사하기 위해 시험적으로 파는 구멍) 등의 인프라 사업에만 투자되고 있다고 지적했다. 이제는 원조 사업의 규모나 공적개발 자금의 중요성보다는 현지 실정과 개발 수요에 부합한 파트너십 전략으로 수립되었는지, 사업 수행 또한 파트너 국가 간 공동이행 방식으로 진행되는지의 여부가 훨씬 더 중요하며 바람직하다고 할 수 있다.

또한 지난 수년간 대아프리카 협력에서 가장 중요했던 변수 중 하나는 중국의 위협이었다. 중국이 아프리카 국가의 경제부흥을 이끈

2011~2019년 연간 GDP 성장률

(단위: %)

	2011	2013	2015	2017	2019
나이지리아	5.3	6.7	2.7	0.8	2.2
남아프리카공화국	3.3	2.5	1.2	1.4	0.2
리비아	-62.1	-13.6	-8.9	26.7	2.5
시에라리온	6.3	20.7	-20.6	4.2	5.5
앙골라	3.5	5.0	0.9	-0.1	-0.6
에티오피아	11.2	10.6	10.4	9.6	8.4
짐바브웨	14.2	2.0	1.8	4.7	-8.1
케냐	6.1	5.9	5.7	4.8	5.4
탄자니아	7.7	6.8	6.2	6.8	5.8
코트디부아르	-4.4	8.9	8.8	7.4	6.2
콩고민주공화국	6.9	8.5	6.9	3.7	4.4
르완다	8.0	4.7	8.9	4.0	9.4
사하라이남아프리카	4.5	5.0	2.8	2.4	2.3

© World Bank, 'GDP growth(annual %)' 자료 참고하여 저자 작성

주요 촉매제 역할을 한 것은 사실이나 협력의 목적은 어디까지나 중국의 이익을 위한 것이었다. 사실상 아프리카 국가들은 중국 입장에서 중요한 협력 파트너가 아니다. 니제르, 차드, 잠비아 등지에서는 중국과의 형편없는 거래로 물의를 일으키거나 이에 반발한 광산 노동자들이 중국인 감독자를 살해하는 충돌도 발생하고 있다. 중국은 정유 노동자와 기술자들을 본국에서 데려오는 경우가 대부분이어서 지역사회 노동시장과 경제에 혜택이 거의 없었고 아프리카 시장으로 유입된 중국 상품은 자국의 산업에 악영향을 미치기도 했다.

게다가 최근에는 중국 국내경제 둔화와 원자재 수요 감소, 석유, 철광석, 백금, 농업 생산물 등의 가격 폭락으로 수출 의존형 국가들의 피해가 극심해졌다. 원자재 수출에 과도하게 의존하는 아프리카 국가

경제의 본질과 구조적 결함은 개선되지 않았다. 대부분의 아프리카 정부 정책은 경제 다각화에 초점이 맞춰져 있지 않았고 GDP 성장을 담보할 수 없는 서비스 영역을 중심으로 하고 있어 지속가능한 성장을 위한 기반 구축과 산업화를 통한 고용창출 등 의미 있는 변혁에는 분명한 한계가 있었다.

이러한 한계로 인해 몇몇 국가의 대외 부채가 증가했고 2015년 이후 차입 채무 비용이 증가하면서 상황은 악화되었다. 채무 비율 조건에서 심각한 위기에 처한 국가는 카보베르데(91%), 상투메 프린시페(91%), 모잠비크(69.9%), 콩고공화국(52.6%), 앙골라(46.8%) 등이며(IMF, 2016년 기준), 가나는 2015년 9억 1,800만 달러(1조 340억 원)의 구제금융을 IMF로부터 받은 바 있다.

☪ 현지화 및 주인의식을 고려한 전략 필요

아프리카 지역에서는 감염병, 환경 변화, 정치적 갈등, 인구 증가 등 지속가능한 발전을 저해하는 불안정 요인으로 인해 예방이나 전략적 계획이 어렵다. 따라서 면밀한 위기관리와 출구전략을 비롯하여 현지 설정을 반영한 지역별, 국가별 전략이 시급하다.

다른 한편으로는 지역 조건에 따라 기존 전략과는 완전히 다른 패러다임을 고려하는 것도 가능하다. 2004년 미구엘Edward Miguel과 크레머Michael Kremer의 연구에 따르면 오랜 골칫거리였던 케냐 학교의 결석률을 기생충 구제로 25%나 줄인 것으로 나타났다. 완치된 아이들의 출석일수가 2주 늘어났고 전체 학생의 추가 출석일이 기생충 구제에 투입된 지원금 100달러당 총 10년이 늘었다. 학생 1명을 하루 더 출석시키는 비용으로 계산하면 단 5센트로, 비용효과 측면에서 매우 획기적이었다고 할 수 있다.215 학교 출석률을 높이기 위한 기존의 교육 개발 전략이 무상교육이나 학용품 지원, 학교시설 확충이었다면 대상지의 여건과 수요를 파악함으로써 불필요한 예산지출을 줄이고 예산 대비 효율성을 높일 수 있다.

아프리카의 경제적인 '부상Rising'은 이견이 크게 없는 상황이다. 아프리카 역사에서 유래를 찾아볼 수 없을 만큼 세계적인 관심이 집중되는 것도 사실이다. 그러나 이를 아프리카 범국가에서 지속가능한 발전으로 스스로 이끌어갈 수 있을지에 대해서는 회의적 전망이 우세하다.

카메룬 출신 경제학자 마르샬 제 벨링가Martial Ze Belinga는 그의 저서 《아프리카 단일화폐의 종식 : 세파프랑은 누구에게 유익한가?Sortir l'Afrique de la servitude monétaire. À qui profite le franc CFA?》를 통해 아프리카 경제를 설명할 때 흔히 사용되는 부상이라는 개념이 서구사회에 의해 외생적으로 만들어진 개념이라는 점을 강조했다. 1980년대 IMF와 세계은행이 개발도상국과 선진국 사이 단계에서 발생하는 경제성장의 동의어로 부상이라는 개념을 제시했는데, 당시 새로운 투자처를 찾던 서구 국가들이 기존에 제시된 부상의 개념을 신흥시장인 아프리카 국가들에 적용한 것이다.216

따라서 향후 정책은 불균형과 위험 요소가 잔존한 아프리카 경제 구조를 스스로 극복하는 노력과 모래성을 쌓는 초고속 성장이 아닌 내구성이 강한 장기간 성장전략을 설계하는 것이 필요해 보인다. 르완다가 추진하고 있는 대외 원조 분업Division of Labor* 정책과 같이 공여 주체의

---

* 르완다 정부는 국가 개발 전략 달성 및 원조 조화를 위해 분야별 원조 분업에 따라 공여국·공여 기관의 분야별 지원 협력을 논의한다. DPR(Development Partners Retreat)과 DPCG(Development Partners Coordination Group)의 고위급 정책 대화 채널이 마련되어있으며

경제협력 균형을 내생적 전략을 통해 자체적으로 조율하는 전략이 국가별로 안정화될 수 있다면 아프리카 국가들의 미래는 분명 낙관적이라고 할 수 있다.

☪ 범국가적 노력

국제사회의 노력

공적개발원조ODA, Official Development Assistance의 효율적인 집행과 효과성을 높이기 위해 경제협력개발기구OECD, Organization for Economic Cooperation and Development는 1961년 개발원조위원회DAC, Development Assistance Committee를 설립해 원조 정책을 개발하고 사업 현황을 검토하고 있다.

현재 국제사회에서 UN은 글로벌 당면 과제를 인식하고 해결하는 방안으로 향후 2030년까지 SDGs를 설정했다. 2016년부터 이행을 시작한 SDGs는 인간, 지구, 번영, 평화, 파트너십이라는 5개 영역에서 인류가 나아가야 할 방향성을 17개 목표와 169개 세부 목표로 추진하고 있다. 이는 2015년 MDGs의 이행 목표 기한이 만료됨에 따라 UN이 향후 15년(2016~2030년) 동안 세계적인 우선순위가 무엇이어야 할지 논의 과정을 거쳐 2012년 6월에 열린 리우+20 정상회의UNCSD, UN Conference on Sustainable Development에서 도출한 것이다.[217]

MDGs보다 목표를 세분화 및 다각화하여 다양한 국가적 상황에 따라 유연하게 적용하도록 했다고 하지만 170개에 가까운 SDGs의 세부 목표는 사실 주요 지표만 선택한다고 하더라도 기초선 및 중간선,

---

분야별 정부-공여국·공여 기관 간의 정책논의그룹(SWG, Sector Working Group)을 통해 르완다 정책 우선순위에 부합하고 타 공여 기관과의 지역·프로젝트 간 중복되지 않는 협력 전략을 논의할 수 있다.

종료선 등에 대한 모든 데이터를 축적하기 불가능한 지역이 많다.

특히 여러 아프리카 국가에서 목표로 세운 지표가 현실적으로 15년 내에 달성되기 어려운 수준이거나 개발 우선순위가 아니거나 다소 복잡하고 이상적일 수 있다. 모든 형태의 빈곤과 기아도 종식하고 사망률도 낮춰야 하지만 동시에 개발수단도 친환경적이어야 하고 육해공의 기후변화에 대응해야 할 뿐만 아니라 부패도 청산해야 한다. 개발도상국에서는 달성하기 다소 벅찬 한계가 있어 보인다.

한국 정부의 노력

한국은 차관 형식으로 일정한 이자 상환을 필요로 하는 유상 원조와 무상으로 지원하는 무상 원조를 하고 있다. 유상 원조는 한국수출입은행의 대외경제협력기금EDCF, Economic Development Cooperation Fund을 통해 실시하고 있으며, 무상 원조는 한국국제협력단KOICA, Korea International Cooperation Agency에서 추진하고 있다.

한국은 1945년 해방 이후 1999년까지 미국을 중심으로 선진국으로부터 경제 재건을 위한 원조를 약 127억 달러(약 14조 3,000억 원) 받았다. 이러한 원조와 국민 모두의 경제 재건을 위한 노력에 힘입어 한국은 2009년 최빈개발도상국에서 벗어나 OECD DAC에 가입한 유일한 국가가 되었으며, 이후 국제개발협력 기본법을 제정했다. 2019년 기준 한국의 총국민소득 대비 ODA 지원 비율은 0.15%로 OECD DAC 29개 회원국 중 25위이지만[218] 국제사회에서 공여국으로서의 위상이 제고됨에 따라 2030년까지 총 ODA 규모를 2019년(3.2조 원) 대비 2배 이상 수준으로 확대한다는 목표로 계속해서 ODA를 증대하고 있다.[219] 특히 지원 추이를 보면 대아프리카 개발 협력은 아시아 다음으로 많은 분포를 차지하는 데다 꾸준히 증가세를 유지하고 있어 한국이 아프리카 지역

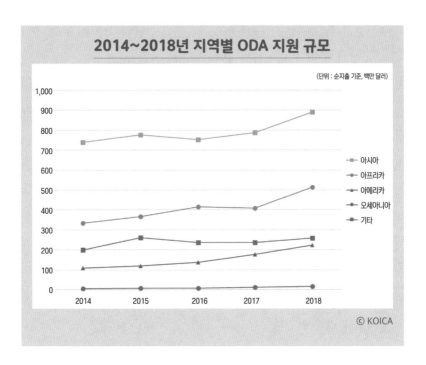

2014~2018년 지역별 ODA 지원 규모

(단위 : 순지출 기준, 백만 달러)

범례: 아시아, 아프리카, 아메리카, 오세아니아, 기타

© KOICA

을 전략적 요지로 보고 지원을 계속 확대하고 있다고 볼 수 있다.

한국의 대아프리카 무상 원조 지원 비중은 2019년 기준 국별 협력 지원 규모의 35%, 총 지원액은 1,294억 원이다. 중점 협력국(지원액 비중)인 에티오피아(12.3%), 세네갈(9.3%), 탄자니아(9.1%), 르완다(8.5%), 가나(8.2%), 우간다(5.1%), 모잠비크(1.3%) 순으로 지원하고 있으며, 지원 분야는 교육(29.3%), 보건의료(21.3%), 농림수산(18.9%) 등이다.[220]

시민사회의 노력

NGO는 지역, 국가, 국제적으로 조직된 자발적인 비영리 시민단체로 1970년대 초부터 UN에 의해 공식적으로 사용되기 시작했다. 한국 및 국제사회에서 활동하는 대표적인 NGO에는 월드비전, 세이브더

칠드런코리아, 그린피스, 국제앰네스티 등이 있으며 이들은 주로 개인이나 기업의 이익을 도모하는 활동이 아닌 인권, 사회, 환경, 성 평등, 빈곤퇴치 등 공공의 이익과 인도주의적 활동, 사회적 연대를 실현하기 위해 활동한다.221 한국에는 2012년 출범한 개발협력연대DAK, Development Alliance Korea가 있으며 회원 기관 총 202개(2017년 기준)가 모여 분야별 개발 협력 노하우를 공유하고 협력하여 활동하고 있다. 또한 정부가 민간 부문과의 소통과 참여 확대를 위해 국제개발협력민간협의회KCOC 같은 시민사회와의 정례 간담회를 2012년부터 본격 운영하고 있다. 현재 국내 128개의 단체가 정회원으로 소속되어 서로 정보를 공유한다.222 물론 주요 NGO가 아프리카 지역만 독점적으로 지원하는 것은 아니다. 하지만 지난 10여 년간 아프리카에 사업장을 크게 늘려 중점 사업지로 관리하고 있다.

한국에서는 아직 아프리카 국가보다는 아시아 국가를 중심으로 지원하고 있으나 2010년대 이후 아프리카 관련 사업도 크게 늘었고 지원 규모 추이 또한 꾸준히 증가하는 추세이다. 개발수요가 한국의 비교 우위 부문과 맞거나 현지 정부 시스템과 개발 정책이 전략적인 국가들에 집중함으로써 지원 효과성을 극대화하려고 노력하고 있다. 지구촌 사회의 일원으로 아프리카 지역과의 상생과 지속가능한 발전을 위해 개개인은 어떠한 노력을 할 수 있을지 꾸준한 관심과 고민이 필요하다.

국제사회가 아프리카에
계속해서 지원해야 하는 이유

　　1950년대 이후 아프리카는 1조 달러가 넘는 원조를 받았으며 지금도 전 세계에서 원조를 가장 많이 받는 지역이다.[223] 그런데도 사하라이남 아프리카는 개발 효과가 여전히 낮은 지역으로 평가되고 있다. 아프리카의 빈곤 문제를 해결하기 위해 국제사회가 계속해서 지원해야 하는 이유는 무엇일까? 2015년 7월 24일 한국에서 사상 최초 ECOSOC 의장직을 수임한 오준 제24대 주 UN 대한민국대표부 대사의 취임 연설을 참고해 생각해보자.

두 도시 이야기(The story of two towns)[224]

오준 제24대 주 UN 대한민국대표부 대사

A 도시에서는 사람들이 매일 아침 가족들이 먹을 음식을 구할 수 있을지 고민한다. 일자리가 있는 사람은 일자리를 지킬 수 있을지 걱정하고, 자식들의 미래를 위해서 큰 부담이 되더라도 아이들을 학교에 보낸다. 가족 중에 아픈 사람이 생기면 주변에 아는 의사가 있는지 찾아 나선다. 의료보험제도가 없는 상황에서 의료비를 부담할 형편이 못 되기 때문이다.

반면, B 도시에서는 사람들이 매일 아침 집을 살지 증권시장에 투자할지 고민한다. 고기나 지방을 과다섭취하여 성인병에 걸리지 않을까 걱정한다. 자녀들에게 국내든 해외든 최고의 교육 기회를 주려고 애를 쓴다. 누군가 아프면 의료보험의 보장 범위를 넘더라도 최고의 의사가 어디 있는지 찾는다.

이 두 개의 도시를 사실적으로 묘사할 수 있는 이유는 두 도시 모두에서 직접 살아봤기 때문이다. 실제로 내 인생은 이 두 개의 도시에서 각각 반반

씩 보냈다고 할 수 있다.

내가 옮겨간 것이 아니라 내가 살던 도시가 A에서 B로 스스로 바뀌었다. A 도시에서 B 도시로의 변화를 우리는 '개발'이라고 한다. 안타깝게도 세계에는 이러한 변화를 경험하지 못한 국가들이 많다. 그러나 한국이 경험한 변화는 다른 모든 국가도 경험할 수 있다고 본다.

B 도시의 사람들이 A 도시의 사람들보다 반드시 행복하다는 말은 아니다. 그러나 우리가 가난을 통해 얻은 실존적 지혜는 배고픈 상태에서 행복하기는 어렵다는 것이었다. 우리의 자식이 병들어도 어찌할 수 없는 상황에서 사회에 대해 고마움을 느끼기는 어렵기 때문이다. 이것이 우리가 서로 다름에도 불구하고 누구나 개발을 추구하는 이유일 것이다.

출처: 노장현(2015.07.25.), "오준 유엔대사의 '두 도시 이야기' 화제"

지속가능한 발전을
만들어가는 사람들

☪ 케냐의 환경운동가 왕가리 마타이

왕가리 마타이Wangari Maathai는 케냐의 여성 환경운동가로 아프리카 최초의 여성 노벨 평화상 수상자이다. 그녀는 30년 동안 아프리카에 3,000만 그루가 넘는 나무를 심은 그린벨트 운동에 헌신해왔다. 그녀는 1976년 케냐 전국여성위원회에서 활동하던 시절부터 시작한 나무 심기 운동을 1986년 '범아프리카 그린벨트 네트워크'로 확대해 아프리카의 다른 나라에도 확산시켰다. 2004년까지 그린벨트 운동으로 심은 나무는 무려 3,000만 그루에 달했다.

그뿐만 아니라 왕가리 마타이는 아프리카 국가들의 부채 탕감 운동에도 앞장섰다. 1998년 9월 '2000년 연대'를 조직해 공동 회장을 맡고, 2000년까지 아프리카 빈곤국의 채무를 모두 탕감해 서구 자본이 부채 환수를 명목으로 삼림을 강탈하는 것을 막기 위한 운동을 펼쳤다.

왕가리 마타이　　　　　　© RealLeaders

자국의 민주화를 위해서도 노력해온 그녀는 케냐의 독재정권에 저항하다 여러 차례 투옥되기도 했다. 그녀의 이러한 노력은 민주화 정권이 들어선 후 빛을 보았고 2002년 98%의 압도적인 지지로 국회의원에 당선됐으며 케냐 환경부 차관에도 임명된 바 있다.

이러한 여러 활동을 기반으로 왕가리 마타이는 당시 많은 부문에서 아프리카 최초가 되었다. 1940년 케냐에서 태어난 그녀는 미국으로 유학을 떠나 피츠버그대에서 생물학 석사학위를 딴 뒤 나이로비대에서 박사학위(수의학)를 받았고, 나이로비대 최초의 여교수(동물해부학과)가 되었다. 또한 2004년 아프리카 여성 최초의 노벨상 수상자이며 노벨 평화상을 수상한 최초의 환경운동가라는 타이틀까지 거머쥐었다.225

☪ 콩고민주공화국 판지병원 원장 드니 무퀘게

콩고민주공화국 출신 의사인 드니 무퀘게Denis Mukwege 박사는 두 차례의 콩고민주공화국 내전 중 잔인한 성폭행이나 신체 훼손을 당한 여성 피해자들을 치료한 공로로 2018년 노벨 평화상 수상자로 선정되었다.226 2016년 9월 서울 평화상을 받기도 한 무퀘게 박사는 아프리카 부룬디대에서 의학 박사 학위를 취득한 후 프랑스 앙제르대에서 산부인과를 전공하고, 1999년 그의 고향인 남키부주 부카부에 돌아와 판지병원L'hôpital de Panzi을 설립했다. 그 는 이곳에서 산부인과 진료를 하며 내전으로 인한 높은 모자 사망률을 낮추기 위해 노력해 왔다.

드니 무퀘게 ©WHO

그의 첫 환자는 산모가 아 닌 반군에게 성폭행을 당해 신 체가 심각하게 훼손된 여성이 었다. 내전으로 인한 성폭행 피해 여성이 늘어나자 그는 피해자를 돕기 위한 치료 시설과 재활 프로 그램을 마련했다. 콩고민주공화국 내전으로 약 50만 명 이상의 여성이 피해를 당했으며, 지난 20여 년간 판지병원에서 치료를 받은 환자가 연 간 3,500명이 넘는다. 무퀘게 박사의 환자는 산모보다 성폭행 피해자가 더 많았고 그는 하루에 10명이 넘는 환자를 수술해왔다.[227]

이러한 공로를 인정받아 드니 무퀘게 박사는 노벨 평화상 외에도 2008년 올로프 팔메상과 UN 인권상, 2009년 레지옹도뇌르 공로상과 올 해의 아프리카인상, 2014년 11월 사하로브상을 비롯하여 네덜란드, 벨 기에, 이탈리아 등 국내외에서 다양한 상을 받았다.

그가 기여한 보건의료와 여성 권익 보호는 지속가능한 발전을 위 해 성취되어야 할 핵심 목표들이다(목표 3. 모든 연령층의 모든 사람을 위한 건강한 삶 보장 및 복리 증진, 목표 5. 양성평등 달성 및 모든 여성과 소녀의 권익 신장 등). 특히 모자보건 관련 지원을 통해 복지를 증진하는 등 생존권 을 보호하는 것은 위험 요소를 최소화한 지속가능한 환경을 구축하는 데 필수적인 요소라고 할 수 있다.

☪ 여성할례 철폐를 위해 싸우는 아프리카 여성들[228]

여성할례FGM, Female Genital Mutilation는 기원전 아프리카에서 시작된 것으로 알려져 있다. 이슬람 종교를 기반으로 남성중심주의적 사회질서가 지배적인 북·동부 아프리카 중심으로 현재까지도 FGM이 자행되고 있다. 각국 정부는 FGM을 불법으로 규정하고 단속을 강화하고 있지만 수천 년의 역사가 있는 만큼 지역민들 의식에 FGM의 전통이 깊이 뿌리 내리고 있어 좀처럼 사라지지 않고 있다.[229]

2020년 2월 글로벌시티즌Global Citizen 보고에 따르면 FGM은 전 세계 2억 명 정도의 여성에게 행해지고 있으며 아프리카에서는 약 300만 명 정도가 FGM 위기에 처해있는 것으로 나타났다. WHO의 정의에 따르면 FGM은 비의료적인 여성생식기 손상 전체를 포함하며 손상 정도에 따라 음핵을 부분적으로 제거하는 유형 1(Type 1)부터 음핵과 음순을 완전히 제거한 가장 심각한 단계인 유형 3(Type 3)까지 분류되어있다.

WHO 지원으로 추진된 선행연구에 따르면 FGM은 인권침해일 뿐만 아니라 정신적·육체적 건강에 큰 위협을 미치는 것으로 나타났다. FGM으로 생존자의 30%가 외상후스트레스 장애를, 80%가 불안장애를 겪고 있는 것으로 보고되었고, 이는 심각한 통증과 과다출혈, 부종, 감염 등 단기적 위협뿐만 아니라 만성감염, 요로질환 등 장기적 위협과 출산 합병증, 영유아 및 산모 사망으로 이어지는 등 모자보건에 심각한 위험이 된다.

UN 여성기구UN Women 사무총장 플람보 은쿠카Phumzile Mlambo-Ngcuka는 FGM을 여성의 건강을 위협하고 남성과 동일한 삶의 기회를 빼앗아 평등을 무너뜨리는 백해무익한 관습이라고 비난하며, 2월 6일을 국제 FGM 제로데이International Day of Zero Tolerance for FGM로 지정했다. 아프리카 국가에서도 FGM을 심각하게 인식하고 이를 근절하려는 활동을 진행하고 있다.

감비아의 자하 두쿠레

UN 인구기금UNFPA, United Nations Population Fund은 감비아 15~49세 여성의 78.3%가 FGM을 경험했다고 보고했다. 그중 55%는 4세 미만에, 28%는 5~9세 사이에, 7%는 10~14세에 겪는 것으로 조사되었는데, FGM 활동가 자하 두쿠레Jaha Dukureh는 생후 1주일 만에 할례를 당했다.

자하 두쿠레 ⓒ Global Citizen

두쿠레는 '세이프핸즈포걸Safe Hands for Girls'이라는 NGO를 설립하고 전 세계를 돌아다니며 여성들의 FGM과 조혼에 반대하는 캠페인을 추진하고 있다. 그녀의 이러한 활동은 높은 평가를 받고 있으며 〈타임〉지의 2016년 가장 영향력 있는 100인 중 1명으로 선정되었다.

소말리아의 이프라 아흐메드

FGM 활동가 이프라 아흐메드Ifrah Ahmed의 이야기는 〈모가디슈에서 온 소녀A Girl from Mogadishu〉라는 영화로도 만들어졌다. 그녀는 8세에 FGM을, 15세에는 갱단에게 강간을 당하고 소말리아를 탈출해 아일랜드로 왔다. UN에 따르면 소말리

이프라 아흐메드 ⓒ Global Citizen

아 내 15~49세 여성 98%가 다양한 유형의 FGM 피해를 당하는 것으

로 보고되었다.

그녀는 2010년 '이프라 재단Ifrah Foundation'을 세우고 소말리아를 비롯한 아프리카뿔 지역에서의 FGM 퇴치를 위한 활동을 추진해왔다. 이프라 재단의 어드보커시 프로그램*을 통해 10만 명 이상의 여성에게 수혜가 돌아갔다. 소말리아의 경우 헌법에서 FGM을 금지하고 있지만 정작 FGM 가해자들에 대한 처벌 법안은 의회에 계류되어있다. 이프라 재단은 이처럼 법의 사각지대에 놓여있는 FGM 관련 이슈들을 제도화하는 데 힘쓰고 있다.

시에라리온의 루지아투 투라이

UNICEF에 따르면 시에라리온의 여성 FGM 발생률은 90% 정도로 아프리카뿐만 아니라 전 세계적으로도 가장 높은 수준이다. 12세에 FGM를 당한 루지아투 투라이Rugiatu Turay는 2002년 '아마존 이니셔티브 운동AIM, Amazonian Initiative Movement'을

루지아투 투라이　　　© Go Campaign

공동 창립하고 FGM 및 여성을 대상으로 하는 유해한 문화적 관례를 퇴치하기 위해 여성 교육과 역량 강화에 힘써왔다.

AIM은 현재까지 111개 마을에서 700명의 FGM를 중단시키는 성과를 거두기는 했으나 FGM이 시에라리온 전역에 워낙 뿌리 깊게 박혀있어 생명의 위협을 느끼는 수준의 위험부담을 감수하며 활동하고 있다.

---

*　　어드보카시 프로그램은 소말리아 내 FGM 법안을 입법화하고 국제적 법적 조치를 마련하기 위한 프로그램으로 이프라 재단의 주요 사업 중 하나이다.(이프라 재단 홈페이지 참고, https://www.ifrahfoundation.org/about)

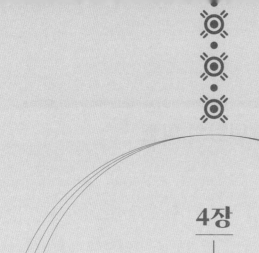

4장

아프리카 지역의
생태계 위기

기후변화의 위협

    지속가능한 발전이라는 개념은 환경 사업에서 발전된 것으로 1987년 전 노르웨이 수상인 브룬트란트Gro Harlem Brundtland가 발간한 〈우리 공동의 미래Our Common Future〉*에서 처음 사용되었다. 보고서에는 '지속가능한 발전이란 미래 세대가 그들의 필요를 충족시킬 능력을 저해하지 않으면서 현재 세대의 필요를 충족시키는 발전'이라고 정의했는데, 이는 환경을 보호하고 빈곤을 구제하며 장기적으로는 성장을 이유로 단기적인 자연 자원을 파괴하지 않는 경제적인 성장을 창출하는 방법을 의미한다.

    지속가능한 발전 과정에서 다양한 환경보호 활동과 노력은 기여도와 의미가 크다. 조금 더디더라도 미래 세대가 지속가능한 삶의 환경을 가질 수 있는 발전 전략은 경제성장률과는 비교 불가능할 정도의 가치를 지닌다.

---

* 세계환경개발위원회(WCED, World Commission on Environment and Development) 발간

그러나 아프리카의 현실은 지속가능한 발전 방향과 다르다. 아프리카의 기온 상승은 세계 평균보다 1.5배 빠르고, 강우량은 점차 줄거나 홍수가 나는 등 강우 양상이 불규칙하며 해수면이 상승하고 있다. 이러한 아프리카 내 환경파괴가 기후변화를 가속화할 것으로 전망하고 있다. 동부 아프리카에서 발생한 장기간의 가뭄으로 1,300만 명이 기아 위기에 처하기도 했고, 남아프리카공화국의 더반, 코트디부아르의 아비장, 탄자니아의 다르에스살람 등 해안 도시는 침식과 해수면 상승, 범람원의 인구 과밀 등으로 홍수에 취약해 환경 위협에 놓여있다.

영국 바스에 본사를 둔 글로벌 리스크 및 전략 컨설팅 회사인 메이플크레프트Verisk Maplecraft가 2017년 발표한 기후변화취약성지수Climate Change Vulnerability Index에 따르면 아프리카는 기후변화에 매우 취약한 지역으로 분류되었다. 최고 위기 국가 중 5분의 4가 아프리카 국가(27개국)이며, 5위 안에 중앙아프리카공화국, 콩고민주공화국, 라이베리아, 남수단 이상 4개국이 포함되어있다.230

특히 경제학자들은 기온이 2~4도 상승하면 GDP가 약 2% 감소한다고 추정하고 있으며 〈스턴 리뷰Stern Review〉 보고서는 기후변화로 인한 경제적 비용이 2100년에는 1인당 400달러에 이를 것이라고 전망했다.231 경제학 모델에서 추정하는 기후변화로 초래될 결과도 심각하지만 생태계 파괴, 물 자원 부족, 생물 종의 20~30% 멸종 등 자연환경적 가치 차원에서는 값을 통계 내기 어렵다. 천연자원과 자연의 보고인 아프리카 국가들로서는 치명적인 피해를 입을 수 있는 데다가 피해에 대한 대처 능력과 경제적 여력도 여의치 않은 국가가 많아 향후 양극화를 심화시킬 가능성이 크다.

2017년 기후변화 취약성 지수

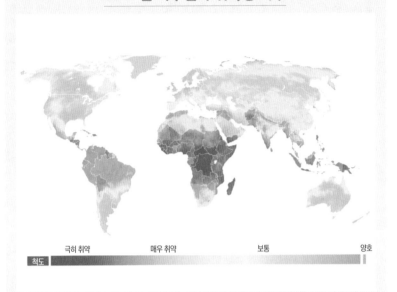

극히 취약　　　　매우 취약　　　　　　보통　　　　　　　양호

척도

기후변화 취약성 위험 5개국

순위	국가	지역	지수	범위
1	중앙아프리카공화국	아프리카	0.01	극히 취약
2	콩고민주공화국	아프리카	0.20	극히 취약
3	아이티	캐리비안	0.24	극히 취약
4	라이베리아	아프리카	0.25	극히 취약
5	남수단	아프리카	0.41	극히 취약

기후변화 취약성 양호 5개국

순위	국가	지역	지수	범위
191	덴마크	유럽	10.00	양호
190	영국	유럽	9.96	양호
189	우루과이	중남미	9.95	양호
188	아이슬란드	유럽	9.85	양호
187	아일랜드	유럽	9.83	양호

© Verisk Maplecroft 'Climate Change Vulnerability Index' 자료 참고하여 저자 작성

☪ 아프리카의 기후변화 취약성을 악화시키는 주요 원인

아프리카 대륙은 기후변화로 인한 피해에 취약한 지역으로 분석되고 있으나 기후변화지수가 타 지역에 비해 괄목할 만한 수준이거나 기후변화의 주요 원인인 탄소 배출을 발생시키는 지역이라고 보기 어렵다. 아프리카 지역은 글로벌 온실가스 배출량의 3.8%만 차지할 정도로 기후변화에 미미한 영향을 미치고 있으나 그 피해를 고스란히 감내해야 한다는 의미이다. 아프리카 국가들과 그 외 세계 지역의 온실가스 배출량을 비교해보면 미국 소비자들이 한 달간 사용하는 전기로 탄자니아 사람들은 8년간 생활할 수 있다고 분석된다.[232]

여러 아프리카 국가는 1차 산업 중심의 산업구조를 갖고 있고 사회 인프라와 공공서비스가 취약하다. 이러한 경제·사회적 특징은 기후변화로 인한 피해를 더 키웠다. 전체 고용 인구 중 65%가 농업에 종사하고 목축업자가 5,000만 명 정도로 추산되는 아프리카 지역에서 기후변화는 생계와 직결되는 위태로운 상황을 초래할 수 있다.

그뿐만 아니라 사회 인프라와 주거 환경이 열악한 아프리카 지역에서 자연재해가 미치는 피해는 다른 지역과 비교가 불가능할 정도로 위협적이다. 2019년 모잠비크, 말라위, 짐바브웨 등지에서 발생한 태풍으로 350명 이상이 사망했고 260만 명의 이재민이 발생했으며 수천 명이 장티푸스와 콜레라에 걸려 치료를 받았다. 보건, 통신, 도로 등의 인프라와 주거시설도 초토화되었다.[233] 2020년 5월 르완다에서는 "코로나19로 인한 사망자는 1명도 없었으나 연초부터 입은 홍수 피해로 최소 150여 명의 사상자가 발생했다."며 "기후변화 대응에 지체할 시간이 없다."고 환경부 대변인 우무예이Marie-Josée Umubyeyi가 밝히기도 했다.[234]

기후변화에 취약성을 높이는 또 한 가지 요인은 높은 인구 증가

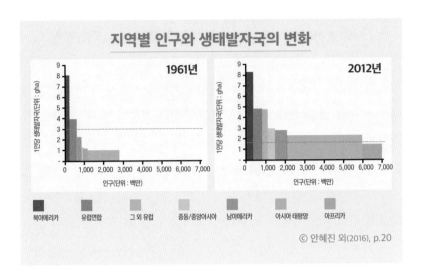

지역별 인구와 생태발자국의 변화

© 안혜진 외(2016), p.20

이다. 현재 인구증가율 최상위 20개국 중 19개 국가가 사하라이남에 있을 정도로 향후 증가하는 세계 인구의 대부분은 사하라이남 아프리카에 있다는 전망이 지배적이다. 현재 약 12억 명 정도인 아프리카 인구는 2050년에 20억 명을 넘어 2100년에는 38억 명으로, 전 세계 인구의 35%에 육박할 것으로 UN은 전망하고 있다.[235]

1961년부터 2012년 사이 전 세계 인구는 30억 명에서 2배 이상 늘어 70억 명 가까이 되었으며, 세계 1인당 생태발자국*도 2.4gha(글로벌헥타르, 생태발자국과 생태 용량을 측정하는 단위)에서 2.8gha로 증가했다. 1인당 생태 용량은 절반 가까이 감소해 예전보다 많은 사람이 적은 양의 자원을 두고 경쟁한다. 게다가 산업화가 심화되고 자원고갈과 환경문제까지 대두되면서 회복탄력성은 점차 감소하고 있다.

위의 그림을 보면 각 막대는 각 지역의 총 생태발자국을 나타내

---

* 생태발자국은 자연 자원과 서비스에 대한 인류의 수요를 추산한 것으로, 자연 자원과 서비스의 공급을 추산한 생태 용량과 함께 우리 인류가 지속가능한지에 대해 알 수 있는 중요한 지표이다.(WWF Korea 홈페이지 참고)

며, 녹색 선은 세계 1인당 생태 용량을 의미한다. 1961년 세계 1인당 생태 용량은 3gha였는데 2012년에는 1.7gha로 2배 가까이 줄어들고 생태발자국은 인구가 늘어난 만큼 증가했다.

특히 아프리카 지역의 경우 인구는 많이 증가해 전 세계 최고 수준이 되었지만 생태 용량 과용에 대처할 경제적·정치적 국력을 갖추지 못한 국가가 대부분으로 갈수록 더 큰 위험에 처하게 되었다. 결과적으로 아프리카 대륙에서 지구에 남기는 발자취는 계속해서 증가했지만 스스로 회복할 수 있는 회복탄력성은 급격히 줄어들고 있다.

☾ 아프리카의 환경문제에 대한 공동 대응

이러한 심각한 환경 위협에 대응하기 위해 아프리카 지도자들은 2015년 파리 UN 기후변화 회의에서 국경을 초월하여 연합체로서 협력했다. 그들은 협상을 통해 범대륙 차원의 합의를 끌어내고 세계 여러 국가의 참여와 협조를 독려했다. 세계 기온을 2도 정도 상승하는 수준으로 유지하고 환경 변화에 대처하기 위한 국제 금융지원 계획을 제시한 파리협정Paris Agreement에 아프리카 이해관계도 포함시킨 바 있다.

그러나 2017년 미국 트럼프Donald Trump 대통령이 파리협정의 탈퇴를 선언하면서 환경 프로젝트 집행을 위해 필요한 재정적 지원이 불투명해졌다. 2020년 말 조 바이든Joe Biden이 대통령에 당선되면서 행정부 출범 첫날 파리협정에 복귀한다는 방침을 세우고 기후변화 문제해결을 위한 추가 조치를 약속한 바 있어[236] 향후 상황이 개선될지 지켜봐야 한다. 한번 훼손된 환경은 다시 복구할 수 있는 기회가 요원하고 기후변화를 방치하면 기근, 농업생산량 저하, 빈곤, 대규모 이주 현상이 아프리카 대륙 전체에서 발생할 가능성이 높아 무엇보다 즉각적인 대처가 필요하다.

이러한 공동인식을 기반으로 개선 방안의 성과가 제한적이라고는 하나 글로벌 차원의 다각적인 대처가 이루어지고 있다. 1992년 브라질 리우데자네이루에서 처음 개최된 '기후변화에 관한 UN 기본협약 UNFCCC, United Nations Framework Convention on Climate Change'을 시작으로 이산화탄소를 비롯한 각종 온실가스 배출에 대한 제한 규정을 논의해오고 있다. 2009년 코펜하겐에서 열린 UN 기후변화회담에는 사상 최다 국가의 수뇌들이 공동 논의에 참여해 사태의 심각성을 공유한 바 있고, 2018년 12월 폴란드 카토비체에서 열린 24차 UN 기후변화협약에서는 스웨덴의 고등학생 그레타 툰베리Greta Thunberg가 "사랑하는 자녀들의 눈앞에서 미래를 훔치고 있다."는 내용의 연설을 해 유명해지기도 했다.

범정부적 대처 외에도 각종 기구를 통해서 기후변화 대응을 위한 괄목할 만한 노력이 이어지고 있다. 《냉정한 이타주의자 Doing Good Better: How Effective Altruism Can Help You Make a Difference》의 저자 윌리엄 맥어스킬William MacAskill은 온실가스감축사업을 실시하는 단체 중 비용 효율성이 가장 뛰어난 단체로 쿨어스Cool Earth를 꼽았다. 쿨어스는 2007년 영국에서 설립된 단체로 아프리카에서는 카메룬, 콩고민주공화국, 모잠비크 등지에서 삼림 벌채 방지와 탄소 배출 제한 서비스를 지원하고 있다. 기후변화 관련 NGO인 클라이미트워크스재단ClimateWorks도 온실가스 배출량 감축을 위한 공공정책 캠페인을 전개하고 있다.

또한 극단적인 기후변화에 대응하기 위해 성층권에 황산염을 분사하는 방법을 동원해 의도적으로 지구를 냉각시키는 기술인 지오엔지니어링Geo-Engineering 연구에 옥스퍼드대, 태양복사관리 거버넌스이니셔티브Solar Radiation Management Governance Initiative 등이 참여하고 있다. 이 연구 활동에는 연간 1,100만 달러(약 124억 원)가 투입되었다.237

사헬지역의 사막화238

최근 〈연합뉴스〉는 사하라 사막이 지구온난화의 영향으로 지난 1세기 동안 10% 이상 넓어졌다는 연구 결과가 나왔다고 전했다. 미국 메릴랜드대 연구팀의 조사에 따르면 사하라 사막이 약 100년 동안 확대되어 현재는 미국 크기(약 980만㎢)에 이른다는 것이다. 지구온난화에 따른 기온 상승과 이에 의한 사막화는 사하라 사막 주변 지역까지 확대되고 있다. 환경부 산하 한국환경산업기술원이 전 세계 사막화를 정량적으로 예측한 결과 지구온난화가 이대로 계속될 경우 2050년도에는 지구 표면의 최대 34%가 사막화로 피해를 볼 것으로 전망했다.

아프리카 내에서도 사헬지역의 사막화가 특히 심각한 것으로 보고되고 있다. 2000년에 46.2%였던 삼림 면적 비율이 2011년에는 43.9%로 줄었다. 사헬지역의 극심한 가뭄은 사막화와 지하수 고갈, 농산물 생산 감소 등으로 이어져 2011년에는 사헬지역의 경제성장이 -10.8%로 저하되는 데 영향을 미치기도 했다. 그뿐만 아니라 지하수

염류화 및 과도한 미네랄 함유 증가로 농업용수로의 사용과 음용이 부적합해지고 있다. 국제개발연구재단FERDI, Fondation pour les études et recherches sur le développement international의 연구 결과 사헬지역의 인구 규모 또한 2100년까지 6배가 증가할 것이라는 예측을 함으로써 사막화에 따른 사헬지역의 피해는 줄어들 가능성이 크지 않은 상황이다. 사헬지역에 위치한 여러 국가에서는 이미 식수원과 경작지가 포화 상태이고 생존을 위한 경쟁이 심해지고 있다. 건조기후 및 사막화, 경작지의 토질 악화 등 환경적인 제약까지 겹치면서 수많은 주민이 살 곳을 찾아 이주해나가고 있다.[239]

기후변화는 아프리카 지역에서 기근의 주요 원인 중 하나로 매우 중요한 변수로 작용하고 있다. 특히 남동부 지역을 중심으로 나타난 엘니뇨 현상에 의해 이 지역에 기록적인 가뭄이 발생한 바 있으며, 이러한 기후변화가 2015년 봄까지 7~10년을 주기로 태평양 연안국 전체에 영향을 미쳤다. 결과적으로 아프리카 대륙에서는 가뭄으로, 남미 지역에서는 홍수로 피해를 당했다.

실제로 에티오피아, 소말리아, 케냐 등지에서는 강우량 감소로 2년 연속 수확량이 격감하는 피해를 입었으며, 일부 지역에서는 생산 수익이 80%까지 떨어지기도 했다. 짐바브웨, 우간다, 탄자니아, 모잠비크, 레소토 등지에서도 이상기후의 영향을 받고 있으며, 마다가스카르 남부 지역에서는 기후변화로 60만 명이 심각한 식량 위기를 겪고 있는 것으로 보고되었다.

이러한 문제를 예측하고 대처하기 위해 서부 아프리카 지역에서는 여러 가지 대책을 마련하고 있다. 1970년부터 1980년대의 큰 가뭄을 계기로 기근과 관련된 각종 조기경보시스템을 마련했으며, 동부 및 남부 지역에도 각각의 감시체계를 마련했다. 미국 국제개발처USAID,

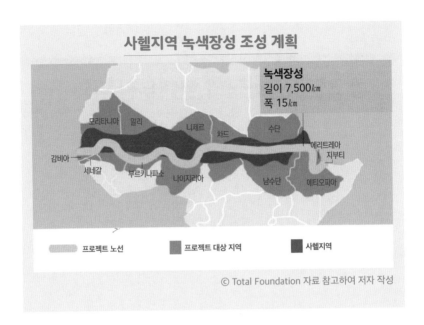

사헬지역 녹색장성 조성 계획

녹색장성
길이 7,500*km*
폭 15*km*

모리타니아   말리   니제르   차드   수단   에리트레아   지부티
감비아   세네갈   부르키나파소   나이지리아   남수단   에티오피아

▨ 프로젝트 노선   ▨ 프로젝트 대상 지역   ■ 사헬지역

ⓒ Total Foundation 자료 참고하여 저자 작성

United States Agency for International Development 또한 35개국에 대한 기근 감시 네트워크를 지원하고 있고 NGO들도 관련 데이터들을 수집하고 있다. 2015년 11월 기근조기경보네트워크Fewsnet는 아프리카뿔 지역의 엘니뇨 현상과 가뭄에 대해 사전 경고했고 2016년에 해당 지역의 식량 지원이 30% 늘어날 것을 예측하는 등 실질적인 도움을 주기 위해 노력해 왔다.240

2007년 AU 정상회의에서는 사헬지역 내 길이 7,500*km*, 폭 15*km*의 녹색 지대를 구축하는 범아프리카 녹색장성 사업GGW, Great Green Wall을 착수했다.

콩고민주공화국의 열대우림 파괴[241]

　'아프리카의 허파'라고 불리는 콩고분지는 19세기 유럽의 신제국
주의부터 유럽 강대국들의 관심을 한몸에 받았던 지역이다. 콩고분지
는 중부 아프리카에 흐르는 콩고강과 그 지류의 유역 분지를 포괄하는
지역으로 약 3억 1,400만 헥타르 면적의 열대우림이 있다. 분지의 중남
부는 콩고민주공화국에 해당하고 북서부 지역은 중앙아프리카공화국
과 카메룬, 콩고공화국, 가봉, 적도기니에 걸쳐있는 주요 자원이다.[242]

　6,500만 년 동안 이어온 세계에서 가장 오래된 삼림인 콩고민주
공화국의 열대우림은 아마존(5억 1,100만 헥타르) 다음으로 세계에서 두
번째로 크며, 약 39억 톤의 탄소를 저장하는 세계적으로도 매우 중요
한 자연 생태계이다. 기후변화에 보다 탄력적이고 매년 12억 톤의 이
산화탄소를 흡수하고 아마존보다 동일 면적 대비 30% 이상 더 많은
탄소를 저장한다. 기후변화에도 아프리카 야생생물의 방주 역할을 하
며 이 지역에서만 서식하는 고유 동식물이 있을 정도로 희귀 동식물의

아프리카의 허파 콩고분지　　　　　　　© Congo Basin Preservation Initiative

보고이다.

그러나 콩고민주공화국의 주요 천연자원인 콜탄이 휴대전화, 노트북의 재료로 사용되기 시작하면서 상황이 달라졌다. 콜탄에서 나오는 탄탈룸이라는 물질이 전지 에너지를 저장하는 능력이 뛰어나 휴대전화, 노트북, 비행기 제트엔진, 광섬유 등과 같은 첨단산업의 원료로 쓰이게 되었는데, 콜탄 매장량의 80%가 콩고 열대우림에 매장되어있어 급속히 파괴된 것이다.

세계삼림감시GFW, Global Forest Watch의 위성 데이터 분석에 따르면 콩고분지의 주요 열대우림 손실은 2002년부터 2019년 사이 2배 이상 증가했고 2019년 한 해에만 자메이카 면적의 절반 이상에 해당하는 59만 헥타르가 손실되었다.

지구상에 마지막으로 남아있는 고릴라의 자연 서식지인 카후지-

콜탄 채취로 서식지가 파괴되어 목숨을 잃은 콩고민주공화국의 고릴라

© 유튜브 Sharon3156(2010.05.10.)

비에가 국립공원마저 훼손되기에 이르렀다. 1990년대 중반만 해도 콩고민주공화국 열대우림에는 300마리 정도의 고릴라가 서식하고 있었지만 불과 몇 년 지나지 않아 그 수가 절반으로 줄어든 것으로 나타났다. 그 밖에도 콩고민주공화국에서만 볼 수 있는 세계 5대 희귀동물 오카피 또한 그 서식지를 위협받고 있으며 콩고민주공화국 열대우림에 서식하는 다양한 동식물의 터전이 훼손되고 있다.243

콩고민주공화국 열대우림에 진출해있는 다국적기업들의 산림파괴 또한 심각하다. 약 20여 개의 서구 기업이 정당한 대가를 지불하지 않은 채 무분별한 벌목을 자행하고 있다. 이들은 가구용으로 쓰이는 티크 나무를 경쟁적으로 벌목해 영국 면적에 해당하는 15만㎢의 숲을 파괴했다. 세계 제2의 목재 제품 수출국인 중국 또한 원목 확보를 위해 아프리카에서 불법 벌목을 자행하고 있다. 중국 목재 기업인 웨이더 그룹은 2000년 중앙아프리카공화국에 있는 프랑스 목재 기업 산리 그룹의 자

회사를 인수하여 열대우림 남벌에 박차를 가했다. 산리 그룹은 콩고분지가 있는 중부 아프리카에만 70만㎢의 토지 경영권을 소유하고 있으며, 6개의 벌목장에서 해마다 32만㎡ 이상의 면적에서 목재를 생산해 왔다.244

아프리카 열대우림 파괴는 코트디부아르와 나이지리아에서도 심각하다. 코트디부아르에서 행해지는 열대우림 개발로 인해 매년 15%씩 밀림이 손실되고 있다. 나이지리아에 있던 열대우림은 모두 사라진 상태이다. 마다가스카르의 열대우림 지대는 세계적으로 다양한 희귀 동식물의 보고이지만 오늘날 심각하게 위협받고 있다.

2020년 남아프리카공화국 요하네스버그에서 열린 '지속가능발전 세계정상회의WSSD, World Summit on Sustainable Development'에서는 이 지역의 열대우림을 보호하기 위해 5개 국가와 세계은행 그리고 환경보호단체 등이 공동투자를 합의했다. 또한 UN은 현재 세계은행과 함께 1,300만 달러(약 146억 원) 규모의 '산림전용 및 산림황폐화 방지로부터의 탄소 배출 감축REDD, Reducing Emission from Deforestation and Forest Degradation' 사업도 추진하고 있다. 이 사업은 개발도상국에서의 산림황폐 및 감소를 방지하고 온실가스 배출을 줄이는 활동에 필요한 재원을 지원하는 기후변화 대응 프로젝트이다.

콩고분지 주변국을 중심으로 1999년부터 '중앙아프리카우림지역 관계장관회의COMIFAC, Commission des Forêts d'Afrique Centrale'를 조직하고 2005년 콩고공화국의 수도 브라자빌에서 산림훼손에 대처하기 위한 10개년 계획을 채택하는 등 보호구역을 설정하고 보호 · 감찰하고 있다.245

자원 개발에 의한 폐기물 오염과 생활 터전의 위협

☪ 가나 아크라 아그보그블로시 시장

가나에는 아프리카 최대의 e-폐기물(전자 장비 및 부품 쓰레기) 쓰레기장인 아그보그블로시 시장이 있다. '소돔과 고모라'라고 불리는 이곳에서는 매년 21만 5,000톤가량의 중고 전자 제품이 들어오며 이로 인해 12만 9,000톤의 e-폐기물이 발생한다. 특히 PC 브라운관과 납, 수은, 코발트를 포함한 각종 부품은 환경적으로도 심각한 문제를 일으키는 것으로 알려져 있는데, 아그보그블로시 시장 인근에는 약 4만 명이 거주하고 있어 주민들에게 직접적인 피해가 되고 있다. e-폐기물로부터 구리와 같은 부품들을 분리하기 위해 쓰레기를 소각하는데 이때 발생한 매연에 피해를 당하는 인구만 25만 명가량 되는 것으로 추정되고, 그렇지 않아도 빈곤한 지역민들이 위협적이고 비위생적인 생활환경에 그대로 노출되고 있다.

아그보그블로시 시장의 폐기물 © CITYLAB

2019년 UN에서 발표한 보고서에 따르면 매년 버려지는 5,000만 톤의 e-폐기물이 2050년에는 2배로 증가할 것이라 전망되었다. 또한 폐기물의 20%만이 적절히 재활용되고 나머지는 불법적으로 유통되는 것으로 밝혀져 환경 및 보건 등에 심각한 위협이 되고 있다.

가나의 e-폐기물은 주로 아그보그블로시 동쪽에서 약 $32km$ 떨어진 테마 항구를 통해 서유럽 및 미국으로부터 수십만 톤의 컨테이너로 유입되고 있는데 e-폐기물이 아닌 폐기물까지 중고 전자 제품 항목으로 운송되고 있어 보건적 측면으로도 매우 큰 위협이 되고 있다.[246]

☪ 잠비아 카브웨

2019년 8월 국제인권감시기구HRW, Human Rights Watch는 25년 전 문을 닫은 코퍼벨트 납 광산 인근 마을 주민들이 아직도 납 중독의 위험에 노출되고 있어 공중보건 비상 상태라고 경고했다. HRW 보고서에 따르면 해당 광산은 잠비아의 수도 루사카에서 북쪽으로 $150km$ 떨어진 카브웨주의 폐광으로 1902년부터 1994년까지 운영되었다. 한때 잠비

잠비아 카브웨 광산 지역 ⓒ Pure Earth

아 최대 규모의 납 광산이었으나 이를 운영하면서 주변 마을을 심각하게 오염시켰다. 문을 닫은 지 25년이 지난 지금도 아동들의 혈액에서 권장치보다 5~10배가 높은 납 중독 수치가 나타날 정도이다. 카브웨 지역의 주택과 학교, 놀이터 등은 토양과 먼지를 통해 높은 수치의 독성 납 성분에 노출되어있다.[247]

잠비아 정부가 세계은행과 북유럽개발자금의 지원으로 2003년부터 2011년까지 환경개선을 실시했으나 여전히 보건 위험은 치명적이다. 2016년부터는 세계은행 지원으로 1만 명의 주민을 대상으로 납 중독 검사와 치료 작업을 위한 5개년의 프로젝트를 운영하고 있다. 한국에서는 광해 전문기관인 한국광해관리공단이 2019년 세계은행 차관 사업으로 발주된 30만 달러(약 3억 4,000만 원) 규모의 카브웨 폐광지역 토양오염 조사 및 기본설계 시행 기관으로 최종 선정되어 프로젝트를 진행하고 있다.[248]

☪ 나이지리아 니제르강

니제르강 델타는 나이지리아의 석유산업 본거지로 매일 약 200만 배럴의 석유를 추출하는 거점이었다. 나이지리아 땅의 8%를 차지하는 지역으로 7만km^2가 넘는다. 이 지역은 1950년대 이후 석유 가공의 중심지가 되면서 기름과 탄화수소로 인한 오염이 계속되고 있다. 1976년부터 2001년 사이에는 기름유출과 같은 7,000여 건의 각종 사고가 발생했다. 기계 고장이나 해적행위로 매년 평균 24만 배럴의 원유가 이 일대를 오염시키는데, 지표면과 호수를 오염시키는

나이지리아 니제르 델타　　© TIME(2013.11.04.)

것은 물론 대기 중으로 날아가 다핵방향족탄화수소PAHs, Polycyclic Aromatic Hydrocarbons와 같은 발암물질로 지역민을 위협하고 있다.

　　2011년 UN 환경계획UNEP, United Nations Environment Program의 보고에 의하면 토양과 수질에서 전체 조사 지역의 3분의 2가 오염 기준치를 초과했다. 2013년 조사 보고에서는 가구의 식품 안전 수준이 60%가량 저하되었고 아동 영양실조는 24% 증가했다고 보고했다. 그 외에도 원유 오염은 불임과 암 등 다양한 질병을 유발하는 원인으로 지목되어 생명을 위협하고 있다.249

해상 및 수질오염, 식수 부족 문제

☪ 빅토리아호에 사는 멸종 위기 상태의 고유종

세계자연보전연맹IUCN, International Union for Conservation of Nature의 〈2018년 빅토리아호 유역 생물다양성〉 보고서에 따르면 아프리카 대륙 최대 호수이자 전 세계에서 세 번째로 큰 호수인 빅토리아호가 환경오염과 기후변화 등의 영향으로 호수 내 서식하는 어류, 잠자리, 갑각류, 수생 식물 등 빅토리아호 유역 고유종 204종 중 76%가 멸종위기에 있는 것으로 조사되었다.

빅토리아호는 케냐(6%), 우간다(45%), 탄자니아(49%)에 걸쳐있는 나일강의 주요 수원으로 표면적 6만 8,800㎢의 아프리카 최대 호수이고 열대 호수로는 세계에서 가장 큰 호수이다. 호수 주변에는 수백만 명이 거주하고 있으며 농업, 어업 등 주요 산업의 기반이 되어왔다. 그러나 남획과 간척 사업으로 아프리카 폐어 개체 수가 크게 줄었

녹조류로 인해 녹색을 띠는 빅토리아호　　　　© Pronto Media Uganda(2020.02.18.)

고 공장, 농토에서 배출되는 오염물질로 생물다양성이 위협받고 있다. 그뿐만 아니라 강한 번식력을 가진 외래종 남미의 자주꽃부레옥잠이 1980년대 우연히 유입되어 빅토리아호 수면의 10%를 뒤덮어 수중 산소 및 영양분 부족을 야기하는가 하면 거대한 나일강 농어가 침입한 이후 작은 어류가 멸종되고 있다.

☪ 해수면 상승으로 위협받는 국가들

지구온난화로 지구가 점점 더워지면서 빙하가 녹아 해수면이 높아지고, 이로 인해 해안 저지대에 사는 사람들이 거주지를 위협받고

■1 수몰 위기의 인도양 세이셸 ■2 2015년 세네갈 홍수 피해
■3 2019년 모잠비크 태풍 피해 ■4 2019년 케냐 나이로비 홍수 피해

© Pinterest, BRACED, CNN, IFRC

있다. 2010년 방영된 다큐멘터리 〈아프리카의 눈물〉에서도 지구온난화로 해수면이 상승해 해안 저지대에 사는 모잠비크 주민들이 어쩔 수 없이 삶의 터전을 떠나는 이야기가 그려졌다. 해수면이 상승하면서 해안 저지대를 깎기 시작했고 큰 해일도 자주 발생하면서 더는 해안가에서의 삶을 유지할 수 없게 되었다.

아프리카 지역에서 해수면 상승으로 수몰 위기에 처한 대표적인 국가는 세이셸이다. 산호섬 평균 해발이 1.5m에 불과한 세이셸은 115개의 군도로 이루어져 있는 섬나라로 매년 상승하는 해수면 탓에 수십 년 안에 국토가 수몰될 위기에 처해있다. 이에 대처하기 위해 세이셸 당국은 자체적으로 '해수면 상승기구Sea Level Rise Foundation'를 창설하기도 했으며, 대외협력을 통한 공동 대응을 촉구하고 있다. 해수면 상승 외에도 1998년 서인도양에서 밀려온 따뜻한 바닷물로 산호의 90%가 백화현상이 나타나 기후변화로 인한 여러 가지 피해를 입고 있다.[250]

세네갈도 다카르를 비롯한 해안 도시에서 심각한 홍수를 연이어 겪었고, 나이지리아 라고스, 케냐 몸바사 등의 해안 지역 또한 이러한 홍수의 위험에 처해있다. 가장 우려스러운 상황은 수년간 인도양의 아프리카 쪽 해수면이 따뜻해져 더 많은 비를 촉발한다는 것이다. 동서 지역 간 해수면 온도차로 발생하는 '다이폴Dipole 현상'으로 대서양이나 태평양은 해류와 해풍이 따뜻한 바닷물을 흐트러뜨리는 데 비해 인도양은 북쪽에 큰 아시아 대륙이 있어 열을 고스란히 품고 있다. 실제로 가장 큰 피해를 본 케냐 투르카나호 주변은 가뭄과 홍수가 겹치면서 기근이 발생했다.

한편 이러한 기후변화와 이상기후의 원인이 된 탄소 배출 활동에 아프리카 국가들이 기여한 바는 상대적으로 크지 않다. 서구 세계가 일조한 지구온난화로 정작 피해는 아프리카 국가에서 받고 있는 현실을 인지하는 사람은 많지 않다. 탄소 누적 배출량 세계 1위를 기록한 미국도 지구온난화에 따른 기후변화를 막기 위한 파리협정에서 탈퇴하면서 역사적 책임을 피하려 한 바 있다.[251]

☪ 목마른 아프리카

1990년대 말부터 소말리아, 모잠비크, 짐바브웨 등 동부 아프리카 7개국과 알제리, 모로코, 리비아 등 지중해 연안의 북부 아프리카 5개국은 물 부족 압박을 받고 있으며, 이들 국가 중 6개국에서는 1인당 연간 공급 수량이 1,000m^3 미만으로 심각한 물 부족을 겪고 있다. 예전부터 사하라 사막 주변 국가들은 만성적인 물 부족 사태를 겪었지만 온실가스 배출이 급증하면서 기온이 상승하고 빙하가 녹아 홍수와 가뭄이 빈번해지면서 마실 물의 40~60%가 감소하고 강수량이 줄어들면서 사막화 현상까지 가속화되었다. 이로 인해 350만 명이 아사 위기에 처해 있다.

특히 동부 아프리카의 가뭄과 물 부족은 이미 만성화된 문제이다. 2012년 아프리카뿔 지역에 최악의 가뭄이 들었다. 이로 인해 1,000만 명 이상의 이재민이 발생했고 200만 명 이상의 아이들이 영양실조에 걸려 26만 명이 사망했다. 이러한 상황은 개선되지 않았고 2016년 이후 발생한 가뭄으로 아동 770만여 명이 식수와 물 부족을 겪고 60만 명이 중증 영양실조에 걸렸다. 그리고 소말리아에서만 61만 5,000명이 물을 찾아 고향을 떠나 난민이 되기도 했다. 케냐 북부에서는 물 부족이 심각해지면서 보라나-삼부루 민족 집단 간 유혈충돌로 10여 명이 사망하는 사건도 발생했다. 부족한 식수와 오염된 물이 각종 수인성 질병을 유발하고 아사 위기에 몰아넣기 때문에 먹을 것을 찾기 위해 다른 민족 집단과 전투를 벌이는 것이다.

물 부족은 동부 아프리카만의 문제가 아니다. UNEP는 2025년에 많게는 25개의 아프리카 국가가 점차 증가하는 물 부족과 물 스트레스를 동시에 겪음으로써 고통을 받을 것이라고 예측한 바 있다. 특히 아프리카 질병의 80% 이상이 물과 관련되어있을 정도로 수질오염이 보건문제와 직접적으로 연결되어있고 질병 확산과 사망률 증가의 일차적인 원인으로 분석된 바 있어, 단순한 물 부족 이상의 피해가 야기될 것으로 예상된다. 특히 화장실 같은 기본적인 위생시설이 부족하고 산업과 광업의 발달로 인한 담수 오염, 정화시설 부재 등 각종 사회적 인프라 부족으로 문제가 심화되는 경우가 많다. 이를 해결하려면 기본적인 위생시설과 상하수도 처리 시스템 및 감독체계를 구축할 수 있는 재원을 원조해야 한다.[252]

물 부족 문제를 해결하기 위해 남수단에서는 고지대 수원지에서 유입되는 하천수를 집수탱크에 저장해 용수를 공급하는 저장·공급시설을 설치했다. 케냐에서는 고장 난 펌프 수리, 오래된 부품 교체, 지하수 과정 설치 등의 사업을 통해 수인성 감염병 발생률을 80% 정도 낮추었다. 이 사업은 물 부족으로 떠난 약 5만여 명의 지역민이 고향으로 돌아오는 긍정적 성과를 거두기도 했다.[253]

5장

—

지속가능한
환경을 위한 노력

아프리카 국가들의
플라스틱 퇴치 운동

☪ 비닐봉지 사용과 제조 전면 금지[254]

비닐봉지 사용 제재 조치에 있어서는 아프리카가 선두 지역이라고 할 수 있다. 30여 개 아프리카 국가에서 환경 및 쓰레기로 고통받는 지구환경을 보호하기 위해 일회용 플라스틱 사용에 대한 규제를 도입하거나 도입하기 위한 법안을 통과시켰다.

탄자니아는 2019년 6월 비닐봉지 사용 금지 정책을 전격 시행하면서 아프리카에서 비닐봉지 규제정책을 실시한 34번째 국가가 되었다. 비닐봉지를 생산하다 적발되면 최대 40만 달러(약 4억 7,000만 원)의 벌금이나 2년 이하의 징역을, 비닐봉지를 사용하는 개인에게는 약 13달러(약 1만 5,000원)의 벌금을 부과한다. 특히 탄자니아 잔지바르섬에서는 비닐봉지를 사용하면 최대 6개월의 징역 또는 2,000달러(약 237만 원)의 벌금을 부과하고 있다.[255]

아프리카의 플라스틱 폐기물   탄자니아의 비닐봉지 사용 금지

© PHYS.ORG, Business Day

    2005년 세계 최초로 에리트레아에서 비닐봉지 사용을 금지한 것을 시작으로 2008년 르완다, 2013년 모리타니아와 말리, 2014년 나이지리아, 2015년 모로코와 마다가스카르에 이어 2017년에는 케냐, 우간다, 베냉, 튀니지 등에서도 비닐봉지 사용을 적극적으로 제한하고 금지하는 강경 조치를 취했다.[256] 특히 르완다는 '깨끗한 도시'를 유지하기 위해 2008년부터 생분해되지 않는 비닐봉지 사용을 전국적으로 금지하는 법안을 도입했다. 이 법안에 따르면 비닐봉지의 생산, 사용, 수입, 판매가 모두 금지될 뿐만 아니라 르완다를 방문하는 관광객도 비닐봉지를 르완다로 반입해서 사용할 수 없다. 르완다는 2019년 10월에 아프리카 국가 최초로 모든 일회용 플라스틱의 사용을 전면 금지한 바 있다. 2020년 4월에는 세네갈도 일회용 플라스틱 사용을 금지했다.

    케냐는 2017년 8월부터 비닐봉지의 제작·수입·사용을 전면금지했다. 지난 10년간 금지 법안을 지속해서 추진한 결과 세 번째 시도 끝에 시행하게 된 것이다. 비닐봉지를 사용하다가 적발되면 최대 징역 4년 또는 한국 돈으로 최대 4,300만 원의 벌금을 내야 한다. 케냐의 환경부 장관 주디 와쿵구Judi Wakhungu는 "비닐봉지는 완전히 분해되기까지

20년에서 1,000년이 걸린다."며 "비닐봉지는 케냐의 폐기물 관리에서 가장 큰 도전 과제이며 우리가 반드시 극복해야 할 악몽 같은 환경"이라고 말했다. 이와 더불어 케냐에서는 비닐봉지뿐만 아니라 플라스틱 포장제품을 생산하는 제조업이나 플라스틱 용기 사용자도 법에 위배된다며 환경을 위해 강력한 제재를 취하고 있다.

아이사투 씨쎄의 비닐봉지 재활용

비닐봉지로 인한 환경오염 문제를 해결하는 아이사투 씨쎄Isatou Ceesay의 이야기를 담은 책으로는 《비닐봉지 하나가: 지구를 살린 감비아 여인들》(2016)이 있다.

1972년 감비아 나우 지역에서 태어난 아이사투는 당시 나우 지역의 골칫거리였던 비닐봉지 문제를 해결하기 위해 앞장선 인물이다. 그녀는 값싸고 쓰기에 편한 비닐봉지가 찢어지거나 필요하지 않게 되면서 마을 곳곳에 오염물질로 남아 주민들과 마을 환경에 피해를 주자 이를 재활용할 방법을 찾아 마을을 깨끗하게 되돌려놓았다. 버려진 비닐봉지로 만든 지갑과 가방을 팔아 얻은 소득과 기금으로 기술 센터와 도서관도 지었다. 그녀의 노력은 한 사람의 행동이 우리가 사는 세상을 어떻게 바꿀 수 있는지를 잘 보여주고 있다. 환경을 회복시키고 지키기 위한 노력은 거창한 활동이 아닌 '나, 하나'에서부터 시작하는 것이다.

신재생에너지의 잠재력

산업혁명은 인류의 삶을 크게 바꾸어놓았다. 산업혁명을 거치면서 과학기술이 비약적으로 발전해 인류는 과거보다 더 편리한 삶을 누리고 있다. 그러나 과학기술의 발전으로 인한 물질적 풍요와 인구의 증가는 심각한 에너지문제도 낳았다. 에너지 사용량이 급증하면서 석유, 석탄 등의 화석에너지를 비롯한 각종 지하자원의 가채연수*가 줄었고 스모그, 지구온난화, 산성비 같은 여러 가지 환경문제가 발생했다.

인류는 화석에너지를 대체할 방안을 모색하는 과정에서 군사용으로 사용하던 원자력발전을 이용하게 되었고, 이로 인해 많은 에너지를 얻을 수 있긴 했으나 방사선 폐기물, 안전문제와 같은 당면 과제 또한 얻었다. 실제로 1986년 우크라이나의 체르노빌과 2011년 일본의 후쿠시마 원전사고로 많은 사람이 목숨을 잃었고 자연환경에도 엄청

---

*   가채연수는 어떤 자원을 캐낼 수 있다고 예상하는 연수로 자원 매장량을 연간 생산량으로 나누어 계산한다.

2013년 대륙별 재생에너지 기술 잠재력

3 X
8 X
12 X
4 X
60 X
8 X
15 X
200 X
30 X
55 X

지역별 재생에너지 기술적 잠재력

0~2.5 2.6~5.0 5.1~7.5 7.6~10 10~12.5 12.6~15 15.1~17.5 17.6~20 20.1~22.5 22.6~25 25~50 50~

© 그린피스 자료 참고하여 저자 작성

난 피해를 가져왔다. 화석에너지에 지나치게 의존하는 에너지 소비구
조와 원자력발전의 문제점이 부각되면서 환경친화적이면서도 고갈의
위험이 없는 신재생에너지의 필요성이 커졌고 이에 아프리카 지역의
재생에너지 잠재력이 높은 평가를 얻고 있다.[257]

아프리카 대륙은 신재생에너지원인 태양에너지, 풍력발전, 바이
오매스* 등이 다른 지역에 비해 매우 풍부해 적극적인 개발과 투자가
이루어진다면 아프리카 내의 전기 보급률 향상에 큰 기여를 할 것으로
보인다. 특히 동부 아프리카 지역이 다양한 재생에너지를 보유하고 있
는 유망 지역으로 떠오르고 있으며 남아프리카공화국, 앙골라, 튀니지
등은 태양열 발전에 주력해 지속가능한 발전을 위해 노력하고 있다.

---

* 바이오매스는 식물의 광합성에 의해 고정화된 생산량 중에서 석탄·석유를 제외하고 아직
이용되고 있지 않은 에너지 자원을 말한다.

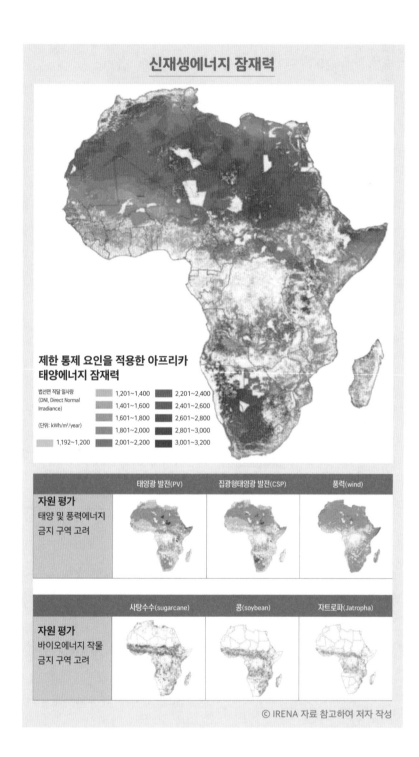

신재생에너지 잠재력

제한 통제 요인을 적용한 아프리카 태양에너지 잠재력

법선면 직달 일사량
(DNI, Direct Normal Irradiance)

(단위: kWh/m²/year)

1,192~1,200	
1,201~1,400	2,201~2,400
1,401~1,600	2,401~2,600
1,601~1,800	2,601~2,800
1,801~2,000	2,801~3,000
2,001~2,200	3,001~3,200

	태양광 발전(PV)	집광형태양광 발전(CSP)	풍력(wind)
자원 평가 태양 및 풍력에너지 금지 구역 고려			

	사탕수수(sugarcane)	콩(soybean)	자트로파(Jatropha)
자원 평가 바이오에너지 작물 금지 구역 고려			

ⓒ IRENA 자료 참고하여 저자 작성

사헬지역의 태양광 사업   © PVTECH

이밖에도 지역별로 차이는 있으나 바이오매스, 지열, 수력, 태양에너지, 풍력 등 재생에너지 자원이 전반적으로 풍부해 아프리카는 재생에너지 발전에 있어 경제성이 높을 것으로 전망하고 있다.[258]

실제로 모로코 와르자자트에는 세계에서 가장 큰 태양광 발전단지가 있다. 2020년에 발전소 전체가 가동되면 580메가와트^{MW}를 생산해 1년 내내 100만 가구 이상에 전력을 공급할 수 있다. 남아프리카공화국 동부 케이프에 위치한 쿡하우스 풍력발전Cookhouse Wind Farm 또한 매년 34만 메가와트시^{MWh}의 신재생에너지를 생산하고 있다.[259]

아프리카 사헬지역의 경우 세계 최고 수준의 일조량과 태양광 노출이 가장 높은 곳으로 평가되어 태양광 발전사업을 비롯한 사회기반시설까지 적용하는 태양광 프로젝트, 태양열 온수 공급사업 등 태양광 개발사업을 적극적으로 추진하고 있다. 태양PV, CSP 및 풍력, 식물을 이용한 바이오에너지 사업까지 독립형Off-Grid 에너지 시스템을 구축하는데 전반적으로 유리한 환경조건을 가지고 있는 것으로 평가되었다.

이러한 잠재력 평가를 토대로 2018년 5월, AfDB와 아프리카 50Africa 50, 녹색기후기금Green Climate Fund은 사헬지역의 사막기후를 신재생에너지로 개발하는 '사막을 신재생에너지로 프로그램Desert to Power Programme'에 공동 협약했다. AfDB가 시작한 이 프로그램은 사헬지역 11개 국가에 사는 최대 2억 5,000만 명에게 1만 메가와트의 태양에너지를 공급한다는 목표로 추진되고 있다. 2025년까지 매년 13%의 친환경에너지를 활용해 전력을 많이 생산함으로써 생활 전력뿐만 아니라 농업을 비롯한 각종 산업에 기여하도록 한다는 계획이다.260

들어가며

1 이일학(2019)
2 황규득(2016); 한건수(2013)
3 아프리카미래전략센터(2016)

Chapter 1. 아프리카 다시 배우기

4 윤상욱(2012), p.17~24
5 아프리카미래전략센터(2016), pp.102~103
6 외교부 국가지역정보, http://www.mofa.go.kr/www/wpge/m_3551/contents.do
7 아프리카인사이트(2019), p.30
8 이해영(2018.01.12.), "아프리카 인구 폭증…우간다엔 40명 이상 낳은 여성도", 연합뉴스
9 World Bank(2018), World Development Indicators(Population, total), https://data.worldbank.org/indicator/SP.POP.TOTL
10 매튜 그레이엄(김성수 옮김)(2020), pp.10~11
11 Ethnologue, https://www.ethnologue.com/region/Africa
12 윤오순(2007), "에티오피아는 다민족 국가 ① 서로 다른 문화를 인정하는 사람들", 서울신문
13 Sahel and West Africa Club Secretariat, OECD(2017), "Cross-border Co-operation and Policy Networks in West Africa", https://www.oecd.org/swac/maps/cbc.htm
14 아프리카미래전략센터(2016), pp.52~55
15 이형은(2016.06.30.), "[올어바웃 아프리카] 아프리카 국경선은 왜 직선일까", 시사저널; 남윤선(2014.01.05.), "검은 폭력…내전 · 갈등의 땅 아프리카, 비극의 뿌리는 백인 마음대로 그은 국경", 한경
16 매튜 그레이엄(김성수 옮김)(2020), pp.64~65
17 김일수(2015.04.23.), "젊은 대륙 아프리카의 미래", 파이낸셜 뉴스
18 김정우(2018.01.14.), "아프리카 경제, 뭉치면 뜬다", 한국일보
19 매튜 그레이엄(김성수 옮김)(2020), p.45
20 Lynn Wagner(2018), IISD, http://sdg.iisd.org/news/world-population-data-sheet-explores-changing-age-structures-impacts-on-youth/
21 매튜 그레이엄(김성수 옮김)(2020), p.48
22 Charles Théveneau de Morande(2012), "La Gazette Noire…". Nabu Press
23 이형은(2016.08.09.), "[올어바웃 아프리카] '25세 미만 10억 명' 아프리카의 기회 혹

은 폭탄", 시사저널

24 Population reference bureau(2018), p.2, https://www.prb.org/wp-content/uploads/2018/08/2018_WPDS.pdf; 이해영(2018.01.12), "아프리카 인구 폭증⋯우간다엔 40명 이상 낳은 여성도", 연합뉴스

25 CIA World Factbook 2020년 기준, 2억 1,400만 명

26 국경없는의사회, https://www.msf.or.kr/article/3914; 아프리카인사이트, http://africainsight.org/insights/356; 김수진(2016.04.26.), "에티오피아의 전설적인 마라토너 하일레 게브르셀라시에", 연합뉴스

27 아프리카인사이트, http://africainsight.org/insights/245; http://africainsight.org/insights/356

28 BBC News Korea(2018.11.12), "보헤미안 랩소디: 프레디 머큐리는 왜 고향의 자랑이자 불편한 존재일까?"

29 엘렌 다메다 토포르(2006), p.11

30 Darcy Schild(2019.12.10.), "The 2019 titleholders of Miss Universe, Miss USA, Miss Teen USA, and Miss America are all women of color", Insider

31 매튜 그레이엄(김성수 옮김)(2020), pp.73~77

32 Nunn(2008), p.142; 매튜 그레이엄(김성수 옮김)(2020), p.74 재인용

33 Manning(1983), p.839; 매튜 그레이엄(김성수 옮김)(2020), p.76 재인용

34 김진수, 조윤이,《손에 잡히는 사회 교과서 19 세계의 자연환경》, pp.123~124. 길벗스쿨

35 신동윤(2018.07.17.), "대구 〉 아프리카 (a.k.a. 대프리카)"해럴드경제; 송윤경(2017.07.31.), "[날씨가 왜 이래] 대프리카? 아프리카라고 다 푹푹 찌진 않아요", 경향신문; 손에 잡히는 사회교과서, 세계의 자연환경(2011), p.123~129

36 Huffpost, https://www.huffingtonpost.kr/2017/02/22/story_n_14807636.html

37 임산(2020.02.01.), "서아프리카(West Africa)-말리(Mali)", https://m.blog.naver.com/PostView.nhn?blogId=leemsan&logNo=60100857556&proxyReferer=https:%2F%2Fwww.google.com%2F

38 아프리카인사이트, http://africainsight.org/insights/342; 이경혁(2018.07.19.), "'황금의 땅' 지배자 만사 무사를 아시나요". NEWSTOF; Allafrica, http://allafrica.co.kr/entry/font-colorblue-%EC%95%84%ED%94%84%EB%A6%AC%EC%B9%B4-%EC%97%AD%EC%82%AC-I-%EA%B3%A0%EB%8C%80%EC%99%95%EA%B5%AD%EC%9D%98-%ED%98%95%EC%84%B1font

39 Allafrica, '스와힐리(Swahili)족', https://allafrica.co.kr/entry/%EC%8A%A4%EC%99%80%ED%9E%90%EB%A6%ACSwahili-%EC%A1%B1

40 Allafrica, '아프리카의 반투(Bantu)인, 반투문화(Bantu Culture)', 'https://allafrica.co.kr/entry/%EC%95%84%ED%94%84%EB%A6%AC%EC%B9%B4%EC%9D%98-%EB%B0%98%ED%88%ACBantu%EC%9D%B8-%EB%B0%98%ED%88%AC%EB%AC%B8%ED%99%94Bantu-Culture

41 다음 백과사전; Léonard Colomba-Petteng(2017.12.12.), Great African Empires: The Mali and Mutapa Empires, La Grande Afrique

Chapter 2. 문화로 보는 아프리카

42 한국외대 아프리카연구소(2010), 아프리카 안과 밖의 교차 아프리카학의 한국적 패러다임 구축, http://203.253.67.30/wp/?page_id=36

43 CIA(2021)

44 Allafrica, "남아공은 11개의 공식어가 있다.-남아공의 인종 및 언어 구성"

45 언어이야기, https://m.blog.naver.com/PostView.nhn?blogId=savedigi&logNo=220381750945&proxyReferer=https%3A%2F%2Fwww.google.com%2F

46 The Creole Melting Pot(2020.08.14.), "The Moutya in Seychelles - A brief history"

47 민다엽(2019.04.29.) "요즘 뜨는 세이셸! 어디까지 알고 계세요?", 한국관광신문

48 주세네갈한국대사관(2015), 세네갈 알기 pp.29~30

49 네이버 블로그, http://memolog.blog.naver.com/PostView.nhn?blogId=chunghwan69&logNo=10123571122

50 류일형(2015.06.18), "차드 정부, 부르카 금지… '착용 적발 땐 즉결 재판'", 연합뉴스; 이세아(2015.05.04.), "콩고, 여성 얼굴 모두 가리는 베일 착용 금지", BBC News(2015.07.16.), "Cameroon bans Islamic face veil after suicide bombings"

51 Le Monde(2018.08.04.), 'Première amende au Danemark pour port d'un voile intégral'

52 이경호(2017.02.17.), "오스트리아 부르카 금지에 수천명 반대 시위", KBS News

53 유만찬 외(2013)

54 서상현(2004), pp.1~2

55 이양호 외(2014), pp.99~100

56 Verdict, "Is Africa, and Nigeria, finally ready for McDonald's?"

57 서상현(2004), p.9

58 김광수(2013), 아프리카의 언어정책, pp.142~145

59 Chimerah(1998), pp.87~88

60 Mbaabu(1991), p.81

61 Stabler(1979), pp.47~48, Blommaert(1999), pp.89~91

62 조선일보(2018.04.20), "스와질란드, '에스와티니'로 국명 변경"

63 임병선(2018.04.20.), "국왕 한마디면 충분한데 스와질란드→에스와티니 왜 오래 걸렸을까". 서울신문

64 서상현(2004), pp.21~22

Chapter 3. 분쟁으로 보는 아프리카

65 윤상욱(2012), pp.17~24

66 오애리(2019.04.11) "30년 만에 쫓겨난 수단 독재자 알 바시르는 누구?", 뉴시스

67 손원제, 김외현(2015.01.01), "2차 세계대전 뒤 70년, 지구촌 전쟁은 끝나지 않았다", 한겨레

68 Cambridge Dictionary, https://dictionary.cambridge.org/ko/%EC%82%AC%EC%A0
%84/%EC%98%81%EC%96%B4/kleptocracy

69 Andrew Wedeman(2018), p.87

70 류광철(2014), p.225

71 로버트 게스트(김은수 옮김)(2009), pp.83~84

72 윤상욱(2012), pp.185~204

73 BBC News Korea(2018.05.18.), "콩고민주공화국 3분 정리".

74 노재현(2019.01.25.), "치세케디 민주콩고 대통령 취임… 첫 평화적 정권 교체(종합)", 연합뉴스

75 The Guardian(2020.06.27.) "Opposition wins rerun of Malawi's presidential election in historic first"

76 윤상욱(2012), pp.186~190

77 로버트 게스트(김은수 옮김)(2009), pp.209~210

78 박영호 외(2012), pp.36~37

79 김보미(2017.08.06.), "'폭군과 선지자' 사이, 르완다의 '역설적 독재자' 카가메…득표율 98퍼센트로 3선, 장기집권 길 열어", 경향신문

80 로버트 게스트(김은수 옮김)(2009), p.207

81 매일경제(2019.04.05.) "대학살 25주년 앞둔 르완다… 트라우마의 그림자 여전히 드리워져".

82 김보미(2017.08.06.), "'폭군과 선지자' 사이, 르완다의 '역설적 독재자' 카가메…득표율 98%로 3선, 장기집권 길 열어", 경향신문

83 구정은(2010.05.17.), "[아프리카의 내일을 가다] 그래도 해법은 민주주의뿐", 경향신문

84 윤상욱(2012), pp.185~204

85 주코트디부아르대사관(2017), pp.6~27

86 강권찬(2001), p.160

87 강권찬(2001), p.166

88 Global Peace Operations Review, "Africa", https://peaceoperationsreview.org/maps/africa/

89 아프리카미래전략센터(2016), p.69

90 윤상욱(2012), pp.230~231; p.18 '베를린회의' 참고

91 강찬수(2008.09.19.), '아프리카의 뿔', 중앙일보

92 조상현(2016.07.01.), "세계분쟁 25시 | '아프리카의 뿔' 지역 주도권을 확보하라!… 에티오피아 분쟁", 통일한국

93 통일한국(2016.07.01), '아프리카의 뿔' 지역 주도권을 확보하라! 에티오피아 분쟁 중

94 BBC News(2014.04.07.), Rwanda genocide: 100 days of slaughter

95 로버트 게스트(김은수 옮김)(2009), pp.198~200

96 David J. Francis(2006), pp.117~124

97 Africa Renewal, http://www.un.org/en/africarenewal/subjindx/142rwand.htm; Jina Moore(2017.12.13.), Rwanda Accuses France of Compliity in 1994 Genocide, New York Times

98 매일경제(2019.04.05.), "프랑스, 대통령 직속 르완다 학살 진상조사위 출범"; 김성진(2021.04.20.) "르완다 정부 '1994년 학살, 프랑스가 가능하게 해' 보고서 내", 연합뉴스

99 황규덕 외(2017), p.74

100 박상주(2017.05.04.), '소말리아 해적 다시 급증…지난해 피해 2조 원 근접', 중앙일보
101 Oceans Beyond Piracy. One earth Future(2017), pp.3~4
102 곽도흔(2021.08.14.), "서아프리카 해적 고위험해역…내년 2월부터 선박 진입 제한", 이투데이
103 유성운(2014.01.19.), '대전교도소 수감 된 해적 5명 이야기 들어보니…', 중앙일보
104 윤상욱(2012), pp.245~259
105 김용빈(2013), 아프리카 자원개발, 분쟁과 테러를 어떻게 이해하고 대처할 것인가, 해외자원개발협회, p.1
106 In Defence of Marxism(1997.10.27.), "Congo Brazzaville, the Reasons Behind the Civil War"
107 배유진(2019), 다국적기업의 진출과 아프리카 토지 보호, http://203.253.67.30/wp/?p=14906
108 Le Monde Afrique(2016.06.17.), "Les attentats de l'Etat islamique ont fait plus de 2,500 morts en deux ans"
109 엘리자 그리즈월드(유지훈 옮김)(2010), pp.35~99
110 이한규(2015), p.10
111 이한규(2015), pp.7~13
112 조원빈(2017), pp.58~60; 이한규(2015), pp.62~66
113 남정미(2013.09.25.), '케냐 나이로비 쇼핑몰 테러 진압 종료…72명 사망', 조선일보
114 Jane Onyanga-Omara(2015.11.19.), "Nearly 50 killed within 24 hours in multiple Nigerian terror attacks", USATODAY
115 VOA(2018.02.26.), "나이지리아 정부 '보코하람 공격 이후 여학생 110명 실종'"
116 이한규(2015), pp.35~42
117 필리스 마틴, 패트릭 오메아라, 김윤진(김광수 옮김)(2002), pp.567~592
118 Encarta Online Encyclopedia 2000, http://autocww.colorado.edu/~toldy3/E64ContentFiles/SociologyAndReform/Apartheid.htm
119 중앙일보(1986.06.16), "남아프리카 사태"

Chapter 4. 아프리카의 평화

120 황규덕 외(2017), p.99
121 Susan Wanjiku Muchiri(2019) "Ikibiri in Burundian Society: An indigenous model of solidarity and collaboration"; Ubumwe initiative, https://www.ubumwesi.org/
122 중앙일보(2013.12.06.), "넬슨 만델라에 대해 몰랐던 '진실'"
123 루츠 반 다이크(안인희 옮김)(2004), pp.245~248
124 매튜 그레이엄(김성수 옮김)(2020), pp.332~338
125 아프리카연합(2015)
126 VOA(2015.01.07.), "차드, 카메룬에 보코하람 대응 병력 지원"; VOA(2015.02.01.), "아프리카연합, 보코하람 대응군 구성"

127 한국개발전략연구소(2011), p.12

128 Encyclopedia Britannica, https://www.britannica.com/art/Negritude

129 Victor T. Le Vine(2007), pp.131~132

130 이석호(2001), p.159

131 이신자(2017), p.1

132 한국무역보험공사(2011), p.3

133 한상용(2017.01.08.), "가나 새 대통령 아쿠포 아도 취임…'세금 줄이겠다'", 연합뉴스

134 World History(2017.05.28.), "Helen Suzman: Beating Apartheid from Within"

135 중앙일보(2009.01.03.), "남아공 인종차별정책 철폐 투쟁 헌신한 수즈먼 사망"

136 이석호(2001), pp.129~133

137 아프리카미래전략센터(2016), pp.52~55

138 황상철(2015.10.09.), "노벨 평화상에 '튀니지 국민 4자 대화기구'", 한겨레

139 이기준(2016.03.12.), "아랍의 봄 그 후 5년… 독재가 그립다", 중앙일보

140 CEIC, '튀니지 실업률', https://www.ceicdata.com/ko/indicator/tunisia/unemployment-rate

141 윤상욱(2012), pp.96~97

142 UN 난민기구, https://www.unhcr.or.kr/unhcr/html/001/001003004002001.html

143 오애리(2019.04.11.), "30년 만에 쫓겨난 수단 독재자 알 바시르는 누구?", 뉴시스

144 이신화(2016), pp.1-22

145 1951년 UN에서 채택된 '난민 지위에 관한 협약(난민협약)' 참고

146 위문숙(2017), p.53

147 UNHCR/REACH(2018), p.18

148 UNHCR(2020), p.1

149 강주형(2015.11.01.), "망각 속에 방치된 50만 다다브 난민촌", 한국일보

150 박동혁(2011), pp.1~2

151 Emerics(2016), p.1

152 김효진(2017.04.12.), "50만원에 노예시장 팔려나가는 아프리카 난민들", 한겨레

153 Pew Research Center(2018.03.22.), "At Least a Million Sub-Saharan Africans Moved to Europe Since 2010"

154 김정하(2016), p.95

155 IOM(2018), p.26

156 유승호(2018.06.17.), "'난민 문제가 EU 분열 불씨'… 포용 내세운 독일서도 내부 갈등", 한국경제

157 황규덕 외(2017), p.94

158 김정하(2016), p.90

159 UNHCR(2018b), p.2

160 김정하(2016), p.88

161 임기현(2019.09.17.), "난민 수용, '독일을 위한 대안'", Daily Bizon

162 출입국·외국인정책본부(2016), p.90

163 오규옥(2018.06.28.), "제주 예멘: 예멘인 난민신청자들의 현실", BBC Korea

164 법무부 출입국·외국인정책본부(2019), p.92

165 법무부(2019.06.17.), "지난해 난민인정률 3.7%, 난민보호율 17%", 정책브리핑

166 원성윤(2015.09.09.), "한국도 난민을 더 받아들여야 하는가?", 허핑턴포스트코리아

167 이은혜(2017.04.13.), "난민 현실 말했더니 돌아온 건 협박". 뉴스앤조이

Chapter 5. 아프리카의 지속가능한 발전

168 World Bank(2015)

169 World Bank, "Poverty overview", https://www.worldbank.org/en/topic/poverty/overview

170 World Bank, Poverty headcount ratio at $1.90 a day (2011 PPP) (% of population)

171 조인우(2016.12.14.), "UNCTAD, 원자재 가격 하락, 최빈국 경제 강타", 뉴시스; 국제연합 무역개발회의(United Nations Conference on Trade and Development, UNCTAD), http://unctad.org/en/pages/PressRelease.aspx?OriginalVersionID=438; United Nations Economic Analysis and Policy Division, https://www.un.org/development/desa/dpad/wp-content/uploads/sites/45/LDCcategory-2018.pdf; UN(2018), The Least Developed Country Category: 2018 Country Snapshots

172 WFP, "Hunger Map 2020", https://docs.wfp.org/api/documents/WFP-0000118395/download/?_ga=2.55049707.1316451791.1610373066-1417133727.1601270118

173 United Nations Department of Economic and Social Affairs, Population Division, https://esa.un.org/unpd/wpp/

174 류광철(2014), pp.79~86

175 Laurence Caramel(2020.04.10.), "La Corne de l'Afrique face à une nouvelle vague de criquets pèlerins", Le Monde Afrique

176 로버트게스트(김은수 옮김)(2009), pp.21~29

177 박영호, 박복영, 권율 외(2008), p.45

178 류광철(2014), p.82

179 허윤선(2009.07.08.), "아프리카, 개발 프로젝트 '올스톱'", 매일경제

180 박영호, 박복영, 권율 외(2008), p.66

181 캐럴 랭커스터(유지훈 옮김)(2007), pp.15~25

182 이상수(2005.10.07.), "중국경제 대안적 발전모델인가", 한겨레

183 박병률(2011.07.05.), "[영화 속 경제] '워싱턴 컨센서스'의 부작용", 주간경향

184 엄기호(2018.07.18.), "빈민들이 세계사회포럼에 돌 던진 까닭은?", 프레시안

185 정영섭(2018.07.18.), "신자유주의가 명령한다 "남김없이 팔아라", 프레시안

186 이강국(2005.07.08.), "아프리카의 비극과 G7의 자비(?)", 오마이뉴스

187 Jonathan D. Ostry, Prakash Loungani, and Davide Furcer(2016), IMF Finance and Development, "Neoliberalism: Oversold"

188 하현옥(2017.09.12.), "IMF 변신은 무죄? 신자유주의 첨병서 양극화 해소 기수로…", 중앙일보

189 기획재정부(2009), Beijing Consensus의 개념과 영향분석, http://www.moef.

go.kr/nw/nes/detailNesDtaView.do?menuNo=4010100&searchBbsId1=MOSFBB
S_000000000028&searchNttId1=OLD_4002494; 중국학 위키백과(SinoWiki), "베
이징 컨센서스", https://chinesewiki.uos.ac.kr/wiki/index.php/%EB%B2%A0%EC
%9D%B4%EC%A7%95_%EC%BB%A8%EC%84%BC%EC%84%9C%EC%8A%A4

190 문예성(2018.09.03.), "중국, 아프리카 외교전… 아프리카 53개국 정상 방중", 뉴시스

191 양정대(2018.09.03.), "美 보란 듯… 시진핑, 아프리카 정상들에 150억불 '선물 보따
리'", 한국일보

192 Jevans Nyabiage(2020.12.06.), "After US retreat, China breaks ground on Africa
CDC headquarters project", South China Morning Post

193 매튜 그레이엄(김성수 옮김)(2020), p.205

194 시사논술 개념사전, https://terms.naver.com/entry.nhn?docId=960387&cid=47311
&categoryId=47311

195 Rupert Neate(2017.12.14.), "World's richest 0.1% have boosted their wealth by as
much as poorest half", The Guardian

196 최병국(2017.12.17.), "세계 소득 불평등 극단적 수준으로 커져… 방치하면 파국",
연합뉴스

197 옥스팜 공식 블로그, https://blog.naver.com/oxfamkorea/221036140282; 손택균
(2018.01.22.), "1년간 증가한 富의 82%, 상위 1%가 차지"… 국제구호단체 옥스팜
보고서", 동아일보

198 김현경(2018.01.22.), "1년간 증가한 富의 82%, 상위 1% 부자들 손에… 하위 50%
는 빈손", 헤럴드경제

199 마크 스태빌(2017.12.20.), "소득 불평등 해소, 최저임금 인상보다 증세가 효과적",
조선비즈

200 김현경(2018.01.22.), "1년간 증가한 富의 82%, 상위 1% 부자들 손에… 하위 50%
는 빈손", 헤럴드경제

201 정책브리핑(2006.11.22.), "APEC 정상회의, 한국 주도한 '양극화 보고서' 논의"

202 옥스팜(2020.04.28.), "서아프리카, 코로나19 확산으로 5천만명 기아 위협"

203 김광수(2012), "빈부격차에 시달리는 아프리카", 한국외대 아프리카연구소

204 권남근(2014.11.21.), "이건희 회장보다 재산 10조 더 많은 아프리카 최고 부자는",
슈퍼리치

205 윤은숙(2017.08.18.), "아프리카 최고부호 '신재생은 미래의 길'… 미국·유럽에 22
조 투자", 아주경제

206 이미영(2017.01.18.), "경제양극화 고민하는 다보스, 그러나 출구가 안 보인다", 머
니투데이

207 최선을(2017.05.21.), "[성장 보는 눈 바꿔야 국가경제 산다] 20대 실업자도… 50대
장애인도… 제로성장에도 '행복한 노르웨이' 왜", 서울신문

208 옥스팜 공식 블로그, https://blog.naver.com/oxfamkorea/221036140282

209 아름다운 커피, http://www.beautifulcoffee.org/introduce/introduce1_1.php

210 한국국제협력단, ODA알기-역사(http://www.koica.go.kr/); 한국국제협력단(2013),
pp.58, 68

211 한국국제협력단(2013), p.58

212 제프리 삭스, http://jeffsachs.org

213 담비사 모요, http://dambisamoyo.com

214 매튜 그레이엄(김성수 옮김)(2020), pp.207~215

215 윌리엄 맥어스킬(2017), p.22

216 Marie Lechapelays(2017.03.28.), "Le franc CFA est un anachronisme et n'a aucune caution démocratique", Le Monde Afrique

217 지속가능발전포털, '지속가능발전목표(UN-SDGs)' http://ncsd.go.kr/unsdgs

218 OECD(2020), p.7

219 국제개발협력위원회(2021), p.24

220 한국국제협력단(2019b), pp.14~15, 46~59

221 천재학습백과 초등 사회 용어사전, https://terms.naver.com/entry.nhn?docId=3550 324&cid=58584&categoryId=58624

222 KOICA(2017), ODA 백서, p.120; 국제개발협력민간협의회(2018), 국제개발협력민간협의회(KCOC) 2017 연간보고서 p.18

223 Moyo(2012)

224 노장현(2015.07.25.), "오준 UN대사의 '두 도시 이야기' 화제"

225 윤경희(2004.11.11.), "아프리카 여성 최초로 노벨 평화상 수상, 환경운동의 '대모' 왕가리 마타이", 여성동아

226 김신의(2018.12.13), "무퀘게의 노벨 평화상 수상 연설 '침묵 속에서 하나님께 기도'", 크리스천투데이

227 김유아 외(2016), pp.82~85; BBC News(2018.10.05.), "Nobel Peace Prize winner: Denis Mukwege from DR Congo"

228 Lerato Mogoatlhe(2020.02.05.), "5 Activists Leading the Fight Against Female Genital Mutilation in Africa", Global Citizen

229 이해영(2018.07.30.), "아프리카·중동 '여성할례' 인습 상존…소말리아는 98%", 연합뉴스

230 매튜 그레이엄(김성수 옮김)(2020), pp.384~389; 재인용 IPCC(2014)

231 윌리엄 맥어스킬(2015), pp.258~259

232 매튜 그레이엄(김성수 옮김)(2020), p.389; 재인용 Africa Progress Report(2015)

233 조명애(2019.03.20), "모잠비크, 말라위, 짐바브웨 등 사상 최대 태풍 피해", 시사주간

234 Laurence Caramel(2020.05.27.), "Le Rwanda, bon élève de l'Accord de Paris sur le climat", Le Monde Afrique

235 한겨레(2019.08.20.), "21세기 인구의 화수분 '블랙 아프리카'"

236 뉴시스(2020.11.25.), "바이든 기후 특사 케리 '첫날 파리협약 재가입…그것도 불충분'"

237 매튜 그레이엄(김성수 옮김)(2020), p.387; 윌리엄 맥어스킬(2015), pp.193~195; 261

238 국가과학기술정보센터(NDSL) 과학기술정책동향; 연합뉴스 TV; 에코앤퓨처

239 Le Monde Afrique(2017.01.16.), "Le Sahel est une bombe démographique"

240 Le Monde Afrique(2017.03.28.), "Conflits et climat : pourquoi les famines sont de retour"

241 김유아 외(2016), pp.34~37

242 Peter Yeung(2021.01.08.), "The bold plan to save Africa's largest forest", BBC News

243 송태복(2014.11.26.), "[유네스코 한국위원회 창립 60주년 특별 공동기획| 위험에 처한 세계유산 ②] 콩고민주공화국", 천지일보

244 이상수(2006.03.16.), "아프리카 열대우림이 운다", 한겨레

245 CBFP, https://pfbc-cbfp.org/COMIFAC_en.html

246 Peter Yeung(2019.05.29), "The Toxic Effects of Electronic Waste in Accra, Ghana"; Citylab; Ecoview(2013), "지구촌 최악의 환경오염지역은?"

247 연합뉴스(2019.08.24.), "잠비아 납 광산, 폐광된 지 25년 후 여전히 공중보건 위험"

248 조대인(2019.10.31.), "광해관리公, 잠비아 카브웨 납광산 환경개선사업 시행기관 선정"

249 Bryan Walsh(2013.11.04.), "Urban Wastelands: The World's 10 Most Polluted Places", Time

250 연합뉴스(2010.03.04), "온난화 희생양 서인도양 섬나라 세이쉘"

251 김성진(2018.11.20), "호주 산불·아프리카 홍수, 온난화 따른 인도양 수온변화 탓"

252 김광수(2013), 중앙일보(2017.07.21), "동아프리카 최악 가뭄… '770만 위기의 어린 이들에게 사랑을 나눠주세요.'"; 연합뉴스(2017.03.21), "케냐 북부서 물 부족 사태로 부족 간 유혈 충돌… 11명 사망"

253 워터저널(2007.11.05.), "아프리카 물 문제와 식수개발사업"

254 윤구(2015.05.11.), '동아프리카 5개국, 비닐봉지 제조 및 사용 전면 금지', KOTRA 해외시장뉴스. https://news.kotra.or.kr/user/globalBbs/kotranews/5/globalBbsDataView.do?setIdx=244&dataIdx=153445(검색일: 2018.04.05.); 천현빈(2017.08.29.), "케냐 비닐봉지 사용 금지… 위반시 4년 징역 혹은 벌금 4,260만원", 조선비즈; 김보미. 2017. "[기타뉴스] '악의 축' 비닐봉지를 금지하라"(2017.10.05) 경향신문

255 매일경제(2019.06.02), "아프리카 탄자니아도 비닐봉지 금지… 사용하면 벌금""

256 그린피스 서울사무소(2020.10.19.), "플라스틱과 맞서 싸우는 아프리카 대륙 이야기"

257 이상복(2013.11.27.), "재생 에너지 수요의 5배, 2030년 脫 원전 가능", 이투뉴스, http://www.e2news.com/news/articleView.html?idxno=73309

258 이재욱(2016.07.20.), "전 방위로 확대되는 수요, 본격적인 태양광 시대 예고", 특허청, http://www.kipo.go.kr/club/front/menu/common/print.do?clubId=humanandculture&menuId=6&curPage=1&searchField=&searchQuery=&messageId=25919

259 매튜 그레이엄(김성수 옮김)(2020), pp.43~44; Cookhouse Wind Farm, https://cookhousewind.co.za/wind-farm/

260 AfDB, "Desert to Power initiative", https://www.afdb.org/en/topics-and-sectors/initiatives-partnerships/desert-power-initiative

이 책에 자문을 주신 분

장용규 한국외국어대학교 아프리카학부 교수
이한규 한국외국어대학교 아프리카연구소 교수
조성백 서울특별시교육청 장학사
허성용 아프리카인사이트 대표
김은아 한국외국어대학교 중동아프리카학 경제학 전공

나의 첫 아프리카 수업

초판 1쇄 발행 2021년 5월 10일
초판 2쇄 발행 2021년 10월 30일

지은이 김유아

기획 · 편집 도은주, 류정화
미디어 마케팅 초록도비

펴낸이 윤주용
펴낸곳 초록비책공방

출판등록 2013년 4월 25일 제2013-000130
주소 서울시 마포구 월드컵북로 402 KGIT 센터 921A호
전화 0505-566-5522 팩스 02-6008-1777

메일 jooyongy@daum.net
인스타 @greenrainbooks
포스트 http://post.naver.com/jooyongy
페이스북 http://www.facebook.com/greenrainbook

ISBN 979-11-91266-07-8 (03930)

어려운 것은 쉽게 쉬운 것은 깊게 깊은 것은 유쾌하게

초록비책공방은 여러분의 의견을 소중히 받고 있습니다.
원고 투고, 오탈자 제보, 제휴 제안은 greenrainbooks@naver.com으로 보내주세요.